电子表格在财务中的应用
WPS版

- 主 编 黄莉娟 王 丽
- 副主编 翟 一 陈栋燕

苏州大学出版社
Soochow University Press

图书在版编目(CIP)数据

电子表格在财务中的应用：WPS 版 / 黄莉娟，王丽主编. -- 苏州：苏州大学出版社，2025.1. -- ISBN 978-7-5672-5106-9

Ⅰ. F275-39

中国国家版本馆 CIP 数据核字第 20247LF191 号

书　　名：	电子表格在财务中的应用：WPS 版
	DIANZI BIAOGE ZAI CAIWU ZHONG DE YINGYONG：WPS BAN
主　　编：	黄莉娟　王　丽
责任编辑：	吴昌兴
装帧设计：	刘　俊
出版发行：	苏州大学出版社（Soochow University Press）
社　　址：	苏州市十梓街 1 号　邮编：215006
印　　刷：	常熟市华顺印刷有限公司
邮购热线：	0512-67480030
销售热线：	0512-67481020
开　　本：	787 mm×1 092 mm　1/16　印张：14　字数：332 千
版　　次：	2025 年 1 月第 1 版
印　　次：	2025 年 1 月第 1 次印刷
书　　号：	ISBN 978-7-5672-5106-9
定　　价：	49.00 元

图书若有印装错误，本社负责调换
苏州大学出版社营销部　电话：0512-67481020
苏州大学出版社网址　http://www.sudapress.com
苏州大学出版社邮箱　sdcbs@suda.edu.cn

前言

当前，以大数据、人工智能、云计算等新一代信息技术为驱动，企业数字化转型升级全面铺开，在财税管理领域逐步实现财务管理、税收管理、风险管理等的数字化。在数字时代，财务管理作为企业运营的核心，其效率和准确性对企业的决策和发展起到至关重要的作用。电子表格软件凭借其强大的数据处理和分析功能，在财务管理领域得到极其广泛的应用。财务人员可以利用它进行数据清洗和验证、数据计算和分析、数据模拟和预测，以及数据可视化，从而提高财务工作的效率和准确性，为数据驱动决策提供有效支持。WPS Office 电子表格模块，凭借其强大的兼容性、便捷的操作和全面的功能性，在多种财务工作中发挥着重要作用。《电子表格在财务中的应用：WPS 版》这本书正是在这样的背景下应运而生。

本书全面系统地介绍电子表格（WPS 版）在财务中的应用，内容涵盖电子表格基础知识、数据处理技术，以及这些技术在会计、进销存、人力资源和统计等多个方面的应用。全书共分为六个项目。项目一介绍电子表格的基本操作，含数据录入、格式和打印设置；项目二讲述电子表格的数据处理，包括数据查找、替换、排序、筛选、分类汇总及函数应用等；项目三探讨电子表格在会计中的应用，如往来款项管理、固定资产管理、费用管理、财务报表分析等；项目四聚焦电子表格在进销存中的应用，涵盖采购、销售和库存管理；项目五讨论电子表格在人力资源中的应用；项目六介绍电子表格在统计中的应用，含数据静态分析和动态分析。本书紧密结合财务工作实际，选取的案例均来自真实的工作岗位场景。全书以项目形式呈现，以实践操作为主线，旨在通过电子表格（WPS 版）软件引导学生进行数据处理，从而掌握电子表格在财务中应用的核心技能。

本书主要特色体现如下：

1. 中高贯通，进行一体化设计

参照《职业教育专业目录（2021 年版）》，坚持中高贯通，旨在实现中职与高职教育的无缝对接，依据职业能力递进培养的原则构建内容，不仅考虑中职阶段应掌握的电子表格基本应用能力，同时考虑高职阶段所需的电子表格综合应用及解决复杂问题的能力。本书设计思路清晰，知识体系全面。

2. 资源丰富，支持个性化学习

书中每个学习任务均配备了相应的操作视频，通过直观的演示和清晰的步骤说明，使得复杂的操作变得简单易懂。同时，本书提供了课程标准、教学课件及丰富的在线实验资源，每个实验环节均配备了详细的实验手册，以支持学生个性化学习，增强学生独立分析问题和解决问题的能力。

3. 系统增效，提高学生实践技能

依托书中的财务应用实践案例，利用智能评判技术，配套开发了融在线实验、练习、考试于一体的辅助教学系统，支持系统自动评判学生实验操作结果，并能提供详细的纠错报告。通过反复纠错练习，学生能够掌握财务数据处理与分析的关键流程，实现学中做、做中学，进而成长为既精通财会专业技能，又擅长数据处理的复合型人才。

本书以其科学的课程体系、递进式的能力培养路径、丰富的实践教学资源和实时的智能评价反馈，为财经商贸类学生提供一个衔接紧密、实践性强、与时俱进的学习平台，有助于提高学生的电子表格操作技能，增强其在未来职场中的竞争力。

全书由江苏经贸职业技术学院会计与审计学院的黄莉娟、王丽担任主编，翟一、陈栋燕担任副主编，李思达和陈蕾参编。其中，黄莉娟编写项目三、项目四，王丽编写项目二，翟一编写项目五，陈栋燕编写项目六，李思达和陈蕾编写项目一，最后由黄莉娟对全书进行总纂和定稿。在写作过程中，本书得到了江苏经贸职业技术学院、苏宁易购集团股份有限公司、国家税务总局南京市税务局、南京九洲会计咨询有限公司相关领导和专家的大力支持和帮助。值本书出版之际，对他们表示诚挚的感谢！

由于编者水平及时间有限，疏漏之处在所难免，敬请专家学者、教学单位和广大读者批评指正。

CONTENTS 目录

001 / 项目一 电子表格数据录入与格式设置

- 001 / 任务一 数据录入
  - 001 / 一、在多个非连续单元格区域中输入相同数据
  - 005 / 二、输入日期
  - 007 / 三、数据有效性
- 014 / 任务二 格式和打印设置
  - 014 / 一、字体、对齐方式、边框底纹
  - 019 / 二、表格样式
  - 020 / 三、数字格式
  - 027 / 四、条件格式
  - 033 / 五、页面打印
- 036 / 实战演练

042 / 项目二 电子表格数据处理

- 042 / 任务一 数据清洗
  - 042 / 一、查找与替换
  - 044 / 二、删除多余行
  - 046 / 三、分列
- 050 / 任务二 数据处理
  - 050 / 一、排序
  - 053 / 二、筛选
  - 056 / 三、分类汇总
  - 059 / 四、数据透视表
  - 063 / 五、图表
- 071 / 任务三 引用单元格和文本函数应用
  - 071 / 一、引用单元格
  - 074 / 二、用 TEXT、MID、MOD 函数从身份证中提取出生日期和性别
  - 076 / 三、用 RIGHT、LEFT、LEN 函数计算文本长度并提取信息

079 / 任务四　数学和统计函数应用
　　079 / 一、用 SUM 函数计算销售数据
　　081 / 二、用 AVERAGE、ROUND 函数统计平均销售额
　　083 / 三、用 COUNT、MAX、MIN 函数计算采购数据
086 / 任务五　逻辑和查找与引用函数应用
　　086 / 一、用 IF、AND 和 OR 函数计算指定条件的补贴
　　088 / 二、用 VLOOKUP 和 COLUMN 函数查找数据
090 / 任务六　日期和财务函数应用
　　090 / 一、用 YEAR、MONTH、DAY 函数计算工龄
　　093 / 二、用 DATEDIF 函数计算逾期天数
　　095 / 三、用 NPV 函数计算净现值
　　096 / 四、用 FV 函数计算终值和年金终值
097 / 实战演练

102 / 项目三　电子表格在会计中的应用

102 / 任务一　往来款项管理
　　102 / 一、编制应收账款明细表
　　106 / 二、编制应付账款明细表
　　107 / 三、应收账款逾期分析
　　110 / 四、应付账款账期统计、账龄分析
113 / 任务二　固定资产管理
　　113 / 一、用 SLN、SYD、DDB 函数计算折旧
　　115 / 二、编制折旧计算表
117 / 任务三　费用管理
　　117 / 一、编制费用预算表
　　119 / 二、编制费用报销单
　　124 / 三、费用汇总分析
127 / 任务四　财务报表分析
　　127 / 一、编制科目汇总表
　　132 / 二、偿债能力分析
　　135 / 三、营运能力分析
　　137 / 四、盈利能力分析
　　139 / 五、发展能力分析
142 / 实战演练

146 / 项目四 电子表格在进销存中的应用

- 146 / 任务一 采购管理
  - 146 / 一、编制购进货物明细表
  - 147 / 二、采购统计分析
- 149 / 任务二 销售管理
  - 149 / 一、编制销售订单表
  - 152 / 二、销售出库汇总表
- 154 / 任务三 库存管理
  - 154 / 一、编制库存清单
  - 156 / 二、设置库存预警
  - 158 / 三、产品成本分析
- 161 / 实战演练

166 / 项目五 电子表格在人力资源中的应用

- 166 / 任务 工资处理
  - 166 / 一、社保和公积金计算表
  - 168 / 二、个人所得税计算表
  - 173 / 三、编制工资条
- 179 / 实战演练

182 / 项目六 电子表格在统计中的应用

- 182 / 任务一 数据静态分析
  - 183 / 一、总量指标计算与分析
  - 191 / 二、相对指标计算与分析
  - 194 / 三、平均指标计算与分析
  - 197 / 四、标志变异指标计算与分析
- 199 / 任务二 数据动态分析
  - 200 / 一、水平指标计算与分析
  - 201 / 二、速度指标计算与分析
  - 203 / 三、趋势指标计算与分析
- 213 / 实战演练

项目一
电子表格数据录入与格式设置

素质目标
- 激发自主学习的兴趣和能力,不断探索具备自我学习和适应新技术的能力,能够主动寻找和掌握电子表格的新功能和技巧,以提高工作效率和质量

知识目标
- 了解电子表格定位、快速填充、数据有效性功能的作用
- 了解电子表格字体、对齐方式、边框底纹、表格颜色、数字格式、条件格式、页面打印功能的作用

技能目标
- 熟练掌握电子表格快速填充及数据有效性功能的操作技巧
- 熟练掌握电子表格字体、对齐方式、边框底纹、表格颜色、数字格式、条件格式、页面打印设置的操作技巧

任务一 数据录入

数据输入通常可以分为在表中直接输入和从外部导入两种方式。其中,直接输入又可以分为在选中的单元格区域中直接输入和利用记录单进行输入两种方法。一般来说,若输入的数据量不是很大,则采用在单元格区域中直接输入的方法;若任务量大,则优先采用记录单进行输入。本书项目将对比较常用且有特点的数据录入方法加以介绍。

一、在多个非连续单元格区域中输入相同数据

 知识链接

1. 选定行和列

单击行号和列标可以选定一整行或一整列,使用鼠标在行号或列标上拖动可以选定连续的多行或多列,按住【Ctrl】键的同时单击行号或列标可以选定不连续的多行或多列。

2. 选定连续区域

方式1:选定一个单元格,按住鼠标左键直接在工作表中拖动,即可选定一个连续区域。

方式2:选定一个单元格,按住【Shift】键的同时选定第2个单元格,即可选定以

这两个单元格为首尾单元格所构成的连续区域。

方式 3：在名称框中直接输入区域地址（如"C4:G7"），按【Enter】键确认即可选定一个连续区域，此方法也适用于选定隐藏行列中所包含的区域。

方式 4：选定一个单元格，按【Ctrl】+【A】组合键可以选定活动单元格所在的当前区域。所谓"当前区域"指的是当前单元格周围包含数据连续相邻单元格（包括斜角方向相邻）的最大矩形范围。如果当前单元格没有相邻数据，或者再次按【Ctrl】+【A】组合键，即可选中整张工作表。此外，单击行/列标签栏交会处的三角形标记也可以快速选中整张工作表。

方式 5：选定一个单元格，按【Ctrl】+【Shift】+【↑】/【↓】/【←】/【→】组合键，若活动单元格和相邻单元格内都有数据，则可以将当前选区扩展到同一行或同一列中不间断的最后一个非空单元格；若活动单元格所在的整行或整列都是空单元格，则选区将扩展至工作表边界，此操作被用于大面积选定空白区域。

3. 选定非连续区域

长按【Ctrl】键，然后用鼠标点选或框选多个单元格，即可选定一个非连续区域（也称为"多重选定区域"）。此时，鼠标最后一次单击的单元格，或者在最后一次拖放之初选定的单元格即为当前非连续区域的活动单元格。非连续区域通常情况下不能进行整体的复制和剪切操作（同行同列的除外），但是可以进行数据输入、设置格式等基本操作。

在名称框中直接输入以半角逗号隔开的多个单元格或区域地址（如"B2,C3:E7,G8:H9"），按【Enter】键确认即可选定一个非连续区域，此方法也适用于选定隐藏行列中所包含的区域。

4. 选定特殊区域

按【Ctrl】+【G】组合键，或者在"开始"选项卡的"查找"下拉列表中选择"定位"命令，打开"定位"对话框。根据单元格的数据或格式属性选择特定的条件（关于定位条件的含义如表 1-1-1 所示），单击"确定"即可在当前选定区域中搜索并选定符合条件的所有单元格（若当前只选定了单个单元格而非区域，则将在整个工作表中进行定位）。若目标区域内没有符合条件的单元格，则显示"未找到单元格"对话框。

表 1-1-1　定位条件的含义

条件	含义
常量	所有不包含公式的非空单元格。可在下方复选框中进一步筛选常量的数据类型，包括数字、文本、逻辑值和错误值
公式	所有包含公式的单元格。可在下方复选框中进一步筛选公式的数据类型，包括数字、文本、逻辑值和错误值
批注	所有包含批注的单元格
空值	所有空单元格
可见单元格	当前工作表中含有数据或格式的区域范围中所有未经隐藏的单元格。按【Alt】+【;】组合键可以快速定位到当前选定区域内的可见单元格

续表

条件	含义
最后一个单元格	选择工作表中含有数据或者格式的区域范围中最右下角的单元格
当前数据区域	当前单元格周围包含数据的连续相邻单元格（包括斜角方向相邻单元格）的最大矩形范围
对象	当前工作表中的所有对象，包括图片、图表、自选图形、插入的文件等
行内容差异单元格	选定区域中，每一行的数据均以活动单元格所在列作为此行的参照数据，横向比较数据，选定与参照数据不同的单元格
列内容差异单元格	选定区域中，每一列的数据均以活动单元格所在行作为此列的参照数据，纵向比较数据，选定与参照数据不同的单元格

  任务描述

请将表格 A、B、C 三列中的空白单元格区域补全相应数据。

  任务资料

教材配套资源/项目一/在多个非连续单元格区域中输入相同数据（答题文件）.xlsx 文件。

  操作流程

① 打开"在多个非连续单元格区域中输入相同数据（答题文件）.xlsx"，单击"在多个非连续单元格区域中输入相同数据"工作表标签。

② 选中包含空白单元格的 A1:C65 单元格区域，单击菜单栏"开始"→"查找"→"定位"，在弹出的"定位"对话框中选中"空值"，单击"定位"，如图 1-1-1 所示。

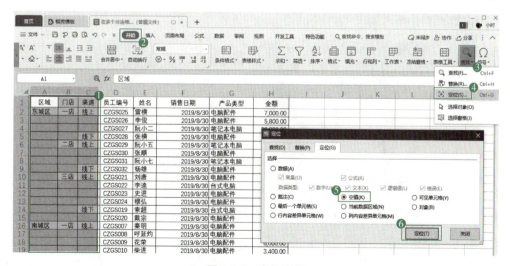

图 1-1-1　定位空值

③ 直接在反白的单元格 C3 中输入"=C2"，按【Ctrl】+【Enter】组合键，补全数据，如图 1-1-2 所示。

说明：“=C2”，表示引用 C3 上面的单元格。

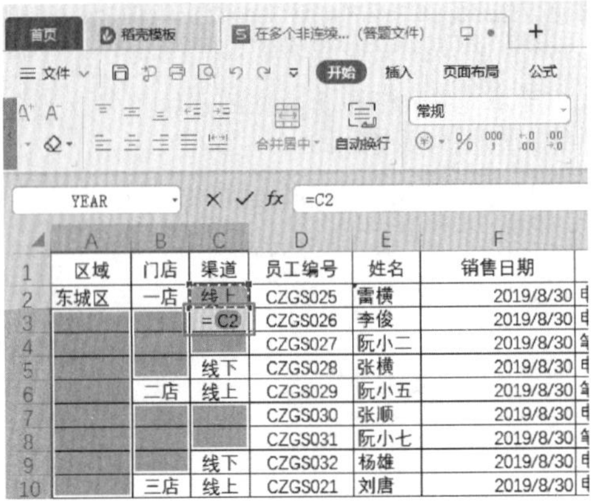

	A	B	C	D	E	F
1	区域	门店	渠道	员工编号	姓名	销售日期
2	东城区	一店	线上	CZGS025	雷横	2019/8/30
3			=C2	CZGS026	李俊	2019/8/30
4				CZGS027	阮小二	2019/8/30
5			线下	CZGS028	张横	2019/8/30
6		二店	线上	CZGS029	阮小五	2019/8/30
7				CZGS030	张顺	2019/8/30
8				CZGS031	阮小七	2019/8/30
9			线下	CZGS032	杨雄	2019/8/30
10		三店	线上	CZGS021	刘唐	2019/8/30

图 1-1-2　补全数据

操作技巧

区域选取与输入

① 一旦选中区域后就不要随意单击其他位置，直到数据或公式输入完成为止。

② 要输入的公式中所引用的位置可以根据实际需要选择相应的单元格。

③ 按组合键的方法：先按住前面的键不放，然后再按最后一个键。如先按住【Ctrl】键不放开，再按住【Enter】键，即可完成按【Ctrl】+【Enter】组合键的操作。在按组合键时，如果键位相距较远，最好左右双手配合使用。

成果展示

补全数据操作结果如图 1-1-3 所示。

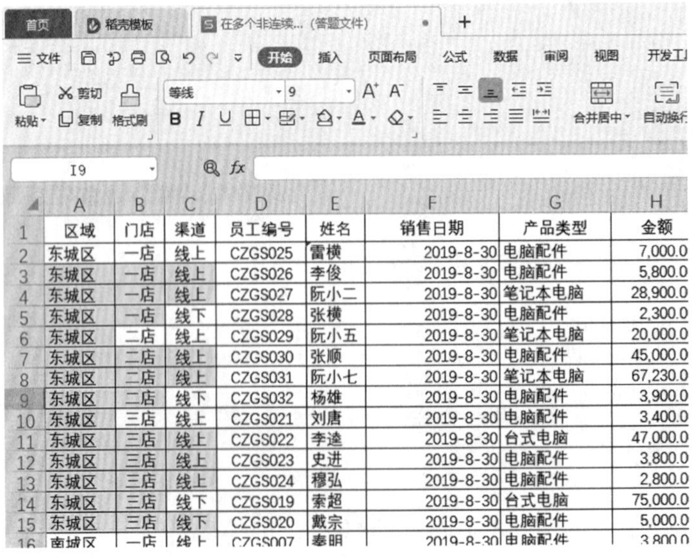

	A	B	C	D	E	F	G	H
1	区域	门店	渠道	员工编号	姓名	销售日期	产品类型	金额
2	东城区	一店	线上	CZGS025	雷横	2019-8-30	电脑配件	7,000.0
3	东城区	一店	线上	CZGS026	李俊	2019-8-30	电脑配件	5,800.0
4	东城区	一店	线上	CZGS027	阮小二	2019-8-30	笔记本电脑	28,900.0
5	东城区	一店	线下	CZGS028	张横	2019-8-30	电脑配件	2,300.0
6	东城区	二店	线上	CZGS029	阮小五	2019-8-30	笔记本电脑	20,000.0
7	东城区	二店	线上	CZGS030	张顺	2019-8-30	电脑配件	45,000.0
8	东城区	二店	线上	CZGS031	阮小七	2019-8-30	笔记本电脑	67,230.0
9	东城区	二店	线下	CZGS032	杨雄	2019-8-30	电脑配件	3,900.0
10	东城区	三店	线上	CZGS021	刘唐	2019-8-30	电脑配件	3,400.0
11	东城区	三店	线上	CZGS022	李逵	2019-8-30	台式电脑	47,000.0
12	东城区	三店	线上	CZGS023	史进	2019-8-30	电脑配件	3,800.0
13	东城区	三店	线上	CZGS024	穆弘	2019-8-30	电脑配件	2,800.0
14	东城区	三店	线下	CZGS019	秦超	2019-8-30	台式电脑	75,000.0
15	东城区	三店	线下	CZGS020	戴宗	2019-8-30	电脑配件	5,000.0
16	南城区	一店	线上	CZGS007	秦明	2019-8-30	电脑配件	3,800.0

图 1-1-3　补全数据操作结果

二、输入日期

 知识链接

在电子表格中，日期是以一种特殊的数值形式存储的，年月日中间以分隔符分隔，分隔符主要包括"/"或"–"等（两种分隔符以用户输入习惯为主，电子表格会根据系统设置自动识别，后面以"/"举例）。日期的录入有多种方法，不同方法适合不同的需求。有的适合输入当天日期，有的适合输入当年日期，有的适合输入连续日期，有的适合输入不连续的多个日期等。

输入当天的日期，可以用【Ctrl】+【;】组合键、搜狗等拼音输入法和 TODAY 函数。其中，除了用 TODAY 函数获取的日期会随系统日期的变动而变动外，前几种日期都不会因为系统日期的变动而发生变动。输入当年的日期时，既可以输入日期的全部内容，也可以仅输入年的后两位/月/日，或直接输入月/日，如 2024/9/10、24/9/10 或 9/10。若是输入非当年日期，则只能输入日期的全部内容或输入年的后两位/月/日。

如果要输入某个开始日的连续日期、连续工作日、连续月份等，简单的方法是：在起始单元格中输入初始值，然后利用鼠标拖动的方法来完成需要的日期输入。

 任务描述

在 A3:C15 单元格区域中输入相应日期数据。

 任务资料

教材配套资源/项目一/输入日期（答题文件）.xlsx 文件。

 操作流程

① 打开"输入日期（答题文件）.xlsx"，单击"输入日期"工作表标签。

② 单击 A2 单元格，鼠标移至 A2 单元格的右下角，出现黑色十字时按住鼠标左键向下拖曳到 A15 单元格，即可完成"输入连续日期"的操作，如图 1-1-4 所示。

③ 单击 B2 单元格，用②中同样的方法拖曳至 B15 单元格，松开鼠标时，在浮动的"自动填充选项"中选中"以工作日填充"，即可完成"输入工作日"的操作，如图 1-1-5 所示。

④ 单击 C2 单元格，用②中同样的方法拖曳至 C15 单元格，松开鼠标时，在浮动的"自动填充选项"中选中"以月填充"，即可

图 1-1-4　输入连续日期

完成"输入连续月份的日期"的操作，如图 1-1-6 所示。

图 1-1-5　输入工作日　　　　图 1-1-6　输入连续月份的日期

成果展示

输入日期操作结果如图 1-1-7 所示。

图 1-1-7　输入日期操作结果

三、数据有效性

知识链接

使用数据有效性功能，能够为单元格指定数据录入规则，限制在单元格中输入的类型和范围，防止用户输入无效数据。此外，还可以利用数据有效性功能制作下拉列表式输入或生成屏幕提示信息。

1. 认识数据有效性

（1）数据有效性基本设置

"数据有效性"对话框（图1-1-8）包含"设置""输入信息""出错警告"3个选项卡，用户可以在不同选项卡下对不同数据有效性项目进行设置。每个选项卡的左下角都有一个"全部清除"按钮，方便用户删除已有的验证规则。

（2）指定数据有效性条件

在"数据有效性"对话框的"设置"选项卡下，在"允许"下拉列表中包含8种内置的数据有效性条件，如图1-1-9所示。当用户选择不同类型的有效性条件时，会在该类型下出现基于该规则类型的设置选项。

图 1-1-8　"数据有效性"对话框

图 1-1-9　数据有效性条件类型

数据有效性条件类型说明如表1-1-2所示。

表 1-1-2　数据有效性条件类型说明

有效性条件	说明
任何值	允许在单元格中输入任何数据而不受限制
整数	限制单元格只能输入整数，并且可以指定数据允许的范围
小数	限制单元格只能输入小数，并且可以指定数据允许的范围
序列	限制单元格只能输入包含在特定序列中的内容（下拉列表式输入），序列的内容可以是单元格引用、公式，也可以手动输入
日期	限制单元格只能输入某一区间的日期，或者是排除某一日期区间之外的日期

续表

有效性条件	说明
时间	与日期条件的设置基本相同，用于限制单元格只能输入时间
文本长度	用于限制输入数据的字符个数
自定义	用于使用函数与公式来实现自定义的条件

☝提示：使用数据验证功能只能对用户输入的内容进行限制，如果将其他位置的内容复制后粘贴到已设置数据验证的单元格区域，该单元格区域中的内容和数据验证规则将同时被新的内容和格式覆盖。

如果用户在"允许"下拉列表中选择类型为"整数""小数""日期""时间""文本长度"时，"数据有效性"对话框中将出现"数据"下拉按钮及相应的区间设置选项，如图1-1-10所示。

"数据"下拉按钮，可使用的选项包括"介于""未介于""等于""不等于""大于""小于""大于或等于""小于或等于"8种。

在"数据有效性"对话框"允许"下拉列表的右侧，有一个"忽略空值"复选框，勾选此复选框意味着允许将空白作为单元格中的有效条目。

当有效性条件设置为"任何值"之外的其他选项时，如果勾选"忽略空值"复选框，并使用

图1-1-10 "数据"区间设置选项

【Backspace】键删除单元格中已有的内容，WPS将不会弹出任何提示，否则将弹出警告对话框。

当有效性条件设置为"序列"时，如果数据来源是已定义了名称的范围，并且该范围中包含空白单元格，此时勾选"忽略空值"复选框，将允许用户输入任何条目而不会收到提示信息。若序列来源是指定范围的单元格地址，则无论是否勾选"忽略空值"复选框，以及该单元格区域中是否包含空白单元格，数据有效性都将阻止任何无效条目。

☝提示：使用数据有效性功能的序列选项时，序列来源可以选择指定的单元格区域，也可以输入允许的选项。输入时，不同项目之间需要使用半角逗号进行间隔。

2. 数据有效性的个性化设置

在"数据有效性"对话框的"输入信息"选项卡下，用户可以为单元格区域预先设置输入提示信息。在"出错警告"选项卡下可以设置提示方式及自定义提示内容。

（1）设置输入信息提示

如图1-1-11所示，在"输入信息"选项卡下，可以在"标题"编辑框中输入提示信息的标题，如"请注意"等，在"输入信息"编辑框中输入具体的提示信息内容，

如"请在 B 列输入 18 位身份证号码，输入完成后请保存"等。设置完"输入信息"后，当选中设置了"输入信息"的单元格时，能够显示输入提示信息，以此来提高数据输入的准确性。

图 1-1-11　"输入信息"选项卡

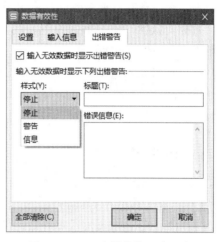

图 1-1-12　"出错警告"选项卡

（2）设置出错警告提示信息

当用户在设置了数据有效性的单元格中输入不符合有效性条件的内容时，WPS 电子表格会默认弹出警告对话框并拒绝用户输入，用户可以对出错警告的提示方式和提示内容进行个性化设置。

如图 1-1-12 所示，在"数据有效性"的"出错警告"选项卡下的"样式"下拉按钮中，可以选择"停止""警告""信息"3 种提示样式，不同提示样式的说明如表 1-1-3 所示。

表 1-1-3　出错警告提示样式及说明

提示样式	说明
停止	禁止不符合验证条件数据的输入
警告	允许选择是否输入不符合验证条件的数据
信息	仅对输入不符合验证条件的数据进行提示

如图 1-1-13 所示，出错警告设置完成后，如果在单元格中输入不符合有效性条件的内容，在单元格下方会出现相应的提示框。"信息"样式将接受输入的内容；"停止"样式会拒绝输入的内容；"警告"样式可以通过按【Enter】键确认输入的内容。

3. 修改和清除数据有效性规则

（1）复制数据有效性

复制包含数据有效性规则的单元格时，单元格中的内容和数据有效性规则会被一同复制。如果只需要

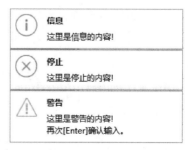

图 1-1-13　出错警告不同样式信息提示框

复制单元格中的数据有效性规则，可以使用选择性粘贴的方法，在"选择性粘贴"对话框中选择"有效性验证"选项。

（2）修改已有数据有效性规则

如果要修改已有数据有效性规则，可以选中已设置数据有效性规则的任意单元格，打开"数据有效性"对话框。设置新的规则后，勾选"对有同样设置的所有其他单元格应用这些更改"复选框。

（3）清除数据有效性规则

如果要清除单元格中已有的数据有效性规则，可以选中包含数据有效性规则的单元格区域，通过"数据验证"对话框中的"全部清除"来清除数据有效性规则。

任务描述

① 在 A1 单元格添加数据有效性，限制标题只能是"职工代码"或"岗位代码"，并在 A1 单元格录入"职工代码"。

② 在 A2:A16 区域添加数据有效性，输入的内容必须是 6 位且必须是文本格式。

③ 在 D2:D3 区域添加数据有效性验证，限制输入的内容必须是 1—100 的整数，在出错警告中以"警告"样式提示标题为"考核分数"，错误信息为"分数输入错误"的提示。

④ 在 F2:F3 区域添加数据有效性，限制输入的内容必须是 2019 年 1 月 1 日与 2024 年 12 月 31 日之间的日期，且在鼠标移入单元格时提示输入信息标题为"录入要求"，录入信息为"请录入 2019 年 1 月 1 日与 2024 年 12 月 31 日之间的日期"。

任务资料

教材配套文件/项目一/数据有效性（答题文件）.xlsx 文件。

操作流程

① 打开"数据有效性（答题文件）.xlsx"，单击"数据有效性"工作表标签，查看任务描述。

② 选中 A1 单元格区域，单击"数据"→"有效性"→"有效性"，在弹出的"数据有效性"对话框中选择"设置"选项卡，在"允许"下拉列表中选中"序列"，在"来源"的文本框中输入"职工代码,岗位代码"，单击"确定"，如图 1-1-14 所示。

项目一　电子表格数据录入与格式设置　011

图 1-1-14　设置序列

③ 选中 A2 单元格，单击下拉列表并选中"职工代码"，如图 1-1-15 所示。

图 1-1-15　从下拉列表中录入数据

④ 选中 A2:A16 区域，单击"数据"→"有效性"→"有效性"，在弹出的"数据有效性"对话框中选择"设置"选项卡，在"允许"下拉列表中选中"文本长度"，在"数据"下拉列表中选中"等于"，在"数值"文本框中输入"6"，单击"确定"，如图 1-1-16 所示。

图 1-1-16 设置文本长度

⑤ 选中 D2:D3 区域,单击"数据"→"有效性"→"有效性",在弹出的"数据有效性"对话框中选择"设置"选项卡,在"允许"下拉列表中选中"整数",在"数据"下拉列表中选中"介于",在"最小值"文本框中输入"1","最大值"文本框中输入"100",如图 1-1-17 所示。

图 1-1-17 设置整数

⑥ 选择"出错警告"选项卡，在"样式"下拉列表中选中"警告"，在"标题"文本框中输入"考核分数"，在"错误信息"文本框中输入"分数输入错误"，单击"确定"，如图 1-1-18 所示。

⑦ 选中 F2：F3 区域，单击"数据"→"有效性"→"有效性"，在弹出的"数据有效性"对话框中选择"设置"选项卡，在"允许"下拉列表中选中"日期"，在"数据"下拉列表中选中"介于"，在"开始日期"文本框中输入"2019/1/1"，"结束日期"文本框中输入"2024/12/31"，如图 1-1-19 所示。

图 1-1-18 设置出错警告

图 1-1-19 设置日期

⑧ 选择"输入信息"选项卡，在"标题"文本框中输入"录入要求"，在"输入信息"文本框中输入"请录入 2019 年 1 月 1 日与 2024 年 12 月 31 日之间的日期"，单击"确定"，如图 1-1-20 所示。

图 1-1-20 设置输入信息

 成果展示

数据有效性操作结果如图 1-1-21 所示。

图 1-1-21　数据有效性操作结果

任务二　格式和打印设置

一、字体、对齐方式、边框底纹

知识链接

1. 字体

打开"单元格格式"对话框,切换到"字体"选项卡,可以详细设置字体、字形、字号、下划线、颜色等常见格式,还可以设置删除线、上标、下标等特殊效果。对于包含文本字符串的单元格,允许将其中的部分字符设置为上标。选中要设置上标的字符串,在"单元格格式"对话框中勾选"上标"复选框即可。注意,如果要设置含有角标的数字(如"10^2"),必须先将数值转换为文本格式才能进行上标设置,且含有角标的数字是以文本形式保存的,将不能参与数值运算。

2. 对齐方式

打开"单元格格式"对话框,切换到"对齐"选项卡下,可以对文本对齐方式、排版方向和文本控制选项进行详细设置。

文本水平对齐包括以下 8 种对齐方式：
- 常规（默认）：数值型数据靠右对齐，文本型数据靠左对齐，逻辑值和错误值居中。
- 靠左（缩进）、靠右（缩进）、居中：靠左对齐、靠右对齐、居中对齐。
- 填充：重复显示文本，直至单元格被填满或右侧剩余宽度不足以显示完整文本。
- 两端对齐：单行文本靠左对齐，文本长度超过列宽时会自动换行显示，换行后的多行文本两端对齐（最后一行靠左对齐）。
- 跨列居中：单元格内容在选定的同一行内连续多个单元格居中显示。此对齐方式可以在不进行合并单元格操作的情况下居中显示表格标题。
- 分散对齐（缩进）：在单元格内平均分布中文字符，两端靠近单元格边框，而对于连续的数字或字母符号等文本则不产生作用，可以微调到侧边框的缩进范围。

文本垂直对齐包括以下 5 种对齐方式：
- 靠上、居中（默认）、靠下：沿单元格顶端对齐、垂直居中对齐、单元格底端对齐。
- 两端对齐：单元格内容在垂直方向上向两端对齐，并且在垂直距离上平均分布。应用此对齐方式的单元格，当文本内容过长时会自动换行显示。
- 分散对齐：当文字横排时，显示效果与"两端对齐"相同；而当文字竖排（±90°）时，多行文本的末行文字会在垂直方向上平均分布排满整个单元格高度，并且两端靠近单元格边框。应用此对齐方式的单元格，当文本内容过长时会自动换行显示内容。

文本排版方向包括以下设置方法：
- 文本倾斜：可以鼠标拖动"文本方向"指针直接选择倾斜角度，或者通过下方的"度"微调框来设置文本的倾斜角度（范围介于±90°），改变文本的显示方向。
- 文字竖排：勾选"文字竖排"复选框，即可将文本由水平排列转为竖直排列状态，文本中的每一个字符仍保持水平显示。

文本控制包括"自动换行""缩小字体填充""合并单元格"复选框。"缩小字体填充"可以缩小字号使单元格内过长的内容恰好填满单元格，其不能与"自动换行"同时使用。（基础的"对齐"和"合并单元格"可以通过"开始"选项卡下的对齐功能区命令按钮进行设置。）

3. 边框和图案（底纹）

打开"单元格格式"对话框，切换到"边框"选项卡下，可以设置单元格边框的线条样式、颜色，利用斜线边框还可以绘制出"单斜线表头"。切换到"图案"选项卡下，可以设置单元格底纹颜色、填充效果、图案样式和图案颜色。（基础的"字体""对齐""边框和图案"样式可以利用"开始"选项卡中对应的功能区命令按钮进行设置。）

任务描述

① 为 A2:H3 单元格区域设置字体"宋体　黑色，文本 1　12 号字　加粗"。

② 为 A2:H3 单元格区域设置对齐方式"垂直居中且水平居中"。

③ 根据"样张"sheet 页中图片所示，设置科目余额表 A2:H22 区域边框为"所有框线 细线"，颜色"自动（黑色，文本 1）"。

④ 根据"样张"sheet 页中图片所示，设置科目余额表 A4:H22 区域为相同的间隔填充颜色（颜色为标准色"浅绿"和"浅蓝"）。

任务资料

教材配套资源/项目一/设置字体、对齐方式、边框底纹（答题文件）.xlsx 文件。

操作流程

① 打开"设置字体、对齐方式、边框底纹（答题文件）.xlsx"，单击"科目余额表"工作表标签。

② 选中 A2:H3 单元格区域，在"开始"选项卡下，单击"字体"列表框右侧的下拉按钮并选中"宋体"，字号选中"12"，单击"B"加粗字体；单击"字体颜色"列表框右侧的下拉按钮，选中"黑色，文本 1"，单击"垂直居中"和"水平居中"，如图 1-2-1 所示。

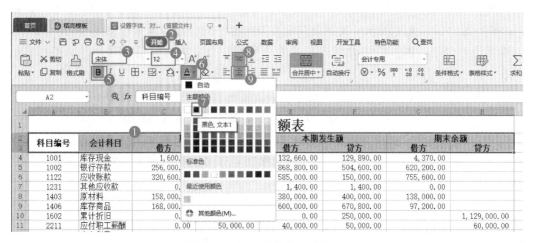

图 1-2-1　设置字体和对齐方式

③ 选中 A2:H22 区域，在"开始"选项卡下，单击"边框"列表框右侧的下拉按钮并选中"其他边框"；在弹出的"单元格格式"对话框中的边框选项卡下，在"样式"列表中选中"细线"，单击"颜色"下拉框，选中"黑色，文本 1"，在"预置"下单击"外边框"和"内部"设置所有框线，单击"确定"，如图 1-2-2 所示。

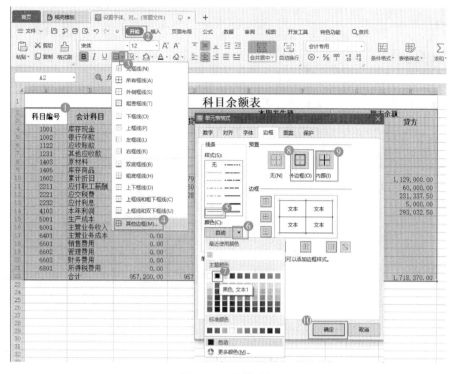

图 1-2-2 设置边框

④ 选中 A4:H4 区域,在"开始"选项卡下,单击"填充颜色"列表框右侧的下拉按钮,在弹出的颜色面板中选中"标准色"下的"浅绿",如图 1-2-3 所示。

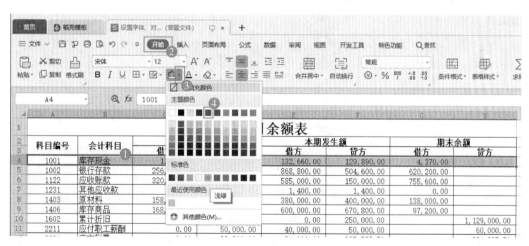

图 1-2-3 设置底纹

⑤ 选中 A5:H5 区域,用④中同样的方法设置底纹为"标准色"下的"浅蓝"。

⑥ 选中 A4:H5 区域,单击"开始"→"格式刷",在格式刷状态下选中 A6:H22 区域,即可快速填充其他行的底纹颜色,如图 1-2-4 所示。

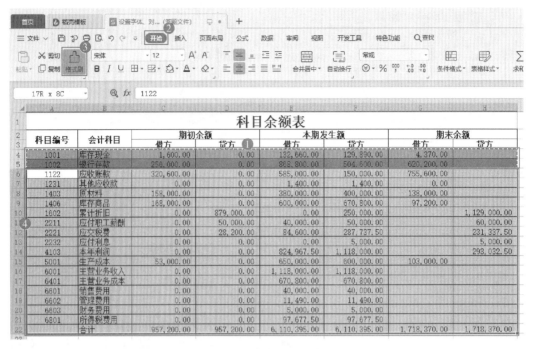

图 1-2-4　格式刷设置底纹

成果展示

字体、对齐方式、边框底纹操作结果如图 1-2-5 所示。

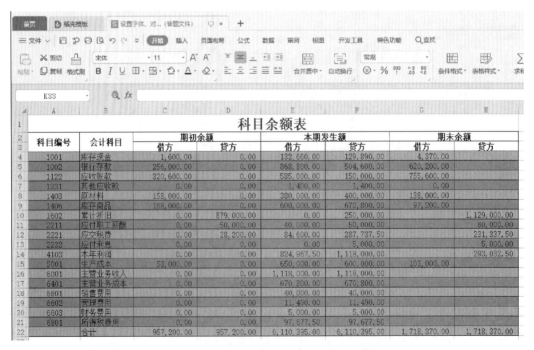

图 1-2-5　字体、对齐方式、边框底纹操作结果

二、表格样式

知识链接

表格样式功能可以帮助用户快速地对表格进行格式化和美化。除提供一些内置的"样式"以外，WPS 电子表格还提供了"仅套用表格样式"和"转换成表格并套用表格样式"两个非常有用的功能。

1. 仅套用表格样式

这个功能允许用户为现有的表格应用预设的样式，而不需要进行复杂的格式设置。用户可以根据需要选择系统推荐的样式，表格的外观会根据所选样式进行更新。这个功能特别适合那些希望快速改变表格外观，但又不想手动调整每个单元格格式的用户。通过"仅套用表格样式"，用户可以一键应用专业的表格样式，使表格看起来更加整洁和美观。

2. 转换成表格并套用表格样式

这个功能不仅将选中的区域转换成表格，还可以立即应用预设的表格样式。用户为表格选择一种样式后可以勾选"转换成表格并套用表格样式"，其他默认，单击"确定"后数据区域将被转换成表格，并且立即应用所选的样式。这个功能特别适合需要将普通文本或数字区域快速转换成具有专业外观的表格的用户。通过"转换成表格并套用表格样式"，用户可以节省手动设置表格格式的时间，提高工作效率。

这两个功能都提供了快速美化表格的解决方案，用户可以根据自己的需求选择使用。通过这些功能，即使是没有专业设计背景的用户，也能轻松创建出具有专业外观的表格。

任务描述

将 B3:H6 单元格区域的表格样式设置为"浅色系—表样式浅色 1"，勾选"表包含标题""筛选按钮"复选框。

任务资料

教材配套资源/项目一/设置表格样式（答题文件）.xlsx 文件。

操作流程

① 打开"设置表格样式（答题文件）.xlsx"，单击"设置表格样式"工作表标签。

② 选中 B3:H6 单元格区域，单击"开始"→"表格样式"→"浅色系"→"表样式浅色 1"，在弹出的"套用表格样式"对话框中选中"转换成表格，并套用表格样式"，"表包含标题"和"筛选按钮"默认选中，单击"确定"，如图 1-2-6 所示。

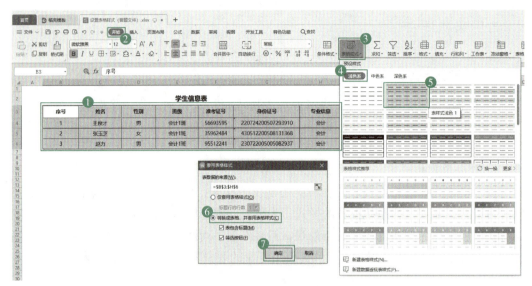

图 1-2-6　设置表格样式

 成果展示

表格样式操作结果如图 1-2-7 所示。

图 1-2-7　表格样式操作结果

三、数字格式

 知识链接

1. 认识数字格式

在"单元格格式"对话框的"数字"选项卡下可以设置的数字格式包括以下12 种：

● 常规（默认）：未进行任何特殊设置的格式，输入内容按原始输入显示，数字格式代码为"G/通用格式"。

- 数值：用于表示一般数字。
- 货币：用于表示一般货币数值。
- 会计专用：可对一列数值进行货币符号和小数点对齐，零值会显示为短横线（-）。
- 日期：将日期和时间系列数显示为日期值。
- 时间：将日期和时间系列数显示为时间值。
- 百分比：以百分数的形式显示单元格的值。
- 分数：以斜线分数的形式显示单元格的值。
- 科学记数：以科学记数法显示单元格的值。
- 文本：设置为文本格式之后，输入的数值将作为文本存储。
- 特殊：附加的特殊数字格式，大多应用于中文办公场景。其中，"中文大写数字"格式遵循中文口语发音习惯，例如将数字"12"显示为"拾贰"，而"中文大写数字"格式则显示为"壹拾贰"。"人民币大写"格式可以将小写的金额数字转换成中文大写金额，例如将数字"1234.56"显示为"壹仟贰佰叁拾肆元伍角陆分"。"单位：万元"可以将金额数值显示为带中文单位字样，例如将数字"100000"显示为"10 万元"。相较于直接输入汉字的方式而言，设置特殊数字格式的方法不仅效率更高，而且只改变数据的显示外观，并不影响数据本质，数据仍然可以参与统计运算。
- 自定义：以现有格式为基础，生成自定义的数字格式。

2. 设置数字格式

若要设置数字格式，可以在"单元格格式"对话框的"数字"选项卡中，或者在"开始"的"数字"功能组中进行设置，功能组中提供了包含 11 种数字格式效果的下拉列表，以及 5 个最常用的数字格式按钮，方便用户快速设置单元格的数字格式。此外，还可以使用以下组合键快速设置数字格式：

- 按【Ctrl】+【Shift】+【1】（【Ctrl】+【!】）组合键设置不包含小数位的千位分隔格式。
- 按【Ctrl】+【Shift】+【2】（【Ctrl】+【@】）组合键设置包含时和分的时间格式。
- 按【Ctrl】+【Shift】+【3】（【Ctrl】+【#】）组合键设置包含年、月、日的日期格式。
- 按【Ctrl】+【Shift】+【4】（【Ctrl】+【$】）组合键设置具有两位小数位的货币格式。
- 按【Ctrl】+【Shift】+【5】（【Ctrl】+【%】）组合键设置不包含小数的百分数格式。
- 按【Ctrl】+【Shift】+【6】（【Ctrl】+【^】）组合键设置具有两位小数位的科学记数数字格式。

可以通过选中单元格或单元格区域后按【Ctrl】+【1】组合键打开"单元格格式"对话框。

任务描述

1. 比较数值格式、货币格式、会计专用格式的异同

① 设置 C2:D5 单元格为数值格式，保留 2 位小数，使用千位分隔符，负数用带负号的黑字格式。

② 设置 C6:D8 单元格为货币格式，保留 2 位小数，使用"￥"货币符号，负数用带负号的黑字格式。

③ 设置 C9:D11 单元格为会计专用格式，保留 2 位小数，使用"￥"货币符号。

2. 比较日期格式和时间格式的异同

① 设置 C12:D15 单元格为日期格式，形如"××××年×月×日"，国家/地区为中文（中国）。

② 设置 C16:D20 单元格为时间格式，形如"××:××:××"，国家/地区为中文（中国）。

3. 比较百分比、分数、特殊格式的异同

① 设置 C21:D22 单元格为百分比格式，保留 2 位小数。

② 设置 C23:D24 单元格为分数格式，类型是分母为一位数（1/2）形式。

③ 设置 C25:D27 单元格为特殊格式，中文大写数字。

任务资料

教材配套资源/项目一/数字格式（答题文件）.xlsx 文件。

操作流程

① 打开"数字格式.xlsx"，单击"数字格式"工作表标签。

② 选中 C2:D5 单元格区域，按【Ctrl】+【1】组合键，在打开的"单元格格式"对话框中单击"数字"选项卡，单击"分类"下的"数值"，"小数位数"调整为"2"，勾选"使用千位分隔符"，在"负数"下单击黑色的"-1,234.10"，单击"确定"，完成数值格式设置，如图 1-2-8 所示。

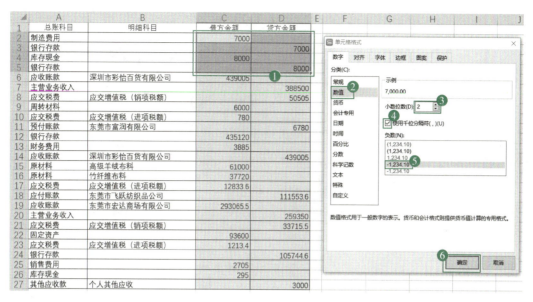

图 1-2-8 设置数值格式

③ 选中 C6:D8 单元格区，按【Ctrl】+【1】组合键，在打开的"单元格格式"对话框中选择"数字"选项卡，单击"分类"下的"货币"，"小数位数"调整为"2"，"货币符号"选中"￥"，在"负数"下单击黑色的"￥-1,234.10"，单击"确定"，完成货币格式设置，如图 1-2-9 所示。

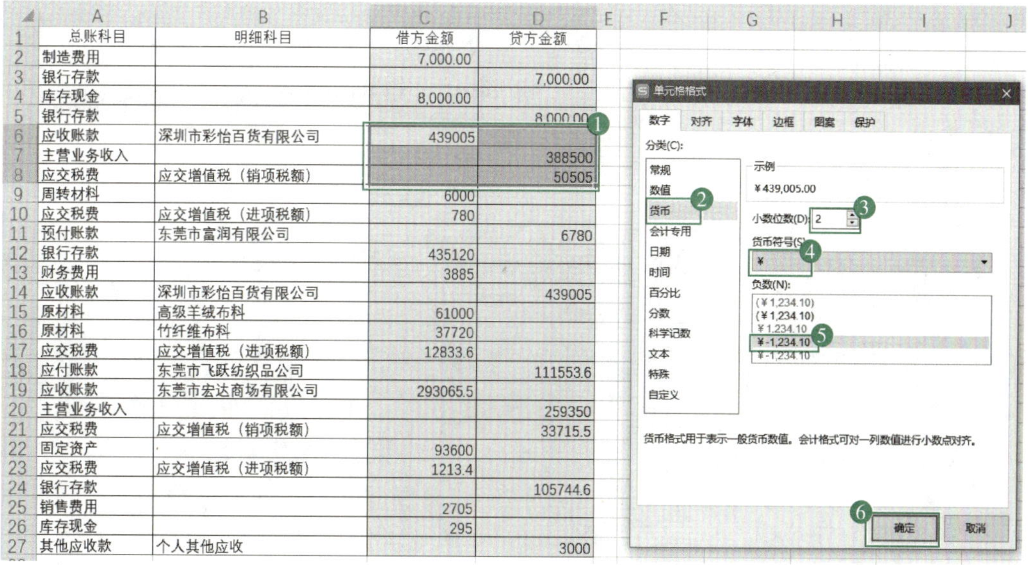

图 1-2-9 设置货币格式

④ 选中 C9:D11 单元格区域、按【Ctrl】+【1】组合键，在打开的"单元格格式"对话框中选择"数字"选项卡，单击"分类"下的"会计专用"，"小数位数"调整为"2"，"货币符号"选中"￥"，单击"确定"，完成会计专用格式设置，如图 1-2-10 所示。

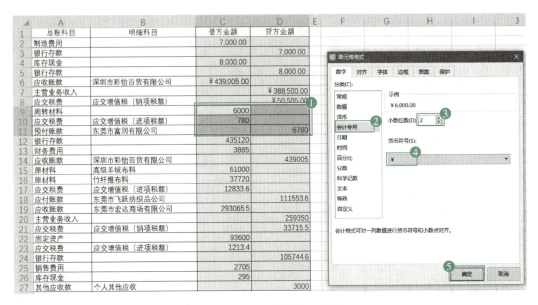

图 1-2-10 设置会计专用格式

⑤ 选中 C12:D15 单元格区域，按【Ctrl】+【1】组合键，在打开的"单元格格式"对话框中选择"数字"选项卡，单击"分类"下的"日期"，"类型"选中"2001年3月7日"的形式，"区域设置"默认为"中文（中国）"，单击"确定"，完成日期格式设置，如图 1-2-11 所示。

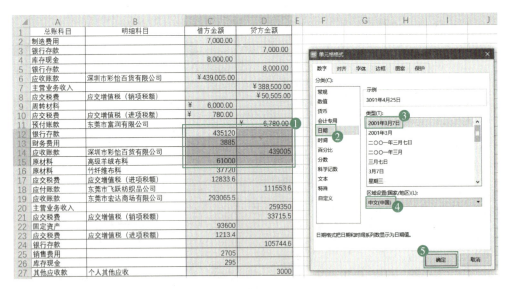

图 1-2-11 设置日期格式

⑥ 选中 C16:D20 单元格区域，按【Ctrl】+【1】组合键，在打开的"单元格格式"对话框中选择"数字"选项卡，单击"分类"下的"时间"，"类型"选中"16:22:20"的形式、"区域设置"默认为"中文（中国）"，单击"确定"，完成时间格式设置，如图 1-2-12 所示。

	A	B	C	D
1	总账科目	明细科目	借方金额	贷方金额
2	制造费用		7,000.00	
3	银行存款			7,000.00
4	库存现金		8,000.00	
5	银行存款			8,000.00
6	应收账款	深圳市彩怡百货有限公司	¥439,005.00	
7	主营业务收入			¥388,500.00
8	应交税费	应交增值税（销项税额）		¥50,505.00
9	周转材料		¥ 6,000.00	
10	应交税费	应交增值税（进项税额）	¥ 780.00	
11	预付账款	东莞市富润有限公司		¥ 6,780.00
12	银行存款		3091年4月25日	
13	财务费用		1910年8月20日	
14	应收账款	深圳市彩怡百货有限公司		3101年12月14日
15	原材料	高级羊绒布料	2067年1月3日	
16	原材料	竹纤维布料	37720	
17	应交税费	应交增值税（进项税额）	12833.6	
18	应付账款	东莞市飞跃纺织品公司		111553.6
19	应收账款	东莞市宏达商场有限公司	293065.5	
20	主营业务收入			259350
21	应交税费	应交增值税（销项税额）		33715.5
22	固定资产		93600	
23	应交税费	应交增值税（进项税额）	1213.4	
24	银行存款			105744.6
25	销售费用		2705	
26	库存现金		295	
27	其他应收款	个人其他应收		3000

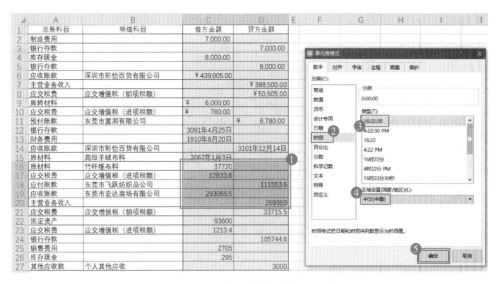

图 1-2-12　设置时间格式

⑦ 选中 C21:D22 单元格区域，按【Ctrl】+【1】组合键，在打开的“单元格格式”对话框中选择“数字”选项卡，单击“分类”下的“百分比”，“小数位数”调整为“2”，单击“确定”，完成百分比格式设置，如图 1-2-13 所示。

	A	B	C	D
1	总账科目	明细科目	借方金额	贷方金额
2	制造费用		7,000.00	
3	银行存款			7,000.00
4	库存现金		8,000.00	
5	银行存款			8,000.00
6	应收账款	深圳市彩怡百货有限公司	¥439,005.00	
7	主营业务收入			¥388,500.00
8	应交税费	应交增值税（销项税额）		¥50,505.00
9	周转材料		¥ 6,000.00	
10	应交税费	应交增值税（进项税额）	¥ 780.00	
11	预付账款	东莞市富润有限公司		¥ 6,780.00
12	银行存款		3091年4月25日	
13	财务费用		1910年8月20日	
14	应收账款	深圳市彩怡百货有限公司		3101年12月14日
15	原材料	高级羊绒布料	2067年1月3日	
16	原材料	竹纤维布料	0:00:00	
17	应交税费	应交增值税（进项税额）	14:24:00	
18	应付账款	东莞市飞跃纺织品公司		14:24:00
19	应收账款	东莞市宏达商场有限公司	12:00:00	
20	主营业务收入			0:00:0
21	应交税费	应交增值税（销项税额）		33715.5
22	固定资产		93600	
23	应交税费	应交增值税（进项税额）	1213.4	
24	银行存款			105744.6
25	销售费用		2705	
26	库存现金		295	
27	其他应收款	个人其他应收		3000

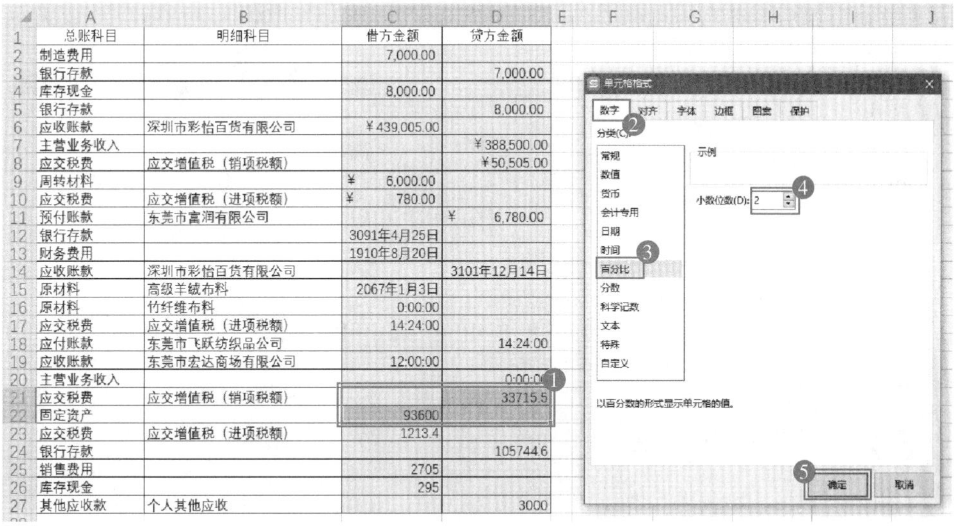

图 1-2-13　设置百分比格式

⑧ 选中 C23:D24 单元格区域，按【Ctrl】+【1】组合键，在打开的“单元格格式”对话框中选择“数字”选项卡，单击“分类”下的“分数”，“类型”选中“分母为一位数（1/2）”的形式，单击“确定”，完成分数格式设置，如图 1-2-14 所示。

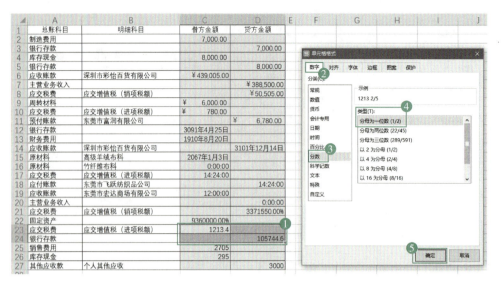

图 1-2-14　设置分数格式

⑨ 选中 C25：D27 单元格区域，按【Ctrl】+【1】组合键，在打开的"单元格格式"对话框中选择"数字"选项卡，单击"分类"下的"特殊"，"类型"选中"中文大写数字"，单击"确定"，完成特殊格式中文大写数字格式设置，如图 1-2-15 所示。

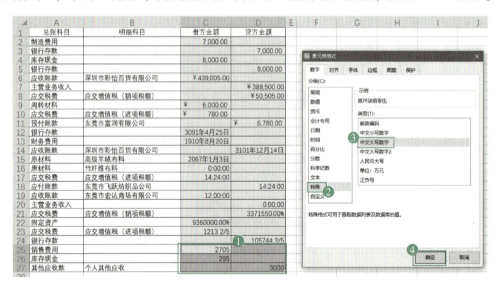

图 1-2-15　设置特殊格式

成果展示

数字格式操作结果如图 1-2-16 所示。

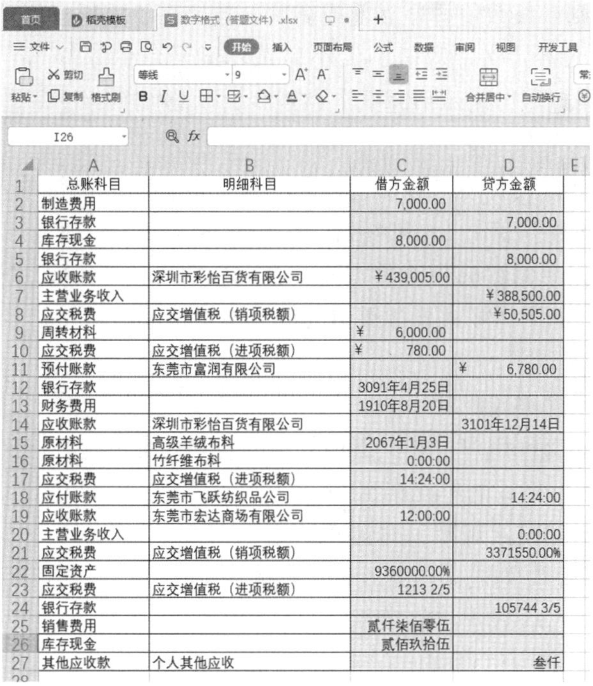

	A	B	C	D
1	总账科目	明细科目	借方金额	贷方金额
2	制造费用		7,000.00	
3	银行存款			7,000.00
4	库存现金		8,000.00	
5	银行存款			8,000.00
6	应收账款	深圳市彩怡百货有限公司	¥439,005.00	
7	主营业务收入			¥388,500.00
8	应交税费	应交增值税（销项税额）		¥50,505.00
9	周转材料		¥ 6,000.00	
10	应交税费	应交增值税（进项税额）	¥ 780.00	
11	预付账款	东莞市富润有限公司		¥ 6,780.00
12	银行存款		3091年4月25日	
13	财务费用		1910年8月20日	
14	应收账款	深圳市彩怡百货有限公司		3101年12月14日
15	原材料	高级羊绒布料	2067年1月3日	
16	原材料	竹纤维布料	0:00:00	
17	应交税费	应交增值税（进项税额）	14:24:00	
18	应付账款	东莞市飞跃纺织品公司		14:24:00
19	应收账款	东莞市宏达商场有限公司	12:00:00	
20	主营业务收入			0:00:00
21	应交税费	应交增值税（销项税额）		3371550.00%
22	固定资产		9360000.00%	
23	应交税费	应交增值税（进项税额）	1213 2/5	
24	银行存款			105744 3/5
25	销售费用		贰仟柒佰零伍	
26	库存现金		贰佰玖拾伍	
27	其他应收款	个人其他应收		叁仟

图 1-2-16　数字格式操作结果

操作技巧

打开“单元格格式”对话框有多种方法，选中单元格或区域后可以单击鼠标右键，在菜单中选择，也可按【Ctrl】+【1】组合键等。后续操作中可以根据操作习惯选择打开方式，具体方法不再赘述。

四、条件格式

知识链接

使用“条件格式”功能，可以快速识别特定类型的数据，并自动应用指定的格式标识。条件格式功能常用于标记某个范围的数据、快速找到重复项目、使用图形增加数据可读性等。若目标单元格的值发生变化，则其对应的条件格式显示效果也会随之自动更新。在工作表中应用条件格式规则时，用户自定义的条件格式效果将优先于单元格初始的格式设置。

1. 应用内置的条件格式规则

WPS 电子表格提供了大量的内置条件格式规则以实现快速格式化。选定工作表中需要设置条件格式的单元格区域，在“开始”选项卡中，单击“条件格式”下拉按钮，在下拉列表中选择所需要的内置条件格式规则即可。

- 突出显示单元格规则：按指定数值或日期范围、包含指定文本、对重复值进行标记。

- 项目选取规则：按数值排序靠前或靠后、数值高于或低于区域平均值进行标记。
- 数据条：根据单元格中数值的大小显示不同长度的水平颜色条，颜色条越长，表示值越高，颜色条越短，表示值越低。在观察大量数据中的较高值和较低值时，数据条尤为直观。
- 色阶：通过使用两种或三种颜色的渐变效果来直观地比较单元格区域中的数据，用来显示数据分布和数据变化。一般情况下，颜色的深浅表示值的高低。
- 图标集：可以使用图标集对数据进行注释，每个图标代表一个值的范围。使用图标集时不能添加外部图标样式。如果单元格中同时显示图标和数字，图标将靠单元格左侧显示。

2. 设置自定义条件格式规则

WPS电子表格还允许用户自定义更加复杂的规则以实现高级格式化。

选定需要设置条件格式的单元格区域，在"条件格式"下拉列表中选择"新建规则"命令，打开"新建格式规则"对话框。

- "选择规则类型"列表中包含6种可选的规则类型。选择不同的规则类型，则底部的"编辑规则说明"区域中将显示不同的选项。
- 若选择"基于各自值设置所有单元格的格式"规则类型，则在底部的"格式样式"下拉列表中可以选择双色刻度、三色刻度、数据条和图标集4种样式，且在"类型"下拉列表中可以选择5种计算类型。
- 若选择其他规则类型，则在规则设置完成后，可以单击对话框右下角的"格式"，继续设置在符合条件时要应用的单元格数字、字体、边框和图案格式。
- 若选择"使用公式确定要设置格式的单元格"规则类型，公式结果为TRUE或不等于0时，则返回用户指定的单元格格式；公式结果为FALSE或数值0时，则不应用指定格式。公式的引用方式，一般以选中区域的活动单元格为参照进行设置，设置完成后，即可将条件格式规则应用到所选区域的每一个单元格。

3. 管理和清除条件格式规则

选定应用了条件格式的单元格区域，在"条件格式"下拉列表中选择"管理规则"命令，打开"条件格式规则管理器"对话框，选中规则并单击"编辑规则"按钮，打开"编辑规则"对话框，即可查看和修改已有的条件格式规则。单击"删除规则"按钮，即可删除指定的条件格式规则。

WPS电子表格允许对同一单元格区域同时设置多个条件格式，这些条件格式规则按照在"条件格式规则管理器"对话框中列出的顺序依次执行。处于上方的条件格式规则拥有更高的优先级，默认情况下，新规则总是添加到列表的顶部，即拥有最高优先级，也可以在对话框中单击"↑"或"↓"按钮更改规则的优先级顺序。多个规则之间若没有冲突（如设置为红色背景和设置为字体加粗），则规则全部生效；多个规则之间若发生冲突（如设置为红色背景和设置为黄色背景），则只执行优先级较高的规则。

在"条件格式"下拉列表中选择"清除规则"命令，在展开的二级下拉列表中可以选择"清除所选单元格的规则""清除整个工作表的规则""清除此表的规则"（此表指的是"智能表格"）等命令，分别清除不同目标区域中已有的条件格式规则。

任务描述

① 为 C3:C22 单元格区域大于"220000"的数据设置"绿填充色深绿色文本"突出显示单元格。

② 为 D3:D22 单元格区域设置"渐变填充"下的"紫色数据条"条件格式。

③ 为 E3:E22 单元格区域设置"绿-黄-红色阶"条件格式。

④ 为 F3:F22 单元格区域设置图标集"等级"下的"五象限图"条件格式。

⑤ 为 G3:G22 单元格区域设置前 10 项"黄填充色深黄色文本"条件格式。

⑥ 为 H3:H22 单元格区域设置仅对高于或低于平均值的数值设置格式"高于、加粗、标准红色"条件格式。

任务资料

教材配套资源/项目一/条件格式（答题文件）.xlsx 文件。

操作流程

① 打开"条件格式（答题文件）.xlsx",单击"条件格式"工作表标签。

② 选中"C3:C22"单元格区域，单击"开始"→"条件格式"→"突出显示单元格规则"→"大于"，在弹出的"大于"对话框中，在"为大于以下值的单元格设置格式"下方文本框中输入"220000"，"设置为"选中"绿填充色深绿色文本"，单击"确定"，如图 1-2-17 所示。

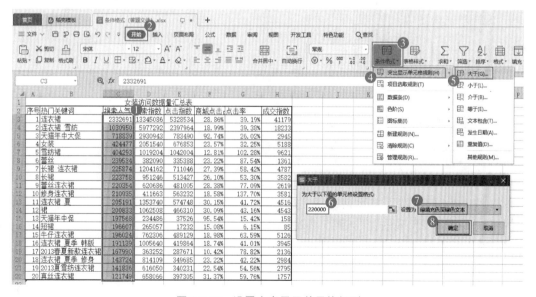

图 1-2-17　设置突出显示单元格规则

③ 选中"D3:D22"单元格区域，单击"开始"→"条件格式"→"数据条"→"渐变填充"下的"紫色数据条"，如图 1-2-18 所示。

图 1-2-18　设置数据条格式

④ 选中"E3：E22"单元格区域，单击"开始"→"条件格式"→"色阶"→"绿-黄-红色阶"，如图 1-2-19 所示。

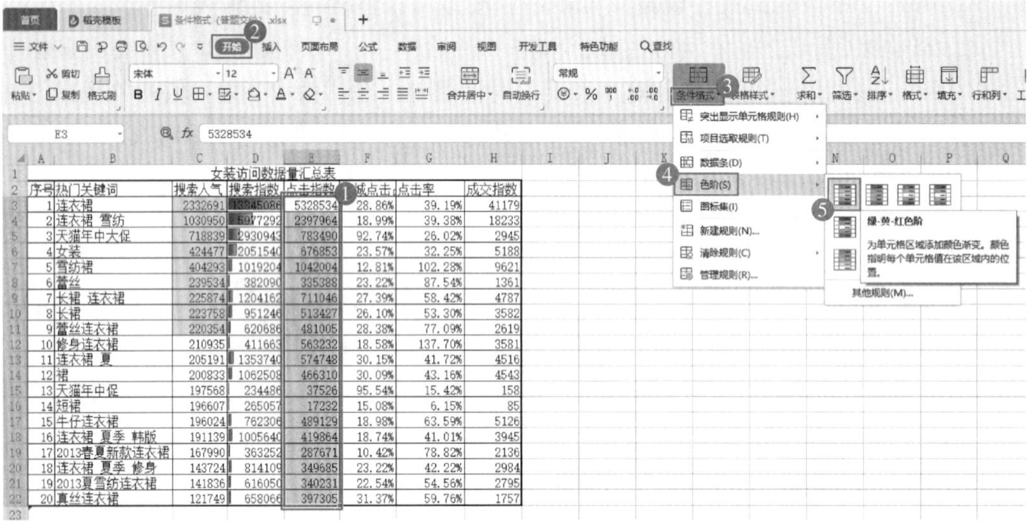

图 1-2-19　设置色阶格式

⑤ 选中"F3：F22"单元格区域，单击"开始"→"条件格式"→"图标集"→"等级"下的"五象限图"，如图 1-2-20 所示。

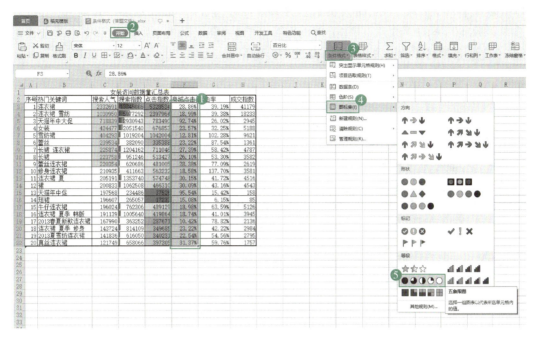

图 1-2-20　设置图标集格式

⑥ 选中 G3:G22 单元格区域，单击"开始"→"条件格式"→"项目选取规则"→"前 10 项"，在弹出的"前 10 项"对话框中"为值最大的那些单元格设置格式"调整为"10"，"设置为"选中"黄填充色深黄文本"，单击"确定"，如图 1-2-21 所示。

图 1-2-21　设置项目选取规则

⑦ 选中 H3:H22 单元格区域，单击"开始"→"条件格式"→"新建规则"，在弹出的"新建格式规则"对话框中"选择规则类型"下选中"仅对高于或低于平均值的数值设置格式"，"为满足以下条件的值设置格式"选中"高于"，单击"格式"；在

弹出的"单元格格式"对话框中选择"字体"选项卡,"字形"选中"粗体","颜色"选中"标准"下的"红色",单击"确定";回到"新建格式规则"对话框中单击"确定",完成条件格式的设置,如图 1-2-22 所示。

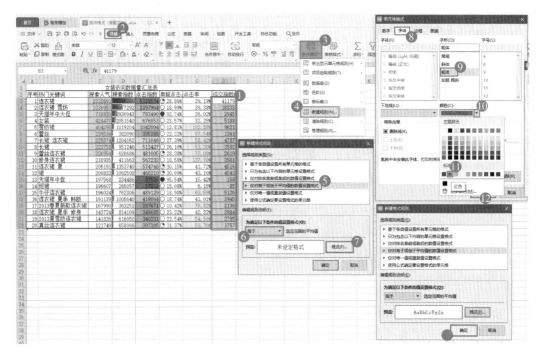

图 1-2-22 设置新建规则

成果展示

条件格式操作结果如图 1-2-23 所示。

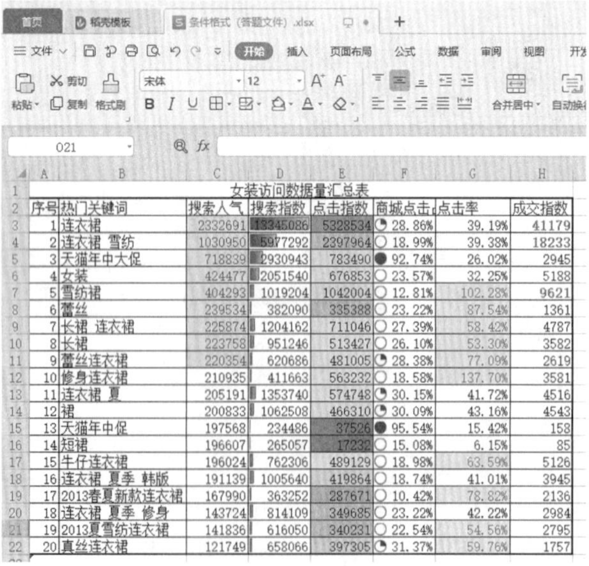

图 1-2-23 条件格式操作结果

五、页面打印

 知识链接

在 WPS 电子表格中输入数据并格式化后，通常还需要将表格打印输出。为了使输出效果符合显示要求并且更加美观，有必要进行相应的页面设置并调整打印选项。

1. 纸张设置

建议在输入数据前先进行纸张设置，以免输入数据后因为调整纸张设置而破坏表格的整体结构。常规的"纸张设置"包括页边距、纸张方向和纸张大小等内容。

- 页边距：在"页面布局"选项卡下单击"页边距"下拉按钮，在下拉列表中包括内置常规（默认）、窄、宽 3 种选项，并且会保留最近一次设置的自定义页边距。
- 纸张方向：在"页面布局"选项卡下单击"纸张方向"下拉按钮，在下拉列表中包括纵向（默认）、横向两种选项。如果数据区域的列数较多，可以选择纸张方向为横向。
- 纸张大小：在"页面布局"选项卡下单击"纸张大小"下拉按钮，在下拉列表中包括常用的纸张尺寸（默认 A4），可根据需要选择对应的规格。

2. 打印区域

默认情况下，完全打印的工作表包含可见内容的所有单元格，含数据、框线、填充色或图形对象等；也可以选定要打印的任意区域，在"页面布局"选项卡下单击"打印区域"，即可将当前选定区域设置为打印区域。如果将不连续单元格区域设置为打印区域，打印时会将不同的单元格区域分别打印在不同纸张上。在"打印区域"下拉列表中选择"取消打印区域"命令，即可清除当前工作表中所有指定的打印区域。

3. 页面设置

"页面设置"对话框中共包含 4 个选项卡，可以对页面进行进一步设置。

- "页面"选项卡：可以对纸张方向、缩放比例、纸张大小、打印机选择、打印质量和起始页码进行自定义设置。
- "页边距"选项卡：可以在上、下、左、右 4 个方向设置打印区域与纸张边界的距离，以及页面和页脚顶端、底端的距离，可以直接输入数字或单击微调按钮以进行调整。如果打印区域较小，不足以在页边距范围之内完全显示，可以在"居中方式"中勾选"水平"和"垂直"复选框，以使打印内容在纸张上居中显示。
- "页眉/页脚"选项卡：可以在纸张顶端或底端添加内置页眉/页脚样式或自定义图文内容，如表格标题、打印时间、校徽或企业 LOGO 等；还允许设置首页不同和奇偶页不同。
- "工作表"选项卡：能够对打印的区域、标题、元素和顺序等打印属性进行设置。当工作表内容较多时，通过设置"打印标题"可以将标题行或标题列重复打印在每个页面上。网格线和行号列标默认不打印，但可以勾选"网格线"或"行号列标"复选框以打印这些元素。工作表中为了突出数据而应用的彩色效果，在黑白打印时只能以不同深浅的灰色来显示原本的彩色，此时可以勾选"单色打印"复选框，则单元格的边框颜色、背景颜色及字体颜色等都将在打印输出时被忽略,使黑白打印效果更加清晰。批注默认不打印,但可以在"批注"的下拉列表中选择"如同工作表中的显示"命令以打印批注内容。若要指定包含错误值的单元格在打印时的显示效果,可以在"错误单元格打印为"的下拉列表中选择:显示值(默认)、<空白>、--、#N/A。还可以指定打印顺序为"先列后行"(默认)的 N 字形顺序或"先行后列"的 Z 字形顺序。

任务描述

① 将 A1:K120 区域设置为打印区域。
② 在页面中间区域设置自定义页脚,形式为"第 1 页,共 ? 页"。
③ 设置第 1 行为"标题行"。

任务资料

教材配套资源/项目一/页面打印(答题文件).xlsx 文件。

操作流程

① 打开"页面打印(答题文件).xlsx",单击"页面打印"工作表标签。
② 选中 A1:K109 区域,单击"页面布局"选项卡下"打印区域"旁的下拉按钮,在弹出的下拉列表中选中"设置打印区域",如图 1-2-24 所示。

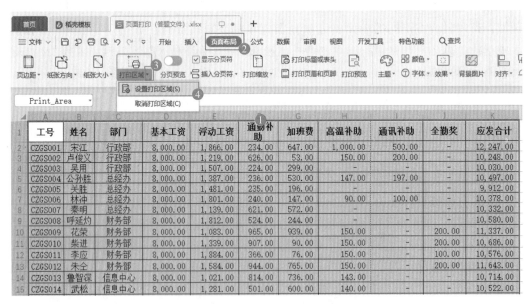

图 1-2-24 设置打印区域

③ 单击"打印页眉和页脚",在弹出的"页面设置"对话框中选择"页眉/页脚"选项卡,"页脚"处选中"第 1 页,共 ? 页",如图 1-2-25 所示。

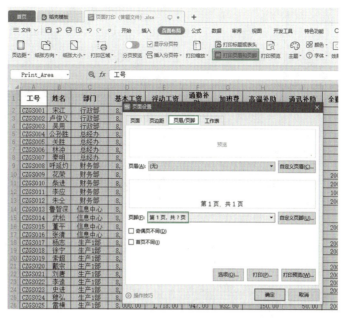

图 1-2-25　设置页脚

④ 选择"工作表"选项卡,在打印标题中的"顶端标题行"文本框中输入"$1：$1",单击"确定",如图 1-2-26 所示。

图 1-2-26　设置打印标题行

因为打印设置是对打印结果进行的设置,所以操作结果在"打印预览"处查看,如图 1-2-27所示。

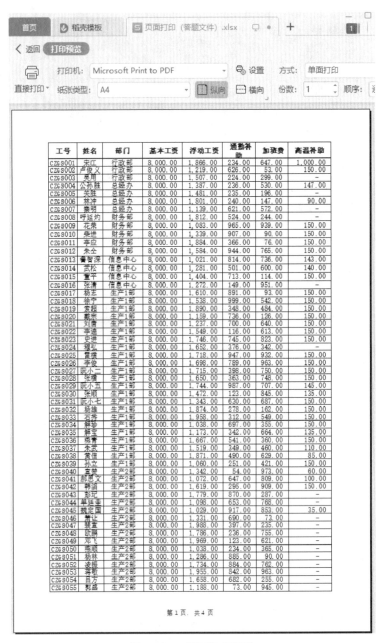

图 1-2-27 页面打印预览

实 战 演 练

1. 根据任务要求，编制"报到信息表"（图 1-3-1）

任务描述：报到信息表是直接从教务系统中导出的学生报到信息，请你帮助教务处的老师按照如下要求整理数据。

① "序号"需要从 "001" 开始连续编号。

② "报到编号"应该是 3 位数字，不足 3 位的需要在编号前用 0 补位。

③ "专业占比"需要显示为以 16 为分母的分数格式。

④ "奖励比例"需要以百分比的形式显示，并且保留 1 位小数。

⑤ "录取分数"需要将具体分数进行隐藏（字段名称"录取分数"保持可见），即单元格看上去是空值没有分数，但单击单元格后编辑栏处能够看到具体分数。

⑥ "录取日期"需要显示为形如"二○二一年十月一日"的日期格式。

⑦ "报到日期"需要显示为形如"2021 年 01 月 02 日星期六"的日期格式。

⑧ "报到时间"需要显示为形如"3:11PM"的时间格式。

⑨ "书费"需要显示为形如"壹仟捌佰零陆元整"的人民币大写的特殊格式。

⑩ "奖学金"需要显示为形如"9,806.00"（负数用红色带负号形式）的数值格式。

⑪ 设置第 1—74 行行高为"20"（单位默认），设置 A:F 列列宽为"8"（单位默认），G:K 列列宽为"25"（单位默认）。

⑫ 设置所有数据均垂直居中且水平居中。

⑬ 为"报到编号"列添加录入验证，即录入的文本长度必须是 3 位。

⑭ 为左侧数据清单套用"表样式浅色 9"的表格格式，不包含表标题，但需要添加筛选按钮，表名称为"表 1"。

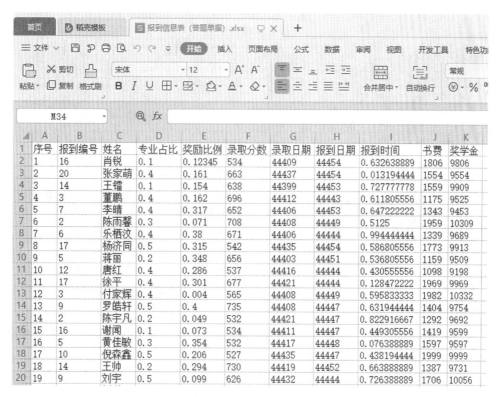

图 1-3-1 报到信息表

2. 根据任务要求，编制"员工基础档案表"（图1-3-2）

任务描述：请你根据任务描述对员工基础档案进行整理。

① 在员工编号列输入员工编号，从"BX001"开始连续编号。

② 将"基本工资"列数字设置为形如"2,950.00"的货币格式，无货币符号。

③ 将"出生年月"列设置为形如"1976/5/16"的日期格式。

④ 将"加入公司时间"列设置为形如"二〇〇二年一月二日"的日期格式。

⑤ 将A2:J2区域字体设置为楷体、加粗、12号，颜色为"黑色，文本1"。

⑥ 将A3:J52区域字体设置为楷体、11号，颜色为"黑色，文本1"。

⑦ 将A2:J2区域设置为水平居中、垂直居中。

⑧ 将A3:G52区域设置为水平居左、垂直居中。

⑨ 将H3:J52区域设置为水平居中、垂直居中。

⑩ 设置第2行行高为"22"，第3—52行行高为"20"，设置A:G列列宽为"12"，H列列宽为"18"，I列列宽为"25"，J列列宽为"14"，单位默认。

图1-3-2 员工基础档案表

3. 根据任务要求，编制"销售台账表"（图1-3-3）

任务描述：在销售台账中，有些数据是混乱的，请你按照要求对数据进行整理，为统计分析做准备。

① 为数据清单插入"序号"，"序号"列的单元格格式需要设置成文本类型，且从"00001"开始连续编号。

② "员工编号"列的数据需要将具体编号进行隐藏（列标题"员工编号"保持可见），即单元格看上去是空值没有编号，但单击单元格编辑栏处能够看到具体编号。

③ "销售日期"列的数据需要显示为形如"二〇一九年三月二十七日"的日期格式［国家/地区为中文（中国）］。

④“金额”列的数据需要显示为形如“9,806.00”（负数用红色带括号形式）的数值格式。

⑤ 设置第 1—65 行行高为“15”（单位默认），设置 G 列列宽为“22”（单位默认），其他列列宽为“12”（单位默认）。

⑥ 设置所有数据均垂直居中且水平居中。

⑦ 为“序号”列添加录入验证，即录入的文本长度必须是 5 位。

⑧ 为左侧数据清单套用“表样式浅色 6”的表格格式，包含表标题，添加筛选按钮，表名称为“表 1”。

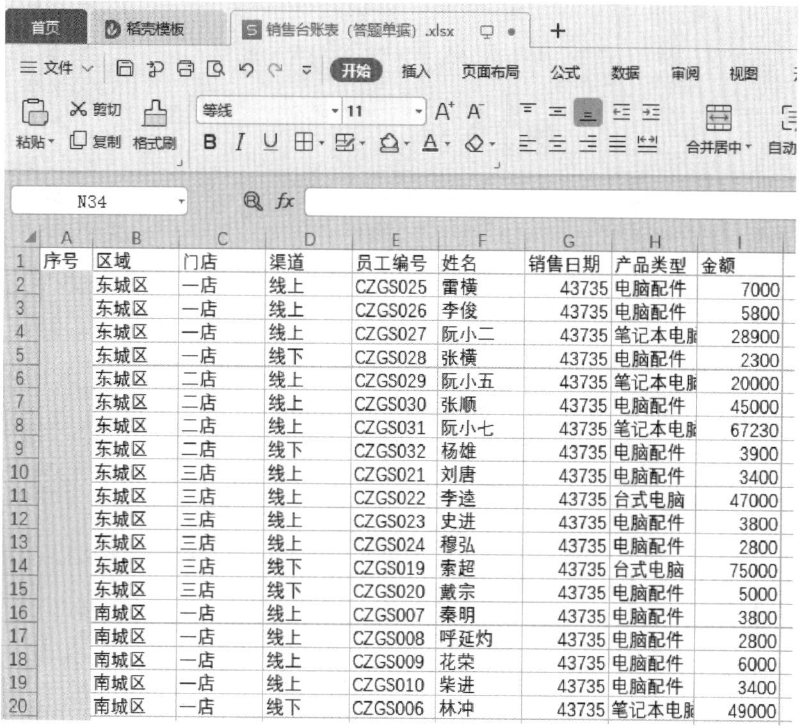

	A	B	C	D	E	F	G	H	I
1	序号	区域	门店	渠道	员工编号	姓名	销售日期	产品类型	金额
2		东城区	一店	线上	CZGS025	雷横	43735	电脑配件	7000
3		东城区	一店	线上	CZGS026	李俊	43735	电脑配件	5800
4		东城区	一店	线上	CZGS027	阮小二	43735	笔记本电脑	28900
5		东城区	一店	线下	CZGS028	张横	43735	电脑配件	2300
6		东城区	二店	线上	CZGS029	阮小五	43735	笔记本电脑	20000
7		东城区	二店	线上	CZGS030	张顺	43735	电脑配件	45000
8		东城区	二店	线上	CZGS031	阮小七	43735	笔记本电脑	67230
9		东城区	二店	线下	CZGS032	杨雄	43735	电脑配件	3900
10		东城区	三店	线上	CZGS021	刘唐	43735	电脑配件	3400
11		东城区	三店	线上	CZGS022	李逵	43735	台式电脑	47000
12		东城区	三店	线上	CZGS023	史进	43735	电脑配件	3800
13		东城区	三店	线上	CZGS024	穆弘	43735	电脑配件	2800
14		东城区	三店	线下	CZGS019	索超	43735	台式电脑	75000
15		东城区	三店	线下	CZGS020	戴宗	43735	电脑配件	5000
16		南城区	一店	线上	CZGS007	秦明	43735	电脑配件	3800
17		南城区	一店	线上	CZGS008	呼延灼	43735	电脑配件	2800
18		南城区	一店	线上	CZGS009	花荣	43735	电脑配件	6000
19		南城区	一店	线上	CZGS010	柴进	43735	电脑配件	3400
20		南城区	一店	线下	CZGS006	林冲	43735	笔记本电脑	49000

图 1-3-3　销售台账表

4. 根据任务要求，编制“考试计划表”（图 1-3-4）

任务描述：根据数据清单，对考试计划表进行整理。

① 在“姓名”和“准考证号”之间插入一列，将“姓名”列的数据进行拆分，“姓名”列只保存中文，将列标题改为“姓名（中文）”，C 列只保存拼音，列标题为“姓名（拼音）”，书写列标题时注意括号的样式。

② 设置左侧数据清单所有字体为“微软雅黑”，字体颜色为“自动”，字号为“12”，第 1 行列标题名称加粗。

③ 设置第 1 行行高为“20”（单位默认），其他所有数据行行高为“18”（单位默认），设置“考试号”“姓名（拼音）”“准考证号”3 列列宽为“20”（单位默认），其他数据列列宽为“12”（单位默认）。

④ 设置第 1 行列标题垂直居中且水平居中；其他数据垂直居中且左对齐。

⑤ 设置 A1:G306 区域内边框为单细线，外边框为双细线，颜色自动。

⑥ 在"考生类别"列使用条件格式，突出显示"农村应届"的单元格为"绿填充色深绿色文本"。

⑦ 为左侧数据清单添加自动筛选，并筛选出"考场信息"为"B314"和"B412中"的所有数据。

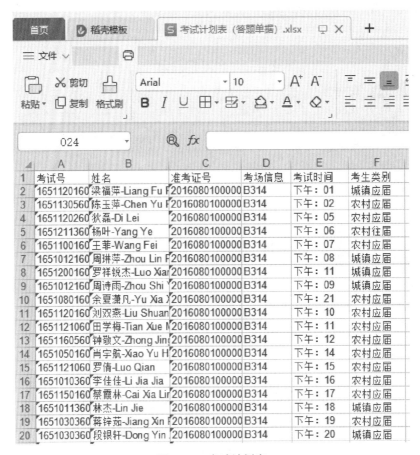

图 1-3-4　考试计划表

5. 根据任务要求，编制"门店销售表"（图 1-3-5）

任务描述：根据数据清单，对门店销售表数据进行整理。

① 将 A3:C65 单元格区域中的空值补全相应数据。

② 设置第 1—65 行行高为"20"（单位默认），设置 A:C 列列宽为"8"（单位默认），D:H 列列宽为"12"（单位默认）。

③ 设置 A:H 列垂直居中且水平居中。

④ 使用条件格式突出显示 H2:H65 单元格区域中金额大于 25000 的单元格为浅红色填充。

⑤ 设置 A1:H65 区域字体为楷体、深蓝标准色、11 号字。

⑥ 设置 A1:H65 区域内边框为黑色细线，外边框为黑色粗线。

⑦ 为产品类型列添加自动筛选，并筛选出产品类型为"台式电脑"的所有数据。

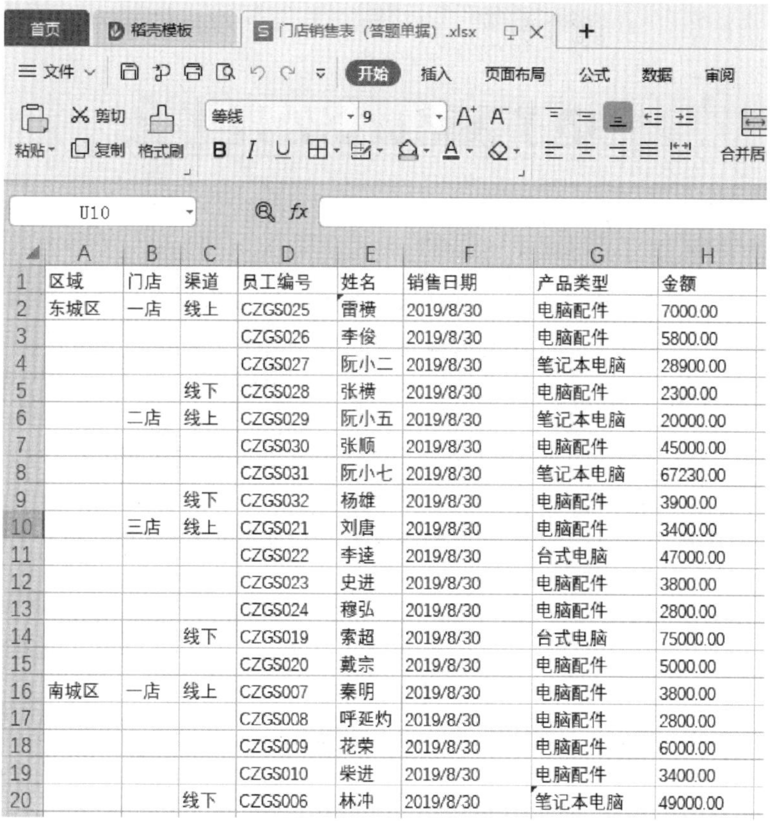

	A	B	C	D	E	F	G	H
1	区域	门店	渠道	员工编号	姓名	销售日期	产品类型	金额
2	东城区	一店	线上	CZGS025	雷横	2019/8/30	电脑配件	7000.00
3				CZGS026	李俊	2019/8/30	电脑配件	5800.00
4				CZGS027	阮小二	2019/8/30	笔记本电脑	28900.00
5			线下	CZGS028	张横	2019/8/30	电脑配件	2300.00
6		二店	线上	CZGS029	阮小五	2019/8/30	笔记本电脑	20000.00
7				CZGS030	张顺	2019/8/30	电脑配件	45000.00
8				CZGS031	阮小七	2019/8/30	笔记本电脑	67230.00
9			线下	CZGS032	杨雄	2019/8/30	电脑配件	3900.00
10		三店	线上	CZGS021	刘唐	2019/8/30	电脑配件	3400.00
11				CZGS022	李逵	2019/8/30	台式电脑	47000.00
12				CZGS023	史进	2019/8/30	电脑配件	3800.00
13				CZGS024	穆弘	2019/8/30	电脑配件	2800.00
14			线下	CZGS019	索超	2019/8/30	台式电脑	75000.00
15				CZGS020	戴宗	2019/8/30	电脑配件	5000.00
16	南城区	一店	线上	CZGS007	秦明	2019/8/30	电脑配件	3800.00
17				CZGS008	呼延灼	2019/8/30	电脑配件	2800.00
18				CZGS009	花荣	2019/8/30	电脑配件	6000.00
19				CZGS010	柴进	2019/8/30	电脑配件	3400.00
20			线下	CZGS006	林冲	2019/8/30	笔记本电脑	49000.00

图 1-3-5　门店销售表

项目二
电子表格数据处理

素质目标
- 通过学习提高信息技术应用能力，培养信息素养和创新思维，在未来的工作中更好地适应和推动行业与社会发展

知识目标
- 了解电子表格的查找与替换、分列、筛选、排序、分类汇总、数据透视表、图表等功能的作用
- 了解电子表格函数的分类及各常用函数的用途

技能目标
- 熟练掌握使用电子表格查找与替换、分列、筛选、排序、分类汇总、数据透视表、图表等功能的操作技巧
- 熟练掌握电子表格各类基础函数的用法

任务一　数据清洗

一、查找与替换

任务描述

请将数据进行清洗以便后期统计分析，即删除数据中的无效空格。

任务资料

教材配套资源/项目二/查找与替换（答题文件）.xlsx 文件。

操作流程

① 打开"查找与替换（答题文件）.xlsx"，单击"查找与替换"工作表标签。

② 按【Ctrl】+【F】组合键，在弹出的"替换"对话框中选择"替换"选项卡，在"查找内容"文本框中输入一个空格符，单击"全部替换"，在弹出的提示框中单击"确定"，如图2-1-1所示。

项目二 电子表格数据处理 043

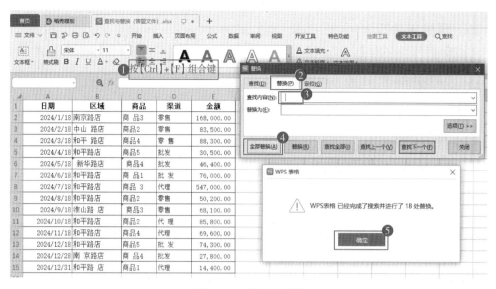

图 2-1-1 查找与替换

说明：如果需要替换整体工作表中的内容，可以直接进行替换操作；如果需要替换部分区域的内容，须先选中相应区域后再进行替换操作。

成果展示

查找与替换操作结果如图 2-1-2 所示。

图 2-1-2 查找与替换操作结果

二、删除多余行

 任务描述

请将数据清单中的多余空白行删除。

 任务资料

教材配套资源/项目二/删除多余行（答题文件）.xlsx 文件。

操作流程

① 打开"删除多余行（答题文件）.xlsx"，单击"删除多余空白行"工作表标签。

② 选中 A 列（有空白行的列），按【Ctrl】+【G】组合键或者【F5】键（有的笔记本电脑还需要同时按【Fn】键），在打开的"定位"对话框中选中"空值"，单击"定位"，这时会将 A 列中所有的空白行选中，如图 2-1-3 所示。

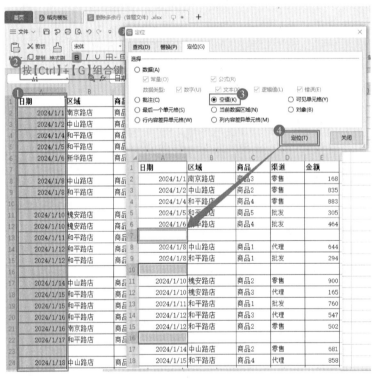

图 2-1-3　定位空行

③ 直接在选中的任意空白单元格处右击，在弹出的快速菜单中选择"删除"→"整行"，删除多余空白行，如图 2-1-4 所示。

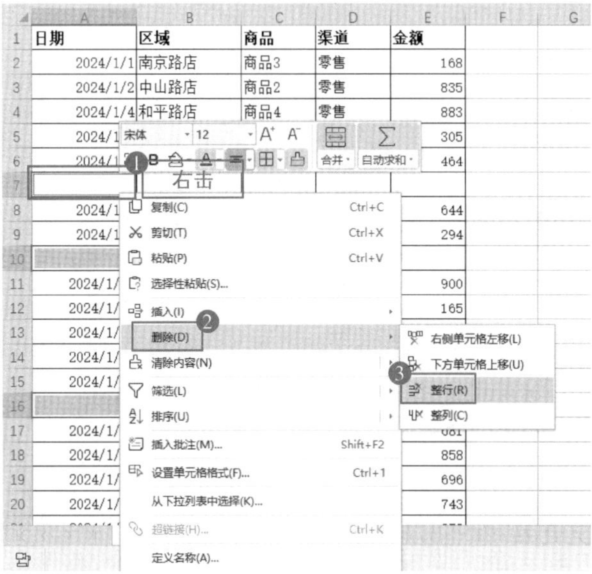

图 2-1-4　删除空白行

成果展示

删除多余行操作结果如图 2-1-5 所示。

	A	B	C	D	E
1	日期	区域	商品	渠道	金额
2	2024/1/1	南京路店	商品3	零售	168
3	2024/1/2	中山路店	商品2	零售	835
4	2024/1/4	和平路店	商品4	零售	883
5	2024/1/5	和平路店	商品5	批发	305
6	2024/1/6	新华路店	商品4	批发	464
7	2024/1/8	中山路店	商品1	代理	644
8	2024/1/8	和平路店	商品1	批发	294
9	2024/1/10	槐安路店	商品2	零售	900
10	2024/1/10	槐安路店	商品3	代理	165
11	2024/1/11	和平路店	商品1	批发	760
12	2024/1/12	和平路店	商品3	代理	547
13	2024/1/12	和平路店	商品2	零售	502
14	2024/1/14	中山路店	商品2	零售	681
15	2024/1/15	和平路店	商品4	代理	858

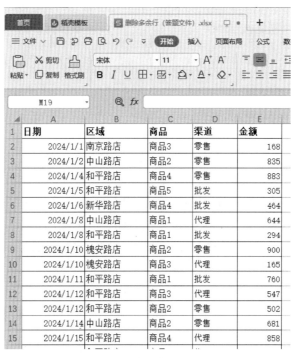

图 2-1-5　删除多余行操作结果

三、分列

 知识链接

1. 分列基本功能

"分列"的基本功能是将一列数据根据指定条件分隔成多个单独的列。选择需要分列的单列区域，在"数据"选项卡中单击"分列"，弹出"文本分列向导"对话框。

步骤1：指定原始数据的分隔类型。"分隔符号"适用于原始数据以分隔字符分隔每字段的场景，通常是导入的文本文档数据。"固定宽度"则适用于原始数据字符长度有规律且包含特殊信息的场景，如提取身份证出生日期等。

步骤2：指定分列方式为按分隔符号分列或按固定宽度分列。

● 按分隔符号分列：选择分列数据中使用的分隔符号，如制表符、空格、分号或逗号等。在"其他"文本框中可以输入中文标点符号，还可以输入中文汉字以支持更特殊的场景，如按汉字"市"来拆分地址信息等。若原始数据中的各个字段是以多个连续空格对齐的，或者可能存在多余重复分隔符号的错误，则可以勾选"连续分隔符号视为单个处理"复选框。"数据预览"窗口中将实时展示分列效果。

● 按固定宽度分列：设置字段宽度（列间隔）。在"数据预览"窗口中操作"分列线"进行分列。要建立分列线，请在标尺或数据区的指定位置处单击；要删除分列线，请双击分列线；要移动分列线，请按住分列线并拖曳至指定位置。

步骤3：设置每列的数据类型，以及输出结果的目标区域，单击"完成"即可。

2. 分列清洗数据

"分列"功能非常强大，不仅可以根据分隔符号或字符个数拆分列，也可以通过设置列数据类型来规范数据格式，经常用于清理数据中的不可见字符、转换不规范日期格式等。

例如原始日期信息未能按照规范的日期格式（以短横线"-"或正斜杠"/"为分隔符号）输入，而是以形如点号"."等符号分隔的年月日数字，这些"脏数据"将不能被识别为正确日期值，往往会导致错误的计算结果。此时，可以利用"分列"功能来规范数据格式。操作非常简单，忽略"文本分列向导"中的前2步，进入步骤3中设置列数据类型；选中"日期"选项按钮并根据原始数据中的日期信息样式，在"日期样式"下拉列表中选择相对应的样式；例如日期是按"年月日"的样式输入的，则相对应设置为"YMD"；单击"完成"，即可将原始的杂乱日期格式规范化。

3. 拓展

WPS电子表格中的"智能分列"功能还提供了更多样的数据分列方式，如按"文本类型"或"关键字"分类等。

任务描述

① 将B列内容按照"_"符号对"中文姓名"和"姓名拼音"进行拆分，拆分后"中文姓名"放在B1单元格目标区域中，"姓名拼音"放在C1单元格目标区域中，两

列数据类型均保持"常规"即可。

② 将 D 列内容按照固定宽度对身份证号进行拆分，只导出出生日期（第 7—14 位），并放到 E1 单元格目标区域中，列数据类型改为形如"年/月/日"的形式；在 E1 单元格中输入标题"出生日期"。

任务资料

教材配套资源/项目二/使用分列拆分数据（答题文件）.xlsx 文件。

操作流程

① 打开"使用分列拆分数据（答题文件）.xlsx"，单击"使用分列拆分数据"工作表标签。

② 单击 B 列，单击"数据"→"分列"，在弹出的"文本分列向导-3 步骤之 1"对话框中选中"分隔符号"，单击"下一步"；在"文本分列向导-3 步骤之 2"对话框中勾选"其他"复选框，在其他后面的文本框中输入下横线"_"，单击"下一步"；在"文本分列向导-3 步骤之 3"对话框中，在"目标区域"下的文本框中输入"=$B$1"，单击"完成"，如图 2-1-6 所示。

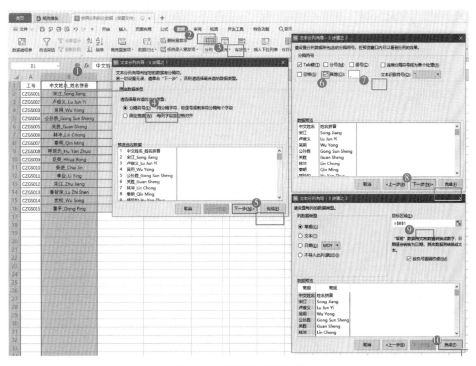

图 2-1-6　分隔符分列数据

③ 单击 D 列，单击"数据"→"分列"，在弹出的"文本分列向导-3 步骤之 1"对话框中选中"固定宽度"，单击"下一步"；在"文本分列向导-3 步骤之 2"对话框中，在"数据预览"下单击"第 6 位标尺"，再单击"第 14 位标尺"，单击"下一步"，如图 2-1-7 所示。

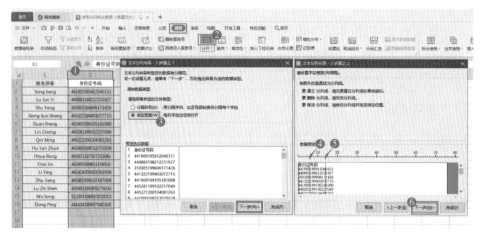

图 2-1-7 设置分列宽度

④ 在弹出的 "文本分列向导-3 步骤之 3" 对话框中,"数据预览"窗口中第 1 列区域默认是选中状态的绿色背景,可直接选中 "不导入此列(跳过)",在 "数据预览"窗口中单击 "最后一列",选中 "不导入此列(跳过)",再在 "数据预览"窗口中单击中间出生日期区域并在列数据类型中选中 "日期",后面的日期形式选中 "YMD",将 "目标区域" 中的内容改为 "=$E$1",单击 "完成",如图 2-1-8 所示。

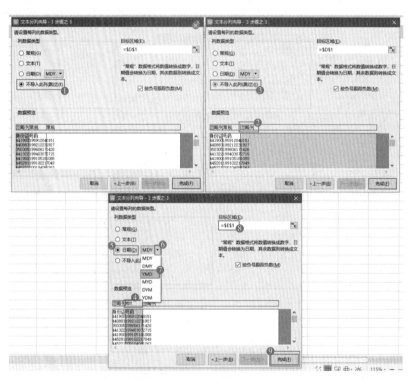

图 2-1-8 设置导出区域

说明:任务要求只导出 "出生日期" 放到 E1 单元格目标区域,所以将身份证号分列后,前后两个区域不需要导出。这样将出生日期放入 E1 单元格目标区域不会改变

D 列原有数据。

⑤ 将 E1 单元格中的内容改为“出生日期”，如图 2-1-9 所示。

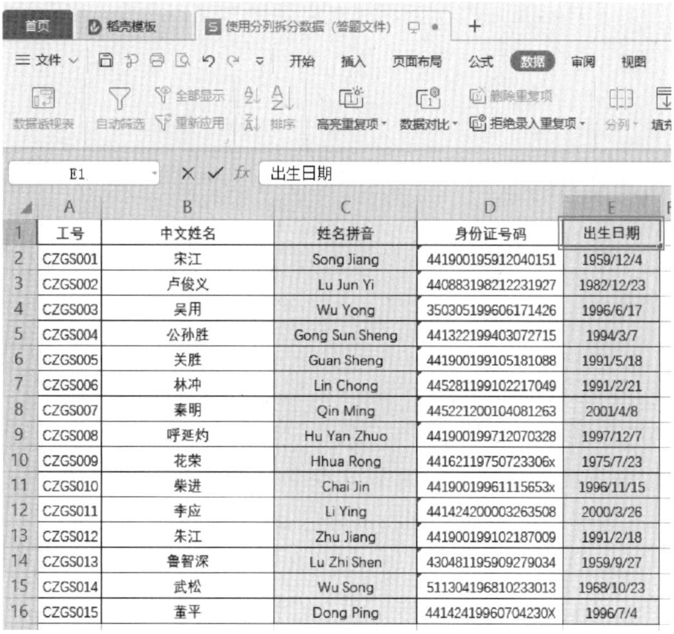

	A	B	C	D	E
1	工号	中文姓名	姓名拼音	身份证号码	出生日期
2	CZGS001	宋江	Song Jiang	441900195912040151	1959/12/4
3	CZGS002	卢俊义	Lu Jun Yi	440883198212231927	1982/12/23
4	CZGS003	吴用	Wu Yong	350305199606171426	1996/6/17
5	CZGS004	公孙胜	Gong Sun Sheng	441322199403072715	1994/3/7
6	CZGS005	关胜	Guan Sheng	441900199105181088	1991/5/18
7	CZGS006	林冲	Lin Chong	445281199102217049	1991/2/21
8	CZGS007	秦明	Qin Ming	445221200104081263	2001/4/8
9	CZGS008	呼延灼	Hu Yan Zhuo	441900199712070328	1997/12/7
10	CZGS009	花荣	Hhua Rong	44162119750723306x	1975/7/23
11	CZGS010	柴进	Chai Jin	44190019961115653x	1996/11/15
12	CZGS011	李应	Li Ying	441424200003263508	2000/3/26
13	CZGS012	朱江	Zhu Jiang	441900199102187009	1991/2/18
14	CZGS013	鲁智深	Lu Zhi Shen	430481195909279034	1959/9/27
15	CZGS014	武松	Wu Song	511304196810233013	1968/10/23
16	CZGS015	董平	Dong Ping	44142419960704230X	1996/7/4

图 2-1-9　设置列标题

成果展示

分列操作结果如图 2-1-10 所示。

	A	B	C	D	E
1	工号	中文姓名	姓名拼音	身份证号码	出生日期
2	CZGS001	宋江	Song Jiang	441900195912040151	1959/12/4
3	CZGS002	卢俊义	Lu Jun Yi	440883198212231927	1982/12/23
4	CZGS003	吴用	Wu Yong	350305199606171426	1996/6/17
5	CZGS004	公孙胜	Gong Sun Sheng	441322199403072715	1994/3/7
6	CZGS005	关胜	Guan Sheng	441900199105181088	1991/5/18
7	CZGS006	林冲	Lin Chong	445281199102217049	1991/2/21
8	CZGS007	秦明	Qin Ming	445221200104081263	2001/4/8
9	CZGS008	呼延灼	Hu Yan Zhuo	441900199712070328	1997/12/7
10	CZGS009	花荣	Hhua Rong	44162119750723306x	1975/7/23
11	CZGS010	柴进	Chai Jin	44190019961115653x	1996/11/15
12	CZGS011	李应	Li Ying	441424200003263508	2000/3/26
13	CZGS012	朱江	Zhu Jiang	441900199102187009	1991/2/18
14	CZGS013	鲁智深	Lu Zhi Shen	430481195909279034	1959/9/27
15	CZGS014	武松	Wu Song	511304196810233013	1968/10/23
16	CZGS015	董平	Dong Ping	44142419960704230X	1996/7/4

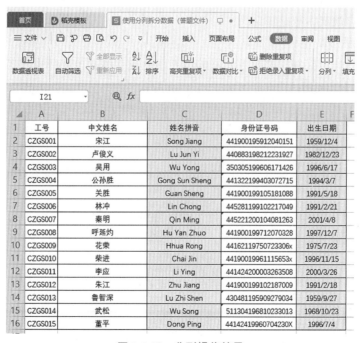

图 2-1-10　分列操作结果

任务二　数据处理

一、排序

知识链接

在 WPS 电子表格中，排序功能允许用户根据一列或多列的数据对表格进行排序，以便查看和分析数据。

1. 单列排序

升序排序：选中需要排序的列，单击"数据"选项卡中的"升序"（通常显示为向上的箭头），该列的数据将按照从小到大的顺序排列。

降序排序：选中需要排序的列，单击"数据"选项卡中的"降序"（通常显示为向下的箭头），该列的数据将按照从大到小的顺序排列。

2. 多列排序

次要排序：在对第 1 列进行排序后，可以选择另一列进行次要排序。例如，首先按省份升序排序，然后在省份相同的情况下按城市降序排序。

添加级别：在"数据"选项卡中，单击"排序"，可以打开"排序"对话框，在这里可以设置多个排序级别，每个级别对应一列。

3. 自定义排序

自定义排序：在"排序"对话框中，用户可以设置自定义的排序规则，比如按照特定的数字顺序或文本顺序排序。

4. 按颜色排序

按颜色排序：可以选择按照单元格的填充颜色或字体颜色进行排序等。

5. 按单元格值排序

按单元格值排序：可以选择按照单元格的值进行排序，值包括数字、文本或日期等。

6. 排序注意事项

选择整个数据区域：在进行排序之前，确保选中了整个需要排序的数据区域，包括标题行。

标题行：如果数据区域包含标题行，确保在"排序"对话框中勾选了"数据包含标题"选项，这样标题行不会被排序。

7. 动态数组排序

动态数组排序：在一些其他版本的 WPS 电子表格中，支持动态数组功能，可以更灵活地处理排序结果。

8. 排序与筛选结合使用

排序筛选：在筛选数据后，可以对筛选结果进行排序，以便更直观地查看数据。

项目二　电子表格数据处理　051

排序功能是数据分析和处理中的基础工具，它可以帮助用户快速组织和查看数据，提高工作效率。在 WPS 电子表格中，排序功能操作简单，功能强大，非常适合处理大量数据。

任务描述

① 在"自动排序"工作表中以"性别"为主关键字，以"应发工资"为次关键字进行降序排序。

② 在"自定义排序"工作表中将"部门"按照"生产部、财务部、市场部、研发部、质保部"的顺序进行排列。

任务资料

教材配套资源/项目二/排序（答题文件）.xlsx 文件。

操作流程

1. 自动排序

① 打开"排序（答题文件）.xlsx"，单击"自动排序"工作表标签。

② 单击表格数据区域任意位置，在"开始"选项卡下的"排序"下拉列表中，单击"自定义排序"，打开"排序"对话框；主要关键字选中"性别"，排序依据为默认的"数值"，次序选中"降序"；单击"添加条件"增加"次要关键字"，次要关键字选中"应发工资"，排序依据为默认的"数值"，次序选中"降序"，单击"确定"，如图 2-2-1 所示。

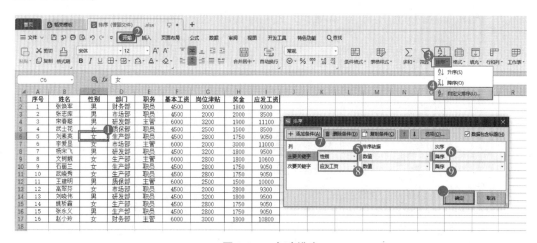

图 2-2-1　自动排序

2. 自定义排序

① 单击"自定义排序"工作表标签。

② 单击表格数据区域任意位置，在"开始"选项卡下的"排序"下拉列表中，单击"自定义排序"，打开"排序"对话框；主要关键字选中"部门"，排序依据为默认的"数值"，次序选中"自定义序列"，打开"自定义序列"对话框；在"输入序列"

下的文本框中输入“生产部”“财务部”“市场部”“研发部”“质保部”，中间用【Enter】键分隔，单击“确定”回到“排序”对话框，单击“确定”完成排序，如图 2-2-2 所示。

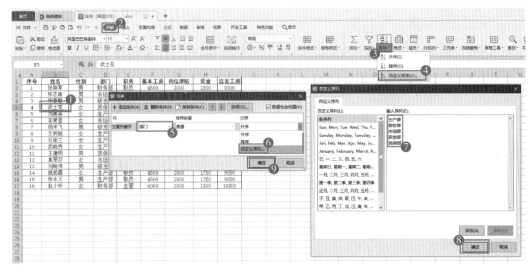

图 2-2-2　自定义排序

成果展示

自动排序操作结果如图 2-2-3 所示。

序号	姓名	性别	部门	职务	基本工资	岗位津贴	奖金	应发工资
6	李爱显	女	市场部	主管	6000	2000	3000	11000
16	赵小玲	女	财务部	主管	6000	3000	1800	10800
8	文树娥	女	生产部	主管	6000	2800	1800	10600
12	高翠芬	女	市场部	职员	4500	2000	2800	9300
5	刘素英	女	生产部	职员	4500	2800	1750	9050
9	石丽兰	女	生产部	职员	4500	2800	1750	9050
10	武晓秀	女	生产部	职员	4500	2800	1750	9050
14	姚骄霞	女	生产部	职员	4500	2800	1750	9050
4	武士花	女	质保部	职员	4500	2500	1500	8500
3	宋春聪	男	研发部	主管	6000	3200	1900	11100
11	王建明	男	质保部	主管	6000	2500	1500	10000
7	杨宋飞	男	研发部	职员	4500	3200	1800	9500
13	刘晓伟	男	研发部	职员	4500	3200	1800	9500
1	张焕军	男	财务部	职员	4500	3000	1800	9300
15	张永义	男	生产部	职员	4500	2800	1750	9050
2	张志库	男	市场部	职员	4500	2000	2000	8500

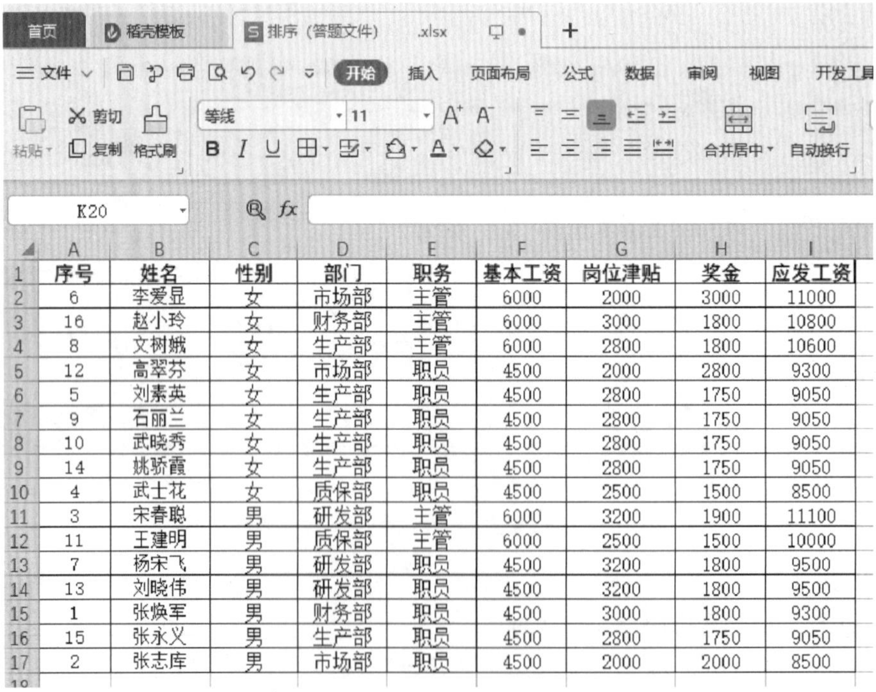

图 2-2-3　自动排序操作结果

自定义排序操作结果如图 2-2-4 所示。

	A	B	C	D	E	F	G	H	I
1	序号	姓名	性别	部门	职务	基本工资	岗位津贴	奖金	应发工资
2	5	刘素英	女	生产部	职员	4500	2800	1750	9050
3	8	文树娥	女	生产部	主管	6000	2800	1800	10600
4	9	石丽兰	女	生产部	职员	4500	2800	1750	9050
5	10	武晓秀	女	生产部	职员	4500	2800	1750	9050
6	14	姚骄霞	女	生产部	职员	4500	2800	1750	9050
7	15	张永义	男	生产部	职员	4500	2800	1750	9050
8	1	张焕军	男	财务部	职员	4500	3000	1800	9300
9	16	赵小玲	女	财务部	主管	6000	3000	1800	10800
10	2	张志库	男	市场部	职员	4500	2000	2000	8500
11	6	李爱昱	女	市场部	主管	6000	2000	3000	11000
12	12	高翠芬	女	市场部	职员	4500	2000	2800	9300
13	3	宋春聪	男	研发部	主管	6000	3200	1900	11100
14	7	杨宋飞	男	研发部	职员	4500	3200	1800	9500
15	13	刘晓伟	男	研发部	职员	4500	3200	1800	9500
16	4	武士花	女	质保部	职员	4500	2500	1500	8500
17	11	王建明	男	质保部	主管	6000	2500	1500	10000

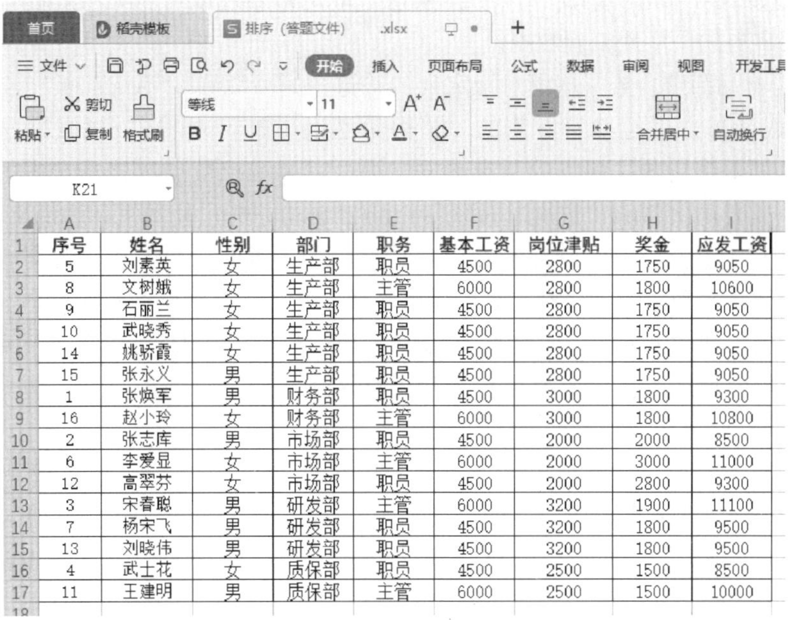

图 2-2-4 自定义排序操作结果

二、筛选

知识链接

1. 自动筛选

● 启用自动筛选：选中需要筛选的数据区域，然后单击“数据”选项卡中的“自动筛选”，即可在每列的标题上出现一个下拉箭头。单击下拉箭头，可以选择显示或隐藏特定的数据项。

● 支持功能：在“筛选面板”中提供了快捷筛选操作命令和简单筛选分析功能。对于日期型数据字段，日期项列表将以年月日分层的形式显示，而不是直接显示具体日期。而且，提供了大量的内置动态筛选条件，支持将数据列表中的日期与系统当前日期的比较结果作为筛选条件，可以一键筛选出“上月、本月、下月”等特定日期段的数据。支持“显示项目计数和占比”功能，帮助用户一目了然地总览数据并快速找到想要的数据项目。还支持简单的“筛选分析”功能，可以在任务窗格中快速生成统计图表。支持“多条件过滤”功能，可以直接输入并搜索以空格分隔的多个关键字。支持“筛选合并单元格”功能，可以正确筛选出合并单元格相对应的所有数据行。

● 特征筛选：除了常规的内容筛选外，还支持按不同数据类型的数据特征进行筛选。在“筛选面板”中，不同数据类型的字段所能够使用的筛选选项也不尽相同。对于文本型数据字段，将显示“文本筛选”的相关选项；对于数值型数据字段（时间被视作数字来处理），将显示“数字筛选”的相关选项；对于日期型数据字段，将显示“日期筛选”的相关选项。事实上，这些选项最终都将打开“自定义自动筛选方式”对话框，通过选择"逻辑条件"和输入具体"条件值"，方能完成自定义筛选。

- 颜色筛选：筛选功能支持以字体颜色、单元格颜色或者单元格图标作为筛选条件，帮助用户更加灵活地整理数据。
- 取消自动筛选：若要取消对指定列的筛选，则可以在"筛选面板"中单击"清空条件"，或者单击汇总项目右侧的"清除筛选"，或者"全选"项目复选框并单击"确定"。若要取消对数据列表的所有筛选，则可以单击"数据"选项卡中的"全部显示"按钮，或者再次单击"数据"选项卡中的"自动筛选"使数据列表退出筛选状态。
- 处理筛选结果：当复制或删除筛选结果中的数据时，只有可见的行会被复制或删除，隐藏行将不受影响。复制连续单元格区域，并往筛选隐藏区域粘贴时，默认将粘贴到连续区域，即被隐藏的行也被视为粘贴目标区域。若希望只粘贴到可见单元格，可以复制连续单元格区域，选定粘贴目标单元格区域，右击打开单元格快捷菜单，选择"粘贴值到可见单元格"命令即可。

2. 高级筛选

"高级筛选"功能是自动筛选的升级，可以将自动筛选的定制条件改为自定义设置，功能上将更加灵活，能够完成更复杂的任务；还可以构建更复杂的筛选条件，将筛选结果复制到其他位置，筛选出不重复的记录，指定包含计算的筛选条件。

- 启用高级筛选：方法有多种，如选定数据列表中任意单元格，在"开始"选项卡中单击"筛选"下拉按钮，在下拉列表中选择"高级筛选"命令等。
- 设置筛选条件：运用高级筛选功能时，最重要的一步是设置筛选条件。高级筛选所构建的复杂条件需要按照一定的规则手工编辑并放置在工作表中单独的区域，并在"高级筛选"对话框的"条件区域"编辑框中指定对该区域的引用，可以为该"条件区域"定义名称以便引用。如果筛选条件置于数据列表的左侧或右侧，执行筛选过程中，可能导致条件区域随着筛选器中的数据行一同被隐藏，因此建议把条件区域放置在数据列表的顶端或底端。高级筛选的"条件区域"至少要包含两行：首行为标题行，行中的列标题必须和数据列表中的字段标题匹配（排列次序和出现次数不要求一致）。建议将数据列表中的字段标题直接复制并粘贴到条件区域的首行。标题行下方为筛选条件值的描述区。可以设置多个筛选条件，筛选条件遵循"同行为与、异行为或"的关系，即同一行之间为 AND 连接的条件（交集），不同行之间为 OR 连接的条件（并集）。条件区域中的空白单元格表示任意条件，即保留所有记录不做筛选。筛选条件行允许使用带比较运算符（=、>、<、>=、<=、<>）的表达式（如">100"）。还可以使用"计算条件"，设置"计算条件"时不允许使用与数据列表中同名的字段标题，可以使用空白字段标题或创建一个新的字段标题。对于文本型数据的筛选条件，允许使用通配符。问号"?"匹配任何单个字符，星号"*"匹配任意多个连续字符（可以为零个），筛选问号或星号本身请在字符前键入波形符"~"。
- 提取筛选结果：在"高级筛选"对话框中可以选择"在原有区域显示筛选结果"或"将筛选结果复制到其它位置"两种不同的筛选方式。选中"将筛选结果复制到其它位置"后，将激活"复制到"辑框，用以指定结果副本位于本表其他位置或其他的工作表。高级筛选功能还可以指定筛选结果副本中仅包含哪些字段列。先将所需字段的标题复制粘贴到指定结果区域首行,并在"复制到"编辑框中指定对该行的引用即可。在"复制到"编辑框中,若只指定单个单元格,则将筛选出符合条件的所有项目。若所选区域为多行范围,则最多提取到该范围的最大行数为止。若同时勾选"扩展结果区域,可能覆盖原有数据"复选框,则筛选出符合条件的所有项目,不受所选区域大小的影响。若勾选"选择不重复的记录"复选框,则筛选结果将不会包含重复项目。高级筛选结果不会随原始数据区域自动更新,如果原数据有改动,请重新应用该功能。

任务描述

① 筛选出"生产部"的员工信息。
② 在①的基础上筛选出"应发工资"大于或等于 10000 的员工。

任务资料

教材配套资源/项目二/筛选(答题文件).xlsx 文件。

操作流程

① 打开"筛选.xlsx",单击"筛选"工作表标签。
② 单击表格中任意数据区域,在"数据"选项卡下单击"自动筛选",即可看到第一行各字段名称变成一个带有下拉框的框名;单击"部门"框旁的下拉按钮,在下拉列表框中的"内容筛选"下先取消勾选"全部"复选框,再勾选"生产部"复选框,筛选出生产部的员工信息,如图 2-2-5 所示。

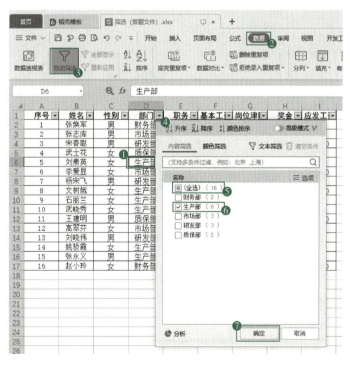

图 2-2-5 设置内容筛选条件

③ 单击"应发工资"框旁的下拉按钮,单击"数字筛选"→"大于或等于",弹出"自定义自动筛选方式"对话框,在"大于或等于"后的文本框中输入"10000",单击"确定",如图 2-2-6 所示。

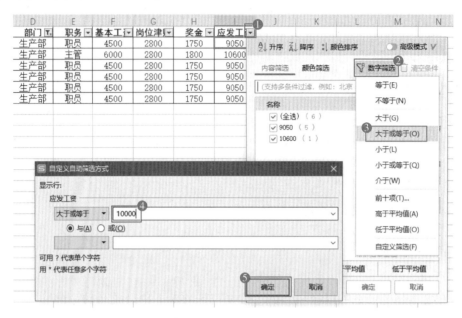

图 2-2-6 设置数字筛选条件

成果展示

筛选操作结果如图 2-2-7 所示。

图 2-2-7 筛选操作结果

三、分类汇总

WPS 电子表格中的分类汇总功能是一种强大的数据统计工具,它可以帮助用户快速对数据进行汇总和分析。

1. 基本分类汇总

数据区域：用户根据需要选中分类汇总的数据区域。

分类汇总：在"数据"选项卡中找到并单击"分类汇总"。

分类字段：在弹出的对话框中，选择要作为分类依据的字段，如部门或货物名称等。

汇总方式：WPS 电子表格提供了多种汇总方式，包括求和、乘积、方差等，用户可以根据需要选择。

汇总项：选择需要进行汇总的数据列，如金额或出库数量等。

分类汇总：单击"确定"后，WPS 电子表格会自动生成分级的汇总表，包括总计表、汇总项目表和明细数据表。

2. 多字段分类汇总

排序数据：在进行多字段分类汇总之前，需要先对数据进行排序，确保数据按照主关键词和次关键词的顺序排列。

分类条件：在"排序"对话框中，可以添加主关键词和次关键词，如先按货物名称排序，再按出库人排序。

分类字段：可以先设置主分类字段汇总，然后设置次分类字段汇总，如先按货物名称汇总，再按出库人汇总。

嵌套汇总：在设置次分类字段时，不勾选"替换当前分类汇总"，以便将次级汇总嵌套在主级汇总之下。

3. 控制显示状态

用户可以通过单击左侧的加减符号来控制各类数据显示状态，灵活调整折叠单元格；也可以选中某项数据，单击显示明细数据或隐藏明细数据。

4. 取消分类汇总

如果需要取消分类汇总，可以再次单击"分类汇总"，然后选择"全部删除"。

5. 其他注意事项

① 在进行分类汇总之前，确保数据已经按照需要分类的字段进行了排序。

② 分类汇总功能适用于简单的分类汇总需求，对于复杂的分类汇总需求，用户可以使用公式或数据透视表进行更灵活的分类汇总。

通过使用 WPS 电子表格的分类汇总功能，用户可以快速统计数据，提高工作效率。这个功能简单实用，非常适合需要快速对数据进行分类和汇总的用户。

汇总出各部门人员的应发工资合计。

任务资料

教材配套资源/项目二/分类汇总（答题文件）.xlsx 文件。

操作流程

① 打开"分类汇总(答题文件).xlsx",单击"分类汇总"工作表标签。

说明:在创建分类汇总之前,必须先对相关数据进行排序。

② 单击表格中"部门"这一列的任意数据单元格,单击"数据"→"升序"("降序"也可以),如图 2-2-8 所示。

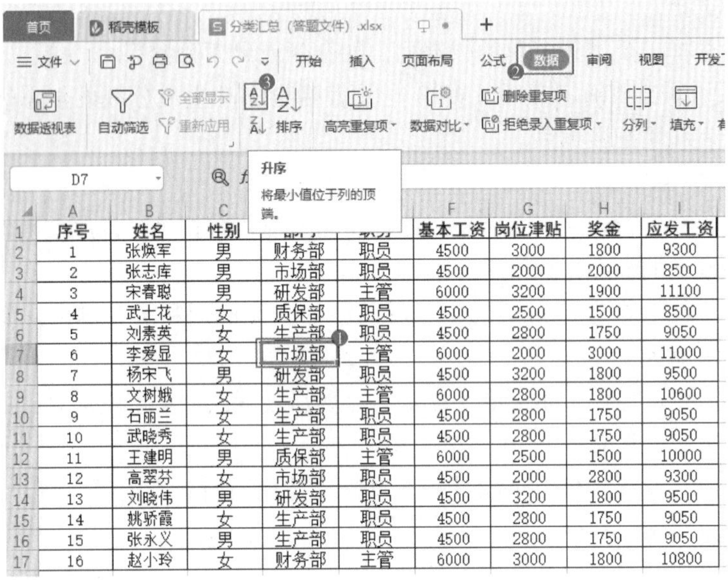

图 2-2-8 分类汇总前排序

③ 单击"分类汇总",弹出"分类汇总"对话框,"分类字段"选中"部门","汇总方式"选中"求和","选定汇总项"只勾选"应发工资",其他设置为默认,单击"确定",如图 2-2-9 所示。

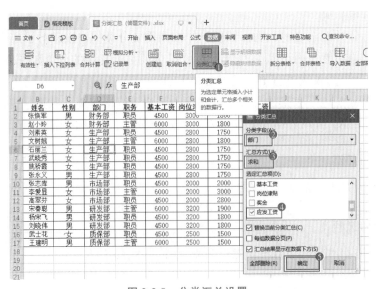

图 2-2-9 分类汇总设置

成果展示

分类汇总操作结果如图 2-2-10 所示。

图 2-2-10　分类汇总操作结果

四、数据透视表

知识链接

WPS 电子表格中的数据透视表是一个强大的工具，它可以帮助用户快速汇总、分析、探索和呈现大量数据。

1. 数据透视表的概念

数据透视表是一种交互式的表，可以快速汇总、分析、探索和呈现数据。它允许用户通过拖放字段来重新组织数据，从而获得不同的视角和洞察方向。

2. 数据透视表的优势

- 直观操作：WPS 电子表格的数据透视表提供直观的拖放界面，用户可以轻松地将字段拖到行、列、值和筛选区域。
- 丰富的功能：支持多种数据汇总方式，如求和、计数、平均值、最大值、最小值等。
- 数据刷新：可以随时刷新数据透视表以反映原始数据的最新状态。
- 样式和格式化：提供多种预设样式，可以快速美化数据透视表的外观。
- 切片器和日程表：支持切片器和日程表功能，方便用户进行数据筛选和时间序列分析。

3. 创建数据透视表的过程

- 准备数据源：确保数据源是一个结构化的表格，每一列都有明确的标题，且没有空行或空列。
- 选择数据源：打开 WPS 电子表格，选中包含待分析的数据区域。如果数据有标题行，请确保标题行也被选中。
- 插入数据透视表：单击"插入"选项下的"数据透视表"选项，在弹出的对话框中，可以选择将数据透视表放置在新工作表或当前工作表的指定位置。
- 设置数据透视表字段：在数据透视表字段列表中，用户可以看到所有可用的字段。根据需要，将字段拖动到"行""列""值""筛选"区域。例如，如果用户想分析销售数据，可以将"产品名称"拖到行区域，将"销售额"拖到值区域。

4. 使用数据透视表

- 数据分组：数据透视表允许用户对数据进行分组。例如，如果用户想要按月份查看销售数据，可以右击日期字段，选择"创建组"，然后选择"按月"。
- 数据排序和筛选：用户可以对数据透视表中的数据进行排序和筛选。单击行或列标签旁边的下拉箭头，选择排序或筛选选项，以显示查看的数据。
- 计算字段和项目：数据透视表还允许用户创建自定义的计算字段和项目，以满足更复杂的数据分析需求。

5. 数据透视图

数据透视图是 WPS 电子表格的另一个功能，它可以让图表随着选取的筛选字段值的改变而自动更新。数据透视图的数据源自动更新，不需要重新选取数据区域。通过使用数据透视图，用户可以更清晰直观地展示数据，并进行动态分析。

通过这些功能，WPS 电子表格的数据透视表为用户提供了一个强大的数据分析工具，使得处理和分析大量数据变得更加简单和高效。

任务描述

① 在现有工作表的 H5 单元格中插入数据透视表，依次统计出每个性质下各地区的销售费用总额、最低销售费用、最高销售费用、平均销售费用。

② 将统计数据的值字段名称依次修改为"销售费用总额""最低销售费用""最高销售费用""平均销售费用"。

任务资料

教材配套资源/项目二/数据透视表（答题文件）.xlsx 文件。

操作流程

① 打开"数据透视表（答题文件）.xlsx"，单击"数据透视表"工作表标签。

② 选中数据清单中任意单元格，单击"插入"→"数据透视表"，在弹出的"创建数据透视表"对话框中选中"现有工作表"，鼠标光标定位在下面的文本框中，单击 H5 单元格，单击"确定"，如图 2-2-11 所示。

项目二 电子表格数据处理　061

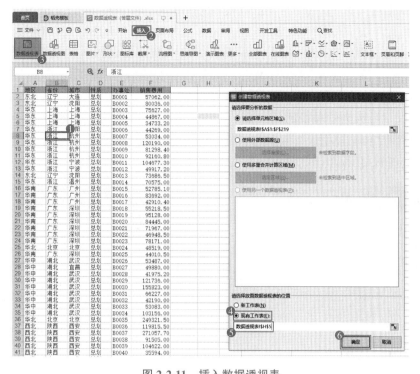

图 2-2-11　插入数据透视表

③ 在数据透视表字段列表中，将"性质"拖动至"行"区域，将"地区"拖动至"行"区域，将"销售费用"拖动至"值"区域（拖动 4 次），如图 2-2-12 所示。

图 2-2-12　设置数据透视表统计项

④ 在数据透视表中，双击"求和项:销售费用"单元格，弹出"值字段设置"对话框，值字段汇总方式选中"求和"，自定义名称改为"销售费用总额"，单击"确定"；双击"求和项:销售费用2"单元格，弹出"值字段设置"对话框，值字段汇总方式选中"最小值"，自定义名称改为"最低销售费用"，单击"确定"；双击"求和项：销售费用3"单元格，弹出"值字段设置"对话框，值字段汇总方式选中"最大值"，自定义名称改为"最高销售费用"，单击"确定"；双击"求和项：销售费用4"单元格，弹出"值字段设置"对话框，值字段汇总方式选中"平均值"，自定义名称改为"平均销售费用"，单击"确定"，如图 2-2-13 至图 2-2-16 所示。

图 2-2-13　设置求和值字段名称

图 2-2-14　设置最小值字段名称

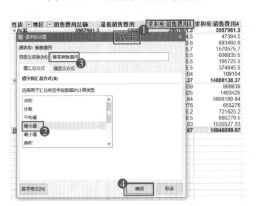

图 2-2-15　设置最大值字段名称

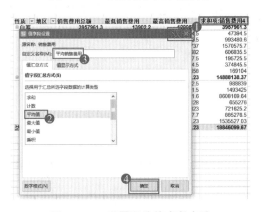

图 2-2-16　设置平均值字段名称

成果展示

数据透视表操作结果如图 2-2-17 所示。

图 2-2-17　数据透视表操作结果

五、图表

 知识链接

图表是一种将数据可视化展示的有效工具。常见图表类型有柱形图、折线图、饼图、条形图、面积图等。创建图表后，还可以进行各种格式设置和优化，比如添加标题、坐标轴标签、数据标签，调整颜色、字体等。

WPS 电子表格是数据处理的强大工具，而数据一般具有抽象、难懂等特点，若能合理利用图表展示数据，则能更加直观地体现数据中的信息。下面介绍几种常见图表的应用。

WPS 电子表格有 9 种图表类型，分别是柱形图、折线图、饼图、条形图、面积图、XY（散点图）、股价图、雷达图、组合图，每种图表类型有多种不同形式的模板可以选择，如图 2-2-18 所示。

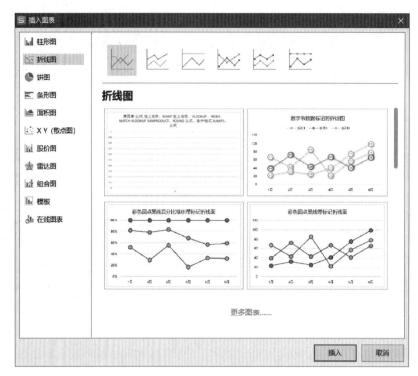

图 2-2-18　图表类型

① 柱形图：经常用于表示以行和列排列的数据，显示随时间变化的数据的效果。最常用的布局是将信息类型放在横坐标轴上，将数值项放在纵坐标轴上，如图 2-2-19 所示。

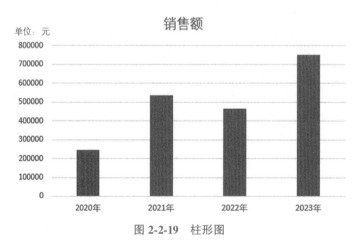

图 2-2-19　柱形图

② 折线图：与柱形图类似，折线图也可以显示在工作表中以行和列排列的数据，区别在于折线图可以显示一段时间内连续的数据，特别用于显示趋势，如图 2-2-20 所示。

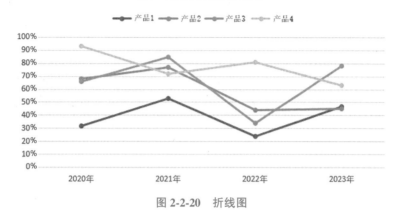

图 2-2-20　折线图

③ 饼图：适合显示个体与整体的比例关系。饼图能够显示数据系列相对于总量的比例，每个扇区显示其占总体的百分比，所有扇区百分数的总和为 100%。在创建饼图时，可以将饼图的一部分拉出来与饼图分离，以更清晰地表达其效果，如图 2-2-21 所示。

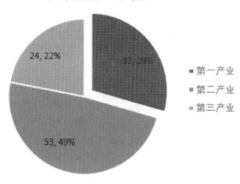

图 2-2-21　饼图

④ 条形图：与柱形图类似，条形图又称横向柱形图，可用于表达项目之间的大小比较，但不适用于一系列时间内的数据变化。当维度分类较多，且维度字段名称又较长时，应选择条形图，如图 2-2-22 所示。

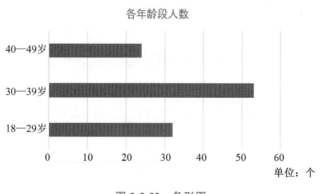

图 2-2-22　条形图

⑤ 面积图：面积图是以阴影或颜色填充折线下方区域的折线图，适合要突出部分时间系列的情况，特别适合显示随时间改变的量。如果只有几个数据点，添加垂直线有助于读者分辨每个时期的实际值，如图 2-2-23 所示。

⑥ XY（散点图）：适用于表示表格中数值之间的关系，常用于统计与科学数据显示，特别适合用于比较两个可能互相关联的变量。虽然散点图可用于大型数据集。但其缺点是，如果不使用编程语言或插件，将很难给点加上标签。如果数据集较小，可使用成对的条形图来显示相同的信息，这种图可添加标签，让读者能够看出哪些记录与其他记录不符，如图 2-2-24 所示。

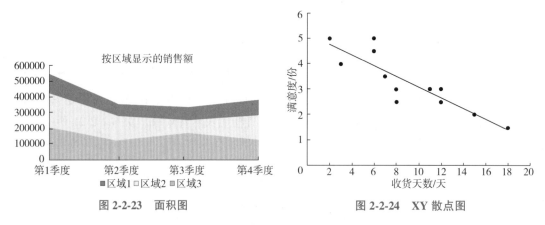

图 2-2-23　面积图　　　　　　图 2-2-24　XY 散点图

⑦ 股价图：常用于显示股票市场的波动，还可显示特定股票的最高价/最低价与收盘价，如图 2-2-25 所示。

图 2-2-25　股价图

⑧ 雷达图：雷达图可显示 4—6 个变量之间的关系，可用于对比表格中多个数据系列的总计，适用于绩效评估等，如图 2-2-26 所示。

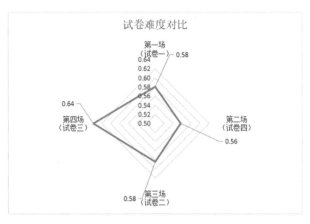

图 2-2-26　雷达图

⑨ 组合图：也称为复合图或双轴图，允许将两个或多个数据系列绘制在同一个图表上，但使用不同的坐标轴，如图 2-2-27 所示。这种图表特别适用于比较两种或多种不同的数据集，尤其是当这些数据集的量级或度量单位不同时。

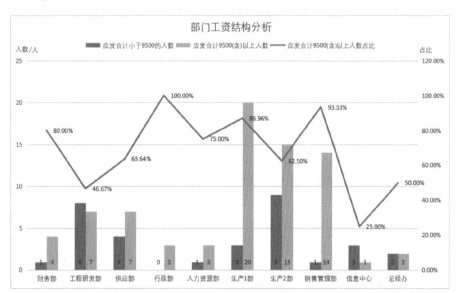

图 2-2-27　组合图

任务描述

① 根据表 1 创建标题为"2020 年至 2024 年销售额统计"的簇状柱形图（不包含合计），增加横坐标轴标题为"年度"，纵坐标轴标题为"销售额"，并在"轴内侧"添加数据标签，其他项目默认。

② 根据表 1 创建标题为"销售额统计"的带数据标记的折线图（不包含合计），其他项目默认，并将图表样式改为"样式 1"。

③ 根据表 2 创建标题为"上网内容调查"的二维饼图，为饼图在"右"侧添加图例，并添加"最佳匹配"数据标签，其他默认。

**任务资料**

教材配套资源/项目二/图表（答题文件）.xlsx 文件。

操作流程

① 打开"图表（答题文件）.xlsx"，单击"图表"工作表标签。

② 选中 B3:G4 单元格区域，单击"插入"→"插入柱形图"→"簇状柱形图"，如图 2-2-28 所示。

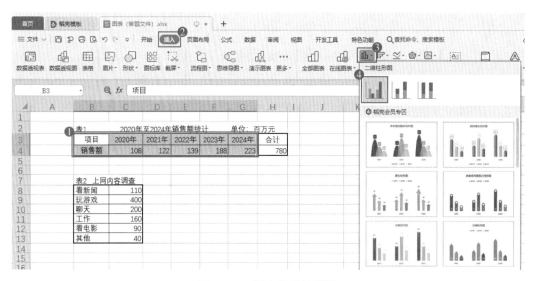

图 2-2-28　插入簇状柱形图

③ 双击簇状柱形图图表标题，将标题修改为"2020 年至 2024 年销售额统计"。单击图表旁的"图表元素"图标，勾选"轴标题"复选框，单击"数据标签"旁的箭头，单击"轴内侧"；双击纵坐标标题，修改为"销售额"，双击横坐标标题，修改为"年度"，如图 2-2-29 所示。

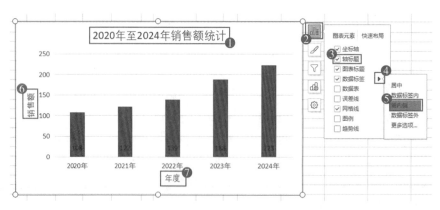

图 2-2-29　设置簇状柱形图元素

④ 选中 B3:G4 单元格区域,单击"插入"→"插入折线图"→"带数据标记的折线图",如图 2-2-30 所示。

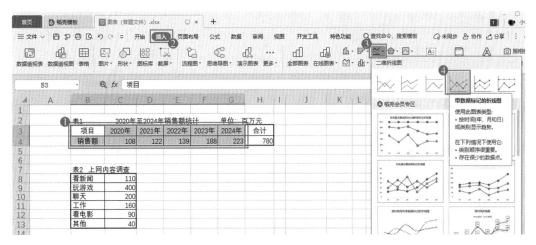

图 2-2-30　插入带数据标记的折线图

⑤ 双击折线图标题,修改为"销售额统计",单击图表任意位置;单击"图表工具",单击图表样式旁的下拉箭头,选中"样式 1",如图 2-2-31 所示。

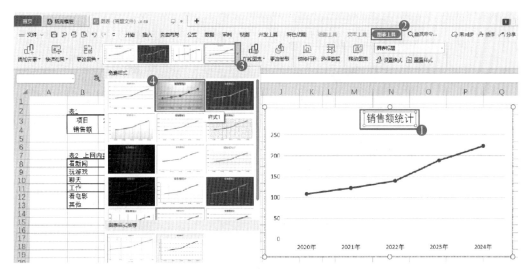

图 2-2-31　设置图表样式

⑥ 选中 B8:C13 单元格区域,单击"插入"→"插入饼图或圆环图"→"饼图",如图 2-2-32 所示。

图 2-2-32　插入二维饼图

⑦ 双击饼图标题，将标题修改为"上网内容调查"；单击图表旁的"图表元素"图标，单击"数据标签"旁的下拉箭头，选中"最佳匹配"；单击"图例"旁的下拉箭头，选中"右"，如图 2-2-33 所示。

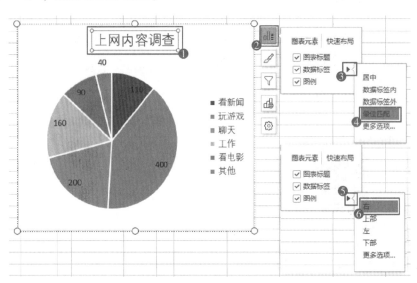

图 2-2-33　设置饼图元素

成果展示

图表操作结果如图 2-2-34 所示。

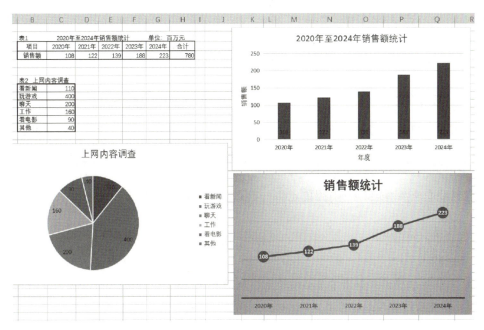

图 2-2-34　图表操作结果

● 说明：创建图表还可以使用其他方法，此处只是例举，其他方法不再赘述。

任务三　引用单元格和文本函数应用

一、引用单元格

 知识链接

WPS 电子表格中的引用是指在公式中使用其他单元格或单元格区域的数据。引用有三种类型：相对引用、绝对引用和混合引用。

1. 相对引用

相对引用是电子表格中默认的引用方式。当复制公式时，引用的单元格地址会根据目标单元格的位置相对地改变。例如，在单元格 A1 中输入公式"＝B1"，然后将这个公式向下复制到 A2 单元格时，公式会自动变为"＝B2"。相对引用的格式就是直接使用列字母和行数字，如 A1、B2 等。

2. 绝对引用

如果在公式中希望某个单元格的引用不随公式的复制而改变，就需要使用绝对引用。绝对引用是在列字母和行数字前都加上 $ 符号，例如将"＝$B$1"这个公式向下或向其他方向复制时，公式中引用的始终是 B1 单元格。

3. 混合引用

混合引用是指在列字母或者行数字其中一个前面加上 $ 符号。例如"$A1"表示列是绝对引用，行是相对引用；“A$1”表示行是绝对引用，列是相对引用。在单元格 A1 中输入公式“=$B1”，向下复制到 A2 单元格时，公式变为“=$B2”，将其向右复制到 F1 时，公式仍为“=$B1”。

任务描述

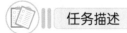

采用引用单元格的方式，利用表 1 和表 2 的数据，使用公式计算表 3 的数据。

任务资料

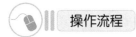

教材配套资源/项目二/引用单元格（答题文件）.xlsx 文件。

操作流程

说明：

① 本任务主要讲解引用单元格的使用，所以在操作过程中图片示例主要用于展示不同引用单元格类型的公式区别对比，具体的公式计算结果见引用单元格操作结果（图 2-3-4）。

② 部分操作步骤图片示例无法显示，请结合操作流程文字描述进行操作。

① 打开“引用单元格（答题文件）.xlsx”，单击“引用单元格”工作表标签。

② 在 F8 单元格中输入公式“=B8*D8”，按【Enter】键；选中 F8 单元格，鼠标移至单元格右下角，出现黑色十字时，按住鼠标左键不放向右拖曳至 G8 单元格；抬起鼠标，选中 F8:G8 单元格；鼠标移至选中区域右下角，出现黑色十字时，按住鼠标左键不放向下拖曳至 G13 单元格，抬起鼠标，公式填充完成，如图 2-3-1 所示。

	A	B	C	D	E	F	G
1	表1 销售折扣表				表2	销售利润率表	
2	销售折扣率				销售利润率	2023年	2024年
3			0.05			0.1	0.12
4							
5	表3				某商场2023年、2024年销售统计表		
6	项目	销售量		平均单价		销售额	
7	商品	2023年	2024年	2023年	2024年	2023年	2024年
8	彩电	3256	4614	1880	1980	=B8*D8	
9	冰箱	1975	2173	1800	1850		
10	空调	4801	4179	1850	2150		
11	洗衣机	2605	3412	3250	3680		
12	音箱	2661	1029	1530	1840		
13	小家电	14920	15238	180	150		

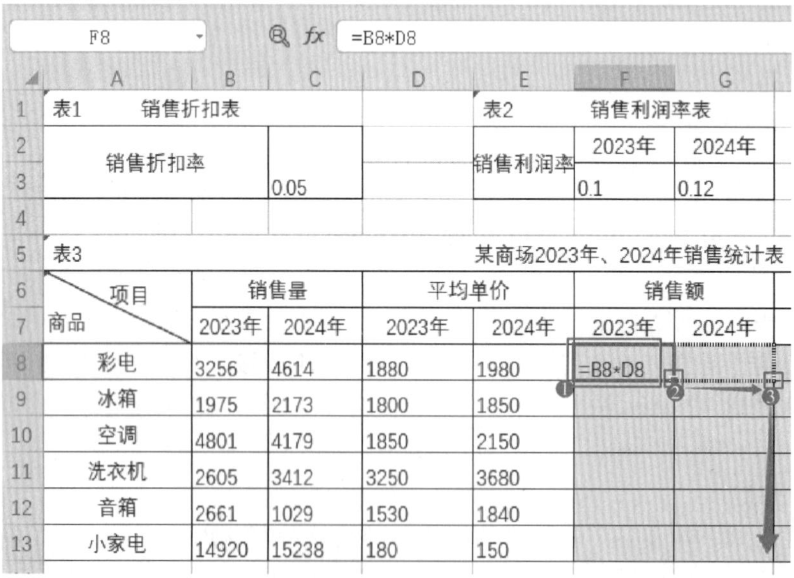

图 2-3-1 相对引用

③ 在 H8 单元格中输入公式“=F8*$C$2”，按【Enter】键，并用上述同样方法将公式填充至 I13 单元格，如图 2-3-2 所示。

[图片：H8 单元格公式 =F8*$C$2 的表格示意]

图 2-3-2　绝对引用

④ 在 J8 单元格中输入公式"=F8*F$3"，按【Enter】键，并用上述同样方法将公式填充至 K13 单元格，如图 2-3-3 所示。

[图片：J8 单元格公式 =F8*F$3 的表格示意]

图 2-3-3　混合引用

引用单元格操作结果如图 2-3-4 所示。

图 2-3-4 引用单元格操作结果

二、用 TEXT、MID、MOD 函数从身份证中提取出生日期和性别

知识链接

TEXT、MID 和 MOD 是三个非常实用的函数，它们各自有不同的用途和应用场景。

1. TEXT 函数

TEXT 函数用于将数值转换为按指定数字格式表示的文本。

语法：

TEXT(值，数值格式)

参数：

值：需要转换的单元格，属性应为数值格式或可计算的公式。若是文本内容，则 TEXT 函数将不会识别及转换。

数值格式：确定数值被转换文本后所呈现的格式状态，比如可以指定数字的显示格式为货币、日期等。

示例：

假设有一个数字 1234.56，希望将其格式化为带有两位小数的货币格式，可以使用公式：

=TEXT(A1,"#,##0.00")

其中，A1 是包含数字 1234.56 的单元格，按下【Enter】键后，单元格将显示为 1,234.56。

2. MID 函数

MID 函数用于从一个文本字符串的指定位置开始截取指定数目的字符。

语法：

MID(字符串，开始位置，字符个数)

参数：

字符串：代表一个文本字符串。

开始位置：表示指定的起始位置。

字符个数：表示要截取的字符的数目。

示例：

如果想要获取身份证号码中的出生日期，可以使用 MID 函数。假设身份证号码在单元格 B2 中，我们可以使用公式：

=MID(B2,11,4)

这将从 B2 单元格身份证号码的第 11 位开始截取 4 个字符，即出生月和日。

3. MOD 函数

MOD 函数用于返回两数相除的余数。

语法：

MOD(数值，除数)

参数：

数值：被除数。

除数：除数。

示例：

如果有一个数字 10，想要求它除以 3 的余数，可以使用公式：

=MOD(10,3)

结果返回余数 1。

  任务描述

① 在出生日期区域使用 TEXT 和 MID 函数，从身份证号码中提取出生日期，并将出生日期格式化为 "YYYY-MM-DD" 的格式。

② 在性别区域使用 MID 函数，利用身份证号码的编排规则，得到第 17 位数字，经过 MOD 运算，若是 0 则为女性，否则为男性。性别直接用 1 和 0 表示即可。

  任务资料

教材配套资源/项目二/用 TEXT、MID、MOD 提取出生日期和性别（答题文件）.xlsx 文件。

操作流程

① 打开"用 TEXT、MID、MOD 提取出生日期和性别（答题文件）.xlsx"，单击"提取出生日期和性别"工作表标签。

② 在 I3 单元格中输入公式"=TEXT(MID(H3,7,8),"0-00-00")"，按【Enter】键；在 J3 单元格中输入公式"=MOD(MID(H3,17,1),2)"，按【Enter】键；选中 I3:J17 单元格区域，按【Ctrl】+【D】组合键，快速填充公式，如图 2-3-5 所示。

图 2-3-5　从身份证号中提取出生日期和性别

💡 说明：公式填充有多种方式，如鼠标拖曳填充公式、快捷键填充公式等，后续相关操作方法不再赘述，可根据操作习惯自行选择。

成果展示

从身份证号中提取出生日期和性别操作结果如图 2-3-6 所示。

图 2-3-6　从身份证号中提取出生日期和性别操作结果

三、用 RIGHT、LEFT、LEN 函数计算文本长度并提取信息

知识链接

RIGHT、LEFT 和 LEN 是处理文本数据的常用函数，它们分别用于从文本字符串的右侧、左侧提取字符，以及计算文本字符串的长度。

1. RIGHT 函数

RIGHT 函数用于从一个文本字符串的最右侧提取指定数量的字符。

语法：

RIGHT(字符串,[字符个数])

参数：

字符串：需要从中提取字符的文本字符串。

字符个数：可选参数，指定要提取的字符数量。

示例：

假设单元格A1中的内容是"Hello World"，如果想提取最右边的5个字符，可以使用以下公式：

=RIGHT(A1,5)

结果返回"World"。

2. LEFT 函数

LEFT函数用于从一个文本字符串的最左侧提取指定数量的字符。

语法：

LEFT(字符串,[字符个数])

参数：

字符串：需要从中提取字符的文本字符串。

字符个数：可选参数，指定要提取的字符数量。

示例：

继续使用上面的例子，如果想提取最左边的4个字符，可以使用以下公式：

=LEFT(A1,4)

结果返回"Hell"。

3. LEN 函数

LEN函数用于计算一个文本字符串中的字符数量。

语法：

LEN(字符串)

参数：

字符串：需要计算字符数量的文本字符串。

示例：

对于单元格A1中的内容"Hello World"，如果想计算字符串中的字符数（包括空格），可以使用以下公式：

=LEN(A1)

结果返回"11"，因为"Hello World"包括空格在内共有11个字符。

> **注意事项**
>
> - RIGHT和LEFT函数中的字符个数参数可以是任意非负整数。若字符串的长度小于字符个数，则函数会返回整个字符串。
> - 如果字符个数为0，RIGHT和LEFT函数将返回空字符串。
> - LEN函数计算所有字符，包括空格和特殊字符。

在处理文本数据时，这些函数可以帮助提取、分析和操作文本字符串。通过结合使用这些函数，可以执行更复杂的文本处理任务。

 任务描述

用LEFT函数和RIGHT函数从工号中提取数字编码和字母编码，并用LEN函数计算称呼及电话号码的长度。

任务资料

教材配套资源/项目二/用 RIGHT、LEFT、LEN 函数计算文本长度并提取信息（答题文件）.xlsx 文件。

操作流程

① 打开"用 RIGHT、LEFT、LEN 函数计算文本长度并提取信息（答题文件）.xlsx"，单击"计算文本长度并提取信息"工作表标签。

② 在 D2 单元格中输入公式"=RIGHT(A2,3)"，按【Enter】键；

在 E2 单元格中输入公式"=LEFT(A2,4)"，按【Enter】键；

在 F2 单元格中输入公式"=LEN(C2)"，按【Enter】键；

将公式填充至其他单元格，如图 2-3-7 所示。

	A	B	C	D	E	F
1	工号	姓名	称呼及电话号码	工号末尾数字	工号前端编码	长度
2	XSGS001	王先生	王生139▓▓4122	=RIGHT(A2,3)	=LEFT(A2,4)	=LEN(C2)
3	ZWGS002	刘小姐	刘小姐139▓▓6362			
4	CZGS003	王炫皓	王炫皓139▓▓8516		填充公式	
5	CZGS004	方先生	方格先生139▓▓5809			
6	JSGS005	黄小姐	黄小姐139▓▓5661			
7	CZGS006	黄雅玲	黄雅玲139▓▓4618			
8	GLGS007	陈先生	陈先生139▓▓3291			
9	CZGS008	陆先生	陆先生139▓▓6109			
10	CZGS009	谢丽秋	谢丽秋139▓▓1137			
11	CZGS010	林小姐	林小姐139▓▓0491			
12	CGGS011	黎先生	黎先生139▓▓4102			
13	CZGS012	元小姐	元小姐139▓▓4126			
14	CZGS013	谢小	谢小139▓▓5008			
15	ZYGS014	武松	武松139▓▓1764			
16	CZGS015	王小姐	欧阳小姐139▓▓5870			

图 2-3-7 计算文本长度并提取信息

成果展示

计算文本长度并提取信息操作结果如图 2-3-8 所示。

	A	B	C	D	E	F
1	工号	姓名	称呼及电话号码	工号末尾数字	工号前端编码	长度
2	XSGS001	王先生	王先生139▓▓4122	001	XSGS	13
3	ZWGS002	刘小姐	刘小姐139▓▓6362	002	ZWGS	14
4	CZGS003	王炫皓	王炫皓139▓▓8516	003	CZGS	14
5	CZGS004	方先生	方格先生139▓▓5809	004	CZGS	15
6	JSGS005	黄小姐	黄小姐139▓▓5661	005	JSGS	14
7	CZGS006	黄雅玲	黄雅玲139▓▓4618	006	CZGS	14
8	GLGS007	陈先生	陈先生139▓▓3291	007	GLGS	14
9	CZGS008	陆先生	陆先生139▓▓6109	008	CZGS	14
10	CZGS009	谢丽秋	谢丽秋139▓▓1137	009	CZGS	14
11	CZGS010	林小姐	林小姐139▓▓0491	010	CZGS	14
12	CGGS011	黎先生	黎先生139▓▓4102	011	CGGS	14
13	CZGS012	元小姐	元小姐139▓▓4126	012	CZGS	14
14	CZGS013	谢小	谢小139▓▓5008	013	CZGS	13
15	ZYGS014	武松	武松139▓▓1764	014	ZYGS	13
16	CZGS015	王小姐	欧阳小姐139▓▓5870	015	CZGS	15

图 2-3-8 计算文本长度并提取信息操作结果

任务四 数学和统计函数应用

一、用 SUM 函数计算销售数据

 知识链接

SUM 函数是一个基本且非常重要的函数,用于计算一系列单元格中数值的总和。

语法:

SUM(数值1,…)

参数:

数值1,…:需要求和的数值。这些数值可以是数字,也可以是包含数字的单元格引用或范围。

参数说明:

- 参数可以是直接输入的数字,如 SUM(10,20,30)。
- 参数也可以是单元格引用,如 SUM(A1,B1,C1)。
- 参数还可以是单元格范围,如 SUM(A1:C10)。
- 参数也可以是数组公式或包含数组常量的公式,如 SUM(1,2,{3,4,5})。
- 可以包含 255 个参数。

计算方法:

- SUM 函数会将所有参数中的数值相加。
- 如果参数是单元格引用或范围,SUM 函数会计算这些单元格中的所有数值。
- 如果单元格中包含文本或逻辑值(TRUE 或 FALSE),SUM 函数会忽略这些单元格。

注意事项

● 如果单元格中的值是文本格式的数字，SUM 函数将无法识别并计算这些值，所以应确保所有参与计算的单元格都包含数值格式的数据。

● 如果单元格中包含错误值（如#DIV/0!），SUM 函数也会返回错误。

● SUM 函数不会自动忽略隐藏的行或列中的单元格。用户如果希望忽略隐藏的行或列进行求和，需要手动调整单元格引用或使用其他函数（如 SUBTOTAL）。

SUM 函数是进行基本加法运算的强大工具，适用于快速汇总数据，是日常工作和学习中常用的函数之一。

任务描述

用 SUM 函数快速同时计算相应区域的横向合计和纵向合计。

任务资料

教材配套资源/项目二/用 SUM 函数计算销售数据（答题文件）.xlsx 文件。

操作流程

① 打开"用 SUM 函数计算销售数据（答题文件）.xlsx"，单击"用 SUM 函数计算销售数据"工作表标签。

② 先定位到"空值"（具体方法详见项目一/任务一/一、在多个非连续单元格区域中输入相同数据），再按【Alt】+【=】组合键（或单击"公式"→"自动求和"），完成使用 SUM 函数快速计算合计，如图 2-4-1 所示。

图 2-4-1 用 SUM 函数快速计算合计

成果展示

用 SUM 函数快速计算合计操作结果如图 2-4-2 所示。

项目二 电子表格数据处理

图 2-4-2 用 SUM 函数快速计算合计操作结果

二、用 AVERAGE、ROUND 函数统计平均销售额

知识链接

AVERAGE 和 ROUND 是两个常用的函数,分别用于计算平均值和四舍五入数值。

1. AVERAGE 函数

AVERAGE 函数用于计算一系列单元格中数值的平均值(算术平均值)。

语法:

AVERAGE(数值 1,…)

参数:

数值 1,…:需要计算平均值的数值。这些数值可以是数字,也可以是包含数字的单元格引用或范围。

参数说明:

- 参数可以是直接输入的数字,如 AVERAGE(10,20,30)。
- 参数也可以是单元格引用,如 AVERAGE(A1,B1,C1)。
- 参数还可以是单元格范围,如 AVERAGE(A1:C10)。
- 可以包含 255 个参数。

计算方法: AVERAGE 函数会将所有参数中的数值相加,然后除以参数的数量。

示例:

假设在单元格 A1 到 A5 中的数据分别是 10、20、30、40、50,可以使用以下公式计算这些单元格的平均值:

=AVERAGE(A1:A5)

结果返回平均值 30。

2. ROUND 函数

ROUND 函数用于将数值四舍五入到指定的小数位数。

语法:

ROUND(数值,小数位数)

参数:

数值:需要四舍五入的数字。

小数位数：指定要四舍五入到的小数位数。

参数说明：

数值：可以是数字、单元格引用或包含数字的公式。

小数位数：指定要四舍五入到的小数位数。若小数位数为负数，则四舍五入到小数点左边的位置。

计算方法：ROUND 函数根据小数位数的值将数值四舍五入到最接近的数值。

示例：

假设单元格 A1 中的值为 123.456，若要将其四舍五入到小数点后两位，可以使用以下公式：

=ROUND(A1,2)

结果返回 123.46。

注意事项

● AVERAGE 函数会忽略文本和逻辑值（TRUE 或 FALSE），但会计算数字的数值形式（1 和 0）。

● ROUND 函数在处理负数时，若小数位数为正数，则四舍五入到小数点右边的位置；若小数位数为负数，则四舍五入到小数点左边的位置。

● ROUND 函数在某些情况下可能会导致意料之外的结果，特别是在四舍五入到偶数位数时，因为它使用的是"银行家舍入法"（四舍六入五考虑）。

任务描述

用 AVERAGE 函数计算销售门店线上、线下平均销售额，并用 ROUND 函数进行四舍五入，保留 2 位小数。

任务资料

教材配套资源/项目二/用 AVERAGE、ROUND 函数统计平均销售额（答题文件）.xlsx 文件。

操作流程

① 打开"用 AVERAGE、ROUND 函数统计平均销售额（答题文件）.xlsx"，单击"用 AVERAGE、ROUND 函数统计平均销售额"工作表标签。

② 在 K7 单元格中输入公式"=ROUND(AVERAGE(H3:H34),2)"，按【Enter】键，如图 2-4-3 所示。

	A	B	C	D	E	F	G	H	I	J	K
1				2024年9月30日销售台账							
2	区域	门店	渠道	员工编号	姓名	销售日期	产品类型	金额			
3	东城区	一店	线上	CZGS025	雷横	45565	电脑配件	6000			
4	东城区	一店	线上	CZGS026	李俊	45565	电脑配件	3400			
5	东城区	一店	线上	CZGS027	阮小二	45565	笔记本电脑	25000			
6	东城区	一店	线下	CZGS028	张横	45565	电脑配件	2600			
7	东城区	二店	线上	CZGS029	阮小五	45565	笔记本电脑	19800		销售门店线上线下平均销售额	=ROUND(AVERAGE(H3:H34),2)
8	东城区	二店	线上	CZGS030	张顺	45565	电脑配件	42200			
9	东城区	二店	线上	CZGS031	阮小七	45565	笔记本电脑	64600			
10	东城区	二店	线下	CZGS032	杨雄	45565	电脑配件	3900			

图 2-4-3 计算平均销售额

成果展示

计算平均销售额操作结果如图 2-4-4 所示。

图 2-4-4　计算平均销售额操作结果

三、用 COUNT、MAX、MIN 函数计算采购数据

知识链接

COUNT、MAX 和 MIN 是三个基本的统计函数，用于执行计数、查找最大值和最小值的操作。

1. COUNT 函数

COUNT 函数用于计算一系列单元格中包含数字的单元格的数量。

语法：

COUNT(值1,…)

参数：

值1,…：要计数的单元格区域或单元格。这些值可以是数字、单元格引用或范围。

参数说明：

- 参数可以是直接输入的数字，如 COUNT(10,20,30)。
- 参数也可以是单元格引用，如 COUNT(A1,B1,C1)。
- 参数还可以是单元格范围，如 COUNT(A1:C10)。
- 可以包含 255 个参数。

计算方法： COUNT 函数会计算所有参数中包含数字的单元格的数量。

示例：

假设在单元格 A1 到 A5 中的数据分别是 10、20、（空格）、40、50，可以使用以下公式计算这些单元格中包含数字的数量：

=COUNT(A1:A5)

结果返回 4，因为只有 A1、A2、A4 和 A5 包含数字。

2. MAX 函数

MAX 函数用于计算一系列单元格中的最大值。

语法：

MAX(数值1,…)

参数：

数值1，…：要比较的单元格区域或单元格。这些值可以是数字、单元格引用或范围。

参数说明：

- 参数可以是直接输入的数字，如MAX(10,20,30)。
- 参数也可以是单元格引用，如MAX(A1,B1,C1)。
- 参数还可以是单元格范围，如MAX(A1:C10)。
- 可以包含255个参数。

计算方法： MAX函数会找出所有参数中的最大值。

示例：

假设在单元格A1到A5中的数据分别是10、20、30、40、50，可以使用以下公式计算这些单元格中的最大值：

=MAX(A1:A5)

结果返回50。

3. MIN函数

MIN函数用于计算一系列单元格中的最小值。

语法：

MIN(数值1，…)

参数：

数值1，…：要比较的单元格区域或单元格。这些值可以是数字、单元格引用或范围。

参数说明：

- 参数可以是直接输入的数字，如MIN(10,20,30)。
- 参数也可以是单元格引用，如MIN(A1,B1,C1)。
- 参数还可以是单元格范围，如MIN(A1:C10)。
- 可以包含255个参数。

计算方法： MIN函数会找出所有参数中的最小值。

示例：

假设在单元格A1到A5中的数据分别是10、20、30、40、50，可以使用以下公式计算这些单元格中的最小值：

=MIN(A1:A5)

结果返回10。

注意事项

- COUNT函数只计算包含数字的单元格，忽略文本和逻辑值。
- MAX和MIN函数会忽略文本和逻辑值，但会计算数字的数值形式（1和0）。
- 如果参数中包含错误值，COUNT、MAX和MIN函数将返回错误。
- 这些函数可以处理数值、单元格引用和范围，因而在数据分析和统计中非常有用。

任务描述

① 用 COUNT 函数计算总的采购次数。

② 用 MAX 函数找出单价最高的商品的单价。

③ 用 MIN 函数找出单价最低的商品的单价。

④ 用 MAX 函数计算采购数量最多的商品的采购数量。

⑤ 用 MIN 函数计算采购数量最少的商品的采购数量。

任务资料

教材配套资源/项目二/用 COUNT、MAX、MIN 函数计算采购数据（答题文件）.xlsx 文件。

操作流程

① 打开“用 COUNT、MAX、MIN 函数计算采购数据（答题文件）.xlsx”，单击“计算采购数据指标”工作表标签。

② 在 D15 单元格中输入公式“=COUNT(D3:D12)”，按【Enter】键；

在 D16 单元格中输入公式“=MAX(E3:E12)”，按【Enter】键；

在 D17 单元格中输入公式“=MIN(E3:E12)”，按【Enter】键；

在 D18 单元格中输入公式“=MAX(D3:D12)”，按【Enter】键；

在 D19 单元格中输入公式“=MIN(D3:D12)”，按【Enter】键，如图 2-4-5 所示。

	A	B	C	D	E
14					
15	总的采购次数:			=COUNT(D3:D12)	
16	单价最高的商品的单价:			=MAX(E3:E12)	
17	单价最低的商品的单价:			=MIN(E3:E12)	
18	采购数量最多的商品的采购数量:			=MAX(D3:D12)	
19	采购数量最少的商品的采购数量:			=MIN(D3:D12)	

图 2-4-5　计算采购数据

操作技巧

• 当使用 COUNT、MAX、MIN 函数时，应确保数据范围内没有错误值，否则会影响函数运行结果。

• 如果单元格中包含非数字值，COUNT 函数将不会计算这些单元格。

• 如果单元格中包含文本或错误值，MAX 和 MIN 函数将不会计算这些单元格。

成果展示

计算采购数据操作结果如图 2-4-6 所示。

	A	B	C	D	E
14					
15		总的采购次数：		10	
16		单价最高的商品的单价：		12	
17		单价最低的商品的单价：		6.75	
18		采购数量最多的商品的采购数量：		60	
19		采购数量最少的商品的采购数量：		20	

图 2-4-6　计算采购数据操作结果

任务五　逻辑和查找与引用函数应用

一、用 IF、AND 和 OR 函数计算指定条件的补贴

知识链接

IF、AND 和 OR 是三个常用的逻辑函数，它们用于根据条件判断和逻辑运算来返回不同的结果。

1. IF 函数

IF 函数用于执行逻辑测试，并根据测试结果返回不同的值。

语法：

IF(测试条件,真值,[假值])

参数：

测试条件：一个逻辑表达式或条件，其结果为 TRUE 或 FALSE。

真值：当测试条件的结果为 TRUE 时返回的值。

假值：当测试条件的结果为 FALSE 时返回的值。

示例：

假设想检查单元格 A1 中的值是否大于 50，若是，则返回"大于 50"，否则返回"小于等于 50"，可以使用以下公式：

=IF(A1>50,"大于 50","小于等于 50")

2. AND 函数

AND 函数用于检查是否所有条件都为 TRUE，并返回对应的结果。

语法：

AND(逻辑值 1,…)

参数：

逻辑值 1，…：将要进行逻辑测试的 1 到 255 个条件。

若所有条件都为 TRUE，则 AND 函数返回 TRUE；否则返回 FALSE。

示例：

假设想检查单元格 A1 中的值是否大于 10，并且单元格 B1 中的值是否小于 20。可

以使用以下公式：

=AND(A1>10,B1<20)

若两个条件都满足，则返回 TRUE；否则返回 FALSE。

3. OR 函数

OR 函数用于检查是否至少有一个条件为 TRUE，并返回对应的结果。

语法：

OR(逻辑值 1,…)

参数：

逻辑值 1，…：将要进行逻辑测试的 1 到 255 个条件。

若至少有一个条件为 TRUE，则 OR 函数返回 TRUE；否则返回 FALSE。

示例：

假设想检查单元格 A1 中的值是否大于 10，或者单元格 B1 中的值是否小于 20，可以使用以下公式：

=OR(A1>10,B1<20)

若至少有一个条件满足，则返回 TRUE；否则返回 FALSE。

注意事项

- IF 函数可以嵌套使用，即在一个 IF 函数中使用另一个 IF 函数，以创建更复杂的条件逻辑。IF 函数最多可嵌套七层。
- AND 和 OR 函数可以同时使用，以创建复杂的逻辑表达式。
- 逻辑表达式可以包含比较运算符、单元格引用、文本和数字。
- 如果 IF 函数中的测试条件结果不是明确的 TRUE 或 FALSE，而是其他值（如数字或文本），IF 函数可能会返回错误。

任务描述

根据表中数据，按照本科以上学历（含本科）并且工龄大于等于 2 年的人员给予补贴 1000 元，其他人员给予补贴 500 的标准，利用 IF、AND 和 OR 函数计算表中的补贴项目。

任务资料

教材配套资源/项目二/用 IF、AND 和 OR 函数计算指定条件的补贴（答题文件）.xlsx 文件。

操作流程

① 打开"用 IF、AND 和 OR 函数计算指定条件的补贴（答题文件）.xlsx"，单击"用 IF、AND 和 OR 函数计算指定条件的补贴"工作表标签。

② 在 E2 单元格中输入公式"=IF(AND(OR(C2="本科",C2="研究生"),D2>1),1000,500)"，公式中 AND 函数的第 2 个参数"D2>1"也可以写成"D2>=2"，将公式

填充至 E11 单元格，如图 2-5-1 所示。

图 2-5-1　计算指定条件的补贴

说明：先用 OR 函数判断学历是本科还是研究生，再用 AND 函数判断符合学历条件且工龄大于 1 年（大于等于 2 年）的人员，最后用 IF 函数判断相应条件下人员的补贴金额。

计算指定条件的补贴操作结果如图 2-5-2 所示。

图 2-5-2　计算指定条件的补贴操作结果

二、用 VLOOKUP 和 COLUMN 函数查找数据

知识链接

VLOOKUP 和 COLUMN 是两个非常实用的函数，它们常用于数据查找和引用列号。

1. VLOOKUP 函数

VLOOKUP 函数用于在数据表中垂直查找匹配项，并返回对应的值。

语法：

VLOOKUP(查找值,数据表,列序数,[匹配条件])

参数：

查找值：需要查找的值。

数据表：包含数据的区域或范围。VLOOKUP 将在这个区域的第 1 列中查找匹配值。

序列数：数据表中列的索引号，从数据表的第 1 列开始计数。例如，第 1 列的索引号是 1。

匹配条件：查找方式。如果为 TRUE 或省略，表示近似匹配；如果为 FALSE，表示精确匹配。

示例：

假设有一个员工信息表，A 列为员工编号，B 列为员工姓名，若要根据员工编号查找员工姓名，可以使用以下公式：

=VLOOKUP(A2,B2:C100,2,FALSE)

这里，A2 是要查找的员工编号，B2:C100 是包含员工编号和姓名的数据表，2 表示姓名在数据表的第 2 列，FALSE 表示精确匹配。

2. COLUMN 函数

COLUMN 函数返回给定单元格或单元格范围的列号。

语法：

COLUMN([参照区域])

参数：

参照区域：可选参数，即指定的单元格或单元格范围。如果省略此参数，COLUMN 函数将返回公式所在的列号。

示例：

如果在 A1 单元格中输入=COLUMN( )，它将返回 1，因为 A1 在第 1 列。

如果想引用特定单元格的列号，比如 C5，可以使用=COLUMN(C5)，结果返回 3。

注意事项

● 使用 VLOOKUP 函数时，应确保查找值与数据表的第 1 列的数据类型一致（文本或数字）。

● VLOOKUP 函数在默认情况下使用近似匹配，这可能会导致不准确的结果，特别是当查找的值是数字时应确保根据需要设置 [匹配条件] 参数为 TRUE 或 FALSE。

● COLUMN 函数在处理单个单元格时非常有用，但在处理单元格范围时可能会返回错误，因而要确保只引用单个单元格。

● COLUMN 函数可以与其他函数结合使用，如 VLOOKUP，以动态地引用列号。

任务描述

① 使用 VLOOKUP 函数进行精确员工信息检索。

② 结合 VLOOKUP 函数和 COLUMN 函数进行精确查找。

任务资料

教材配套资源/项目二/用 VLOOKUP 函数查找数据（答题文件）.xlsx 文件。

操作流程

① 打开"用 VLOOKUP 函数查找数据（答题文件）.xlsx"，单击"用 VLOOKUP 函数查找数据"工作表标签。

② 在 H3 单元格中输入公式" =VLOOKUP($G$3,$A:$E,2,0)"，按【Enter】键，将公式填充至 K3 单元格，将 I3 单元格的公式中第 3 个参数改为"3"，同理将 J3 和 K3 单元格公式中的第 3 个参数分别改为"4"和"5"；在 H9 单元格中输入公式" =VLOOKUP($G$3,$A:$E,COLUMN(B1),0)"，按【Enter】键，并将公式填充至 K8 单元格，如图 2-5-3 所示。

图 2-5-3 用 VLOOKUP 函数查找数据

成果展示

用 VLOOKUP 函数查找数据操作结果如图 2-5-4 所示。

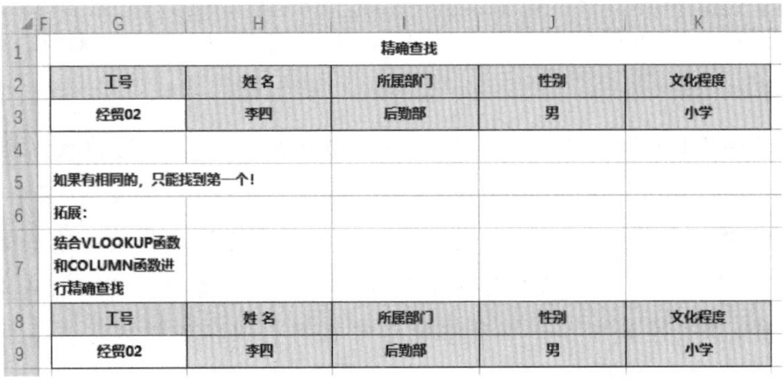

图 2-5-4 用 VLOOKUP 函数查找数据操作结果

说明：在上例中，用 VLOOKUP 函数与 COLUMN 函数嵌套使用是为了生成列号，在填充公式时列号不需要手动修改。

任务六 日期和财务函数应用

一、用 YEAR、MONTH、DAY 函数计算工龄

知识链接

YEAR、MONTH 和 DAY 是三个用于处理日期和时间的函数，它们可以从一个日期值中分别提取出年、月、日信息。

1. YEAR 函数

YEAR 函数用于从一个日期值中提取年份。

语法：

YEAR(日期序号)

参数：

日期序号：这是一个日期值，可以是文本格式的日期、单元格引用或包含日期的公式。

示例：

假设单元格 A1 中包含日期"2024-05-28"，可以使用以下公式来提取年份：

=YEAR(A1)

结果返回 2024。

2. MONTH 函数

MONTH 函数用于从一个日期值中提取月份。

语法：

MONTH(日期序号)

参数：

日期序号：这是一个日期值，可以是文本格式的日期、单元格引用或包含日期的公式。

示例：

使用相同的日期"2024-05-28"，可以使用以下公式来提取月份：

=MONTH(A1)

结果返回 5。

3. DAY 函数

DAY 函数用于从一个日期值中提取天数。

语法：

DAY(日期序号)

参数：

日期序号：这是一个日期值，可以是文本格式的日期、单元格引用或包含日期的公式。

示例：

继续使用日期"2024-05-28"，可以使用以下公式来提取天数：

=DAY(A1)

结果返回 28。

注意事项

● 这些函数期望输入的日期值是有效的日期格式。如果输入的值不是有效的日期，函数将返回错误。

● 如果输入的日期是文本格式，应确保它符合 WPS 电子表格可以识别的日期格式，否则函数可能无法正确解析。

● 这些函数在处理日期相关的计算和分析时非常有用，比如计算年龄、预测到期日或确定某个日期是星期几等。

通过结合使用 YEAR、MONTH 和 DAY 函数，可以轻松地对日期数据进行分解，从而进行更复杂的日期和时间计算。

任务描述

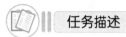

用 YEAR、MONTH、DAY 函数嵌套，计算每个员工从入职到当前日期的工龄（工龄单位：天）。

说明：月份中，每个月按 30 天计算。

任务资料

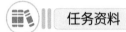

教材配套资源/项目二/计算员工工龄（答题文件）.xlsx 文件。

操作流程

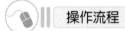

① 打开“计算员工工龄（答题文件）.xlsx”，单击“员工信息”工作表标签。

② 在 I4 单元格中输入公式“=((YEAR($C$2)-YEAR(G4))*365)+((MONTH($C$2)-MONTH(G4))*30)+(DAY($C$2)-DAY(G4))”，按【Enter】键，将公式填充至其他区域，如图 2-6-1 所示。

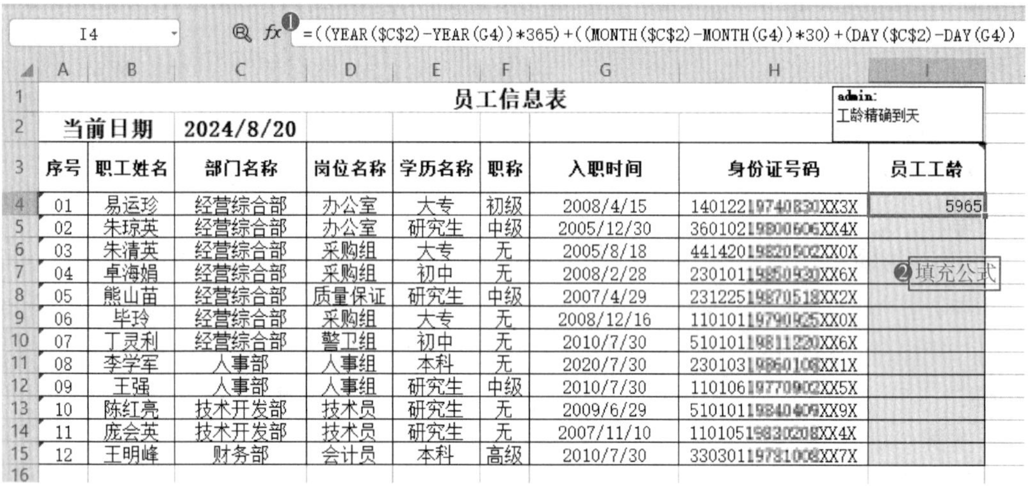

员工信息表								
当前日期	2024/8/20							
序号	职工姓名	部门名称	岗位名称	学历名称	职称	入职时间	身份证号码	员工工龄
01	易运珍	经营综合部	办公室	大专	初级	2008/4/15	14012219740830XX3X	5965
02	朱琼英	经营综合部	办公室	研究生	中级	2005/12/30	36010219800606XX4X	
03	朱清英	经营综合部	采购组	大专	无	2005/8/18	44142019820502XX0X	
04	卓海娟	经营综合部	采购组	初中	无	2008/2/28	23010119850930XX6X	
05	熊山苗	经营综合部	质量保证	研究生	中级	2007/4/29	23122519870518XX2X	
06	毕玲	经营综合部	采购组	大专	无	2008/12/16	11010119790925XX0X	
07	丁灵利	经营综合部	警卫组	初中	无	2010/7/30	51010119811220XX6X	
08	李学军	人事部	人事组	本科	无	2020/7/30	23010319860108XX1X	
09	王强	人事部	人事组	研究生	中级	2010/7/30	11010619770902XX5X	
10	陈红亮	技术开发部	技术员	研究生	无	2009/6/29	51010119840409XX9X	
11	庞会英	技术开发部	技术员	研究生	无	2007/11/10	11010519830208XX4X	
12	王明峰	财务部	会计员	本科	高级	2010/7/30	33030119781008XX7X	

图 2-6-1　计算员工工龄

说明：计算工龄的方法有多种，本题方法的目的在于练习 YEAR、MONTH、DAY 函数的应用。

成果展示

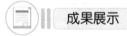

计算员工工龄操作结果如图 2-6-2 所示。

图 2-6-2　计算员工工龄操作结果

二、用 DATEDIF 函数计算逾期天数

知识链接

在 WPS 电子表格中，DATEDIF 函数用于计算两个日期之间的差异，它可以返回两个日期之间的完整年数、月数或天数。

语法：

DATEDIF(开始日期,终止日期,比较单位)

参数：

开始日期：第 1 个日期或起始日期。

终止日期：第 2 个日期或结束日期。

比较单位：指定返回时间单位的类型。

参数"比较单位"的取值：

- "y"：返回整年数。
- "m"：返回整月数。
- "d"：返回整天数。
- "md"：返回两个日期的天数之差，忽略年和月。
- "ym"：返回两个日期的月数之差，忽略年和日。
- "yd"：返回两个日期的天数之差，忽略年。

示例：

① 计算整年数：如果想要计算两个日期之间相差的整年数，可以使用公式"=DATEDIF(A2,B2,"y")"。如果 A2 和 B2 两个日期相差 5 年，结果返回 5。

② 计算整月数：如果想要计算两个日期之间相差的整月数，可以使用公式"=DATEDIF(A2,B2,"m")"。如果 A2 和 B2 两个日期相差 70 个月，结果返回 70。

③ 计算整天数：如果想要计算两个日期之间相差的整天数，可以使用公式"=DATEDIF(A2,B2,"d")"。如果 A2 和 B2 两个日期相差 2134 天，结果返回 2134。

④ 忽略年和月计算天数：如果想要计算两个日期的天数之差，忽略年和月，可以使用公式"=DATEDIF(A2,B2,"md")"。如果A2和B2两个日期相差4天，结果返回4。

⑤ 忽略年计算月数：如果想要计算两个日期的月数之差，忽略年和日，可以使用公式"=DATEDIF(A2,B2,"ym")"。如果A2和B2两个日期相差10个月，结果返回10。

⑥ 忽略年计算天数：如果想要计算两个日期的天数之差，忽略年，可以使用公式"=DATEDIF(A2,B2,"yd")"。如果A2和B2两个日期相差10天，结果返回10。

注意事项

- 如果开始日期大于终止日期，DATEDIF函数将返回错误值#NUM!。
- DATEDIF函数在计算日期差异时，结果可能会因四舍五入而略有不同，特别是涉及月份和年份的计算。
- DATEDIF函数可以与TODAY函数结合使用，以计算从过去某个日期到今天的日期差异。

任务描述

用DATEDIF函数计算交货逾期天数。

任务资料

教材配套资源/项目二/计算交货逾期天数（答题文件）.xlsx文件。

操作流程

① 打开"计算交货逾期天数（答题文件）.xlsx"，单击"采购订单明细表"工作表标签。

② 在L3单元格中输入公式"=DATEDIF(D3,K3,"d")"，按【Enter】键，填充公式至其他区域，如图2-6-3所示。

图2-6-3 计算交货逾期天数

成果展示

计算交货逾期天数操作结果如图2-6-4所示。

图 2-6-4　计算交货逾期天数操作结果

三、用 NPV 函数计算净现值

知识链接

NPV 函数是重要的财务函数，常用于计算投资的净现值。

NPV 函数通过使用贴现率及一系列未来支出（负值）和收入（正值），返回一项投资的净现值。

语法：

NPV(贴现率,收益1,…)

参数：

贴现率：某一期间的贴现率，是一固定值。

收益1，…：1 到 29 个参数，代表支出及收入。这些值在时间上必须具有相等间隔，并且都发生在期末。NPV 函数使用这些值的顺序来解释现金流的顺序，所以务必保证支出和收入的数额按正确的顺序输入。

说明：

① NPV 函数假定投资开始于收益 1 现金流所在日期的前一期，并结束于最后一笔现金流的当期。如果第 1 笔现金流发生在第 1 个周期的期初，则第 1 笔现金必须添加到 NPV 函数的结果中，而不应包含在收益参数中。

② NPV 函数与 PV（现值）函数相似，但 PV 函数允许现金流在期初或期末开始，而 NPV 函数的现金流数值是可变的。

③ NPV 函数与 IRR（内部收益率）函数也有关，IRR 是使 NPV 等于零的比率：NPV(IRR(…),…)= 0。

利用 NPV 函数计算净现值。

教材配套资源/项目二/用 NPV 函数计算净现值（答题文件）.xlsx 文件。

操作流程

① 打开“用 NPV 函数计算净现值（答题文件）.xlsx”，单击“用 NPV 函数计算净现值”工作表标签。

② 在 C9 单元格中输入公式“=NPV(B9,B3:B8)”，按【Enter】键，如图 2-6-5 所示。

	A	B
1	计算投资净现值	
2	*初期投资发生在第一年年末	
3	初期投资额	-200,000.00
4	第一年收益	20,000.00
5	第二年收益	40,000.00
6	第三年收益	50,000.00
7	第四年收益	80,000.00
8	第五年收益	120,000.00
9	年贴现率	8.00%
10	净现值	=NPV(B9,B3:B8)

图 2-6-5　计算净现值

	A	B
1	计算投资净现值	
2	*初期投资发生在第一年年末	
3	初期投资额	-200,000.00
4	第一年收益	20,000.00
5	第二年收益	40,000.00
6	第三年收益	50,000.00
7	第四年收益	80,000.00
8	第五年收益	120,000.00
9	年贴现率	8.00%
10	净现值	￥30,533.38

图 2-6-6　计算净现值操作结果

成果展示

计算净现值操作结果如图 2-6-6 所示。

四、用 FV 函数计算终值和年金终值

知识链接

FV 函数用于根据固定利率，并基于等额分期付款方式计算投资或负债的未来值。

语法：

FV(利率,支付总期数,定期支付额,[现值],[是否期初支付])

参数：

利率：各期利率。

支付总期数：总投资（或贷款）期，即该项投资（或贷款）的付款期总数。

定期支付额：各期所应支付的金额，其数值在整个年金期间保持不变。

现值：从该项投资开始计算时已经入账的款项，或一系列未来付款的当前值的累积和，也称为本金。若省略现值，则假设其值为零，并且必须包括定期支付额参数。

是否期初支付：数字 0 或 1，用以指定各期的付款时间是在期初还是期末。

说明：

① 应确认所指定的利率和支付总期数单位的一致性。例如，同样是四年期年利率为 12%的贷款，如果按月支付，利率应为 12%/12，支付总期数应为 4×12；如果按年支付，利率应为 12%，支付总期数为 4。

② 在所有参数中，支出的款项（如银行存款）表示为负数；收入的款项（如股息收入）表示为正数。

NPV 和 FV 函数在财务分析和投资评估中非常有用，可以帮助用户计算投资的净现值和未来值，从而做出更明智的投资决策。

  任务描述

利用 FV 函数计算年金终值。

  任务资料

教材配套资源/项目一/用 FV 函数计算终值和年金终值（答题文件）.xlsx 文件。

  操作流程

① 打开"用 FV 函数计算终值和年金终值（答题文件）.xlsx"，单击"用 FV 函数计算终值和年金终值"工作表标签。

② 在 B5 单元格中输入公式"＝FV(B4,B3,－B2)"，按【Enter】键，如图 2-6-7 所示。

图 2-6-7 计算终值　　　　　　　　图 2-6-8 计算终值操作结果

  成果展示

计算终值操作结果如图 2-6-8 所示。

实 战 演 练

1. 根据任务要求，完成"余额表"的数据处理（图 2-7-1）

任务描述：根据给出的余额表数据，按照要求进行统计分析。

① 使用数据验证在 J3 单元格插入下拉列表，要求验证条件为序列，数据区域为所有总账科目名称；并在下拉列表中选择"库存商品"科目。

② 在 C51:H51 单元格区域使用函数计算各项余额或发生额的合计；在 K3 和 L3 单元格使用 VLOOKUP 函数查找库存商品的本期借方发生额和本期贷方发生额。

③ 设置 C51:H51、K3、L3 单元格格式为数值格式（使用千位分隔符，保留 2 位小数，负数显示为红色带负号）。

2024年10月余额表

科目代码	总账科目	期初借方余额	期初贷方余额	本期借方发生额	本期贷方发生额	期末借方余额	期末贷方余额
1001	库存现金	570.00		8,295.00	1,330.00	7,535.00	
1002	银行存款	40,573.69		2,539,621.20	1,657,296.08	922,898.81	
1012	其他货币资金						
1101	短期投资	5,000.00		50,000.00		55,000.00	
1121	应收票据			540,000.00		540,000.00	
1122	应收账款	52,155.00		1,152,692.25	1,384,005.00		179,157.75
1123	预付账款	6,000.00		80,000.00	60,960.00	25,040.00	
1221	其他应收款	12,639.45		10,139.45	12,639.45	10,139.45	
1402	在途物资			69,230.00	69,230.00		
1403	原材料	74,645.00		395,142.40	348,096.60	121,690.80	
1405	库存商品	1,047,900.00		1,385,921.06	2,023,278.40	410,542.66	
1408	委托加工物资			64,665.70	64,665.70		
1409	委托代销商品			426,624.00	417,520.00	9,104.00	
1411	周转材料	2,800.00		12,000.00	10,000.00	4,800.00	
1501	长期债券投资	50,000.00		250,000.00		300,000.00	
1601	固定资产	1,083,600.00		243,600.00	12,600.00	1,314,600.00	
1602	累计折旧		9,836.67	2,100.00	79,231.95		86,968.62
1606	固定资产清理			10,500.00		10,500.00	

总账科目	本期借方发生额	本期贷方发生额

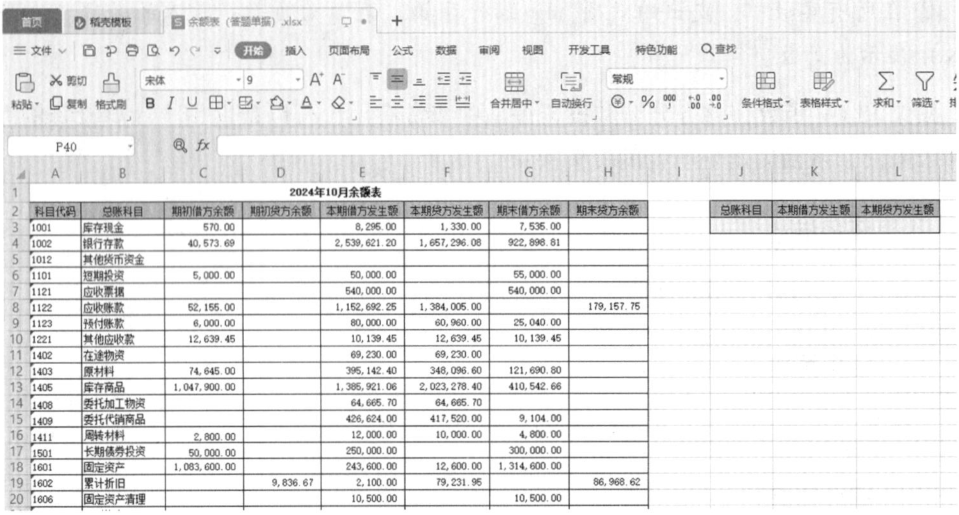

图 2-7-1 余额表

2. 根据任务要求，完成“记账凭证清单”的数据处理（图 2-7-2）

任务描述：已知记账凭证清单相关数据，请根据要求对数据进行统计分析。

① 在数据清单中，对“总账科目”进行升序排列。

② 在数据清单中，按“总账科目”对“借方金额”和“贷方金额”进行分类求和，并替换当前分类汇总，汇总结果显示在数据下方。

③ 在 J1:L3 区域构造“总账科目，借方金额，贷方金额”的筛选条件，条件为“借方金额”大于 5000 的“库存现金”或者“贷方金额”大于 5000 的“银行存款”，并筛选出左侧数据清单中满足上述条件的全部记录（在原有区域显示筛选结果）。

日期	凭证号	摘要	科目代码	总账科目	明细科目	借方金额	贷方金额
2024/10/01	01	支付租金	4101	制造费用		7,000.00	
2024/10/01	01	支付租金	1002	银行存款			7,000.00
2024/10/01	02	提现	1001	库存现金		8,000.00	
2024/10/01	02	提现	1002	银行存款			8,000.00
2024/10/01	03	销售商品	112203	应收账款	深圳市彩怡百货有限公司	439,005.00	
2024/10/01	03	销售商品	5001	主营业务收入			388,500.00
2024/10/01	03	销售商品	22210106	应交税费	应交增值税（销项税额）		50,505.00
2024/10/01	04	预付款购入包装袋	1411	周转材料		6,000.00	
2024/10/01	04	预付款购入包装袋	22210101	应交税费	应交增值税（进项税额）	780.00	
2024/10/01	04	预付款购入包装袋	112302	预付账款	东莞市富润有限公司		6,780.00
2024/10/02	05	现金折扣1%	1002	银行存款		435,120.00	
2024/10/02	05	现金折扣1%	5603	财务费用		3,885.00	
2024/10/02	05	现金折扣1%	112203	应收账款	深圳市彩怡百货有限公司		439,005.00
2024/10/02	06	购入材料	140301	原材料	高级羊绒布料	61,000.00	
2024/10/02	06	购入材料	140302	原材料	竹纤维布料	37,720.00	
2024/10/02	06	购入材料	22210101	应交税费	应交增值税（进项税额）	12,833.60	
2024/10/02	06	购入材料	220202	应付账款	东莞市飞跃纺织品公司		111,553.60
2024/10/02	07	分期销售商品	112201	应收账款	东莞市宏达商场有限公司	293,065.50	
2024/10/02	07	分期销售商品	5001	主营业务收入			259,350.00

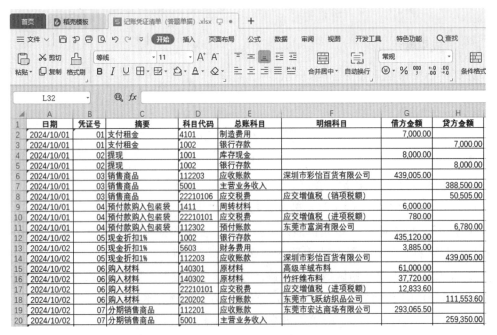

图 2-7-2 记账凭证清单

3. 根据任务要求,完成"付款方案决策分析"的数据处理(图 2-7-3)

任务描述:A 公司计划租用某营业用房,有两种方案可选:一次性付现 1800 万元买断 6 年使用权,或者在每年年末支付租金 350 万元。一次性付现需要全部借款,借款的年利息率为 5.42%,而每年年末支付租金则无须借款。对于 A 公司来说,在不考虑租金和利息所涉及的纳税差异问题的情况下,请你给出三种决策方法的分析结论。

① 根据任务描述补全付款方案决策分析表基础信息。
② 使用各期利率函数计算每年支付租金所对应利率。
③ 年金(分期付款额)函数计算一次性付现而借款的年偿还额。
④ 现值函数计算每年支付租金所对应的现值。
⑤ 使用 IF 函数给出三种决策方法的分析结论,即"每年付租可行"还是"一次性付现可行"。

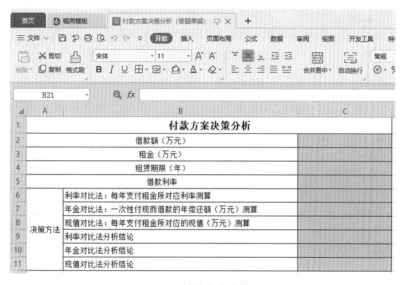

图 2-7-3　付款方案决策分析

4. 根据任务要求,完成"销售额统计表"的数据处理(图 2-7-4)

任务描述:本题所考核函数包括 MAX、MIN、AVERAGE、SUM,根据需要可以单独使用也可嵌套使用,不可使用其他函数答题。

① 计算各类产品的"年度平均"销售额;计算各类产品的"年度合计"销售额;计算各店的销售额"合计",包括"年度平均"和"年度合计"。
② 统计各类、各店销售额中最大销售额、最小销售额和年度平均销售额,分别填入 J3、J4、J5 单元格。
③ 按"样张"工作表的图片示例,将销售额统计表 A3:G10 区域转置安放在 A13:H19 区域(保持上述计算结果数据不变)。

图 2-7-4　销售额统计表

5. 根据任务要求，完成"工资汇总表"的数据处理（图 2-7-5）

任务描述：月底需要根据季节特殊性，为员工工资增加额外补助，请根据要求进行数据统计。

① 使用公式在 J 列中为每位员工的应发合计工资增加 L2 单元格中的值（要求：用绝对引用单元格方式）。

② 将左侧数据清单中的部门按照行政部、总经办、财务部、信息中心、生产 1 部、生产 2 部、销售管理部、供应部、人力资源部、工程研发部的顺序进行排序。

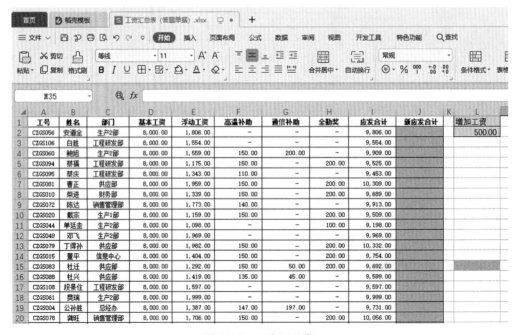

图 2-7-5　工资汇总表

③ 根据左侧数据清单，以 L15 单元格为起点建立数据透视表，数据要求按"部门"统计"通信补助""全勤奖""新应发合计"的合计，并增加"新应发合计"计数、平均值、最大值和最小值；列标题名称分别为"部门""通信补助合计""全勤奖合计""新应发合计合计""新应发合计计数""新应发合计平均值""新应发合计最大值""新应发合计最小值"。

项目三

电子表格在会计中的应用

- **素质目标**
  - 注重素质培养,将"诚、廉、勤、信"的会计文化融合到教学过程中,使学生具有良好的职业道德、职业素养和创新精神,加强学生对财务分析结果的拓展辩证思维,引导学生对职业道德与伦理道德、品德与自律、诚信与德行深入思考

- **知识目标**
  - 了解电子表格在往来款项管理、固定资产管理、费用管理和财务报表分析等方面的应用

- **技能目标**
  - 熟练掌握定义名称、合并单元格、批注等基础功能的操作技巧
  - 熟练掌握电子表格 SUMIF、EDATE、IF、SLN、SYD、DDB 等函数的用法
  - 熟练掌握电子表格数据透视表中添加计算字段、切片器的用法

任务一 往来款项管理

一、编制应收账款明细表

 知识链接

1. 名称的基本概念

"名称"可以理解为工作簿中指定内容的标识符,该内容可以是常量、公式、单元格或单元格区域等。为单元格或区域定义名称,有助于快速定位到目标地址,并可以在公式中使用名称替代单元格应用。

大多数名称是由用户预先自定义的,也有部分名称是在用户创建智能表格、设置打印区域或使用高级筛选等操作时自动产生的。

名称可以被其他名称或公式调用,其常用于简化输入,例如将复杂公式中重复出现的相同公式段定义为名称后,就可以通过调用模块使原本冗长的公式变得简洁。此外,名称还可以解决数据验证和条件格式中无法直接使用常量数组、工作表单元格中无法直

接调用宏表函数等问题，或者为高级图表或数据透视表设置动态的数据源。

2. 名称的命名规则

名称的命名原则是应有具体含义并且简短易记，否则就违背了定义名称的初衷。同时，名称的命名还需要遵循一定的语法规则：

- 名称在其应用范围内必须具有唯一性，不可重复。
- 名称必须以"字母"（也包括汉字）、下划线"_"和反斜杠"\"开头，之后可以是字母、数字、句点"."、下划线"_"和反斜杠"\"的任意组合。注意，不能以纯数字命名，以数字开头时需要在前面加下划线。名称中允许使用问号"?"，但不能作为名称的开头。
- 名称不能包含空格。若要使用分隔符号，可选用下划线或点号来代替空格。
- 名称不能与单元格地址相同。注意，句点"."有时候也被识别为区域运算符，因此形如 A1.B2 的名称是无效的，因为其与 A1:B2 意义相同。
- 名称中的字母不区分大小写，以最先定义时确定的名称进行存储；在公式中，任意大小写组合都表示相同的名称。
- 名称不能超过 255 个字符，也可以使用单个字母作为名称，但不允许以 R、C、r、c 单个字母作为名称，因为这些字母在 R1C1 引用样式中表示工作表的行和列。
- 创建名称时应避免覆盖表格内部名称，如需注意设置打印区域或使用高级筛选等操作时自动创建的名称。

3. 定义与引用名称

- 名称框中快速定义名称：使用"名称框"可以快速自定义单元格或区域的名称。
- 根据所选内容指定名称：使用"指定名称"功能可以按区域中的行列标题批量生成名称。
- 在名称管理器中新建名称：通过"名称管理器"可以很方便地增、删、改、查工作簿中使用的名称。
- 在名称管理器中管理名称：在名称管理器中可以修改名称的命名和引用位置，使用该名称的公式也将随之自动更新。
- 在公式中调用名称：如果要在公式中调用已定义的名称，可以直接手工输入，或者使用粘贴命令。

4. SUMIF 函数

SUMIF 函数用于计算满足特定条件的单元格的总和。

语法：

SUMIF(区域,条件,[求和区域])

参数：

区域：用于条件判断的单元格区域。

条件：确定哪些单元格将被相加求和，可以是数字、表达式或文本。

求和区域：需要求和的实际单元格区域。若省略此参数，则对区域中的单元格求和。

示例：

假设有一个销售数据表，其中 A 列是产品名称，B 列是销售额。用户想要计算所有"苹果"产品的总销售额，可以使用以下公式：

=SUMIF(A:A,"苹果",B:B)

结果返回 A 列中所有"苹果"对应的 B 列销售额的总和。

SUMIF 函数是非常有用的条件求和函数，允许根据一个条件对数据进行求和。

任务描述

① 使用公式计算应收账款明细表中的"应收货款""应收账款余额"。

② 为 C2:C14、I2:I14、J2:J14 单元格区域以首行定义名称。

③ 在应收账款汇总中结合②中的定义名称，使用 SUMIF 函数计算应收账款汇总中的"应收货款""已收货款"，使用公式计算"应收账款余额"。

任务资料

教材配套资源/项目三/编制应收账款明细表（答题文件）.xlsx 文件。

操作流程

① 打开"编制应收账款明细表（答题文件）.xlsx"，单击"应收账款明细表"工作表标签。

② 在 I3 单元格中输入公式"=G3*H3"，按【Enter】键；在 L3 单元格中输入公式"=I3-J3"，按【Enter】键；对 I 列和 L 列进行公式填充，如图 3-1-1 所示。

	应收账款明细表						
商品名称	单位	销售数量	销售单价	应收货款	实收货款	结算方式	应收账款余额
集成主板	个	3200	45	=G3*H3 ①	50000	转账支票	=I3-J3 ②
定制外壳	个	120	36		4320	现金支付	
定制外壳	个	8620	35	③ 填充公式		银行汇票	③ 填充公式
集成主板	个	6520	45		293400	银行汇票	
定制外壳	个	5200	35		0		
集成主板	个	5632	45		0		
集成主板	个	52	46		2392	现金支付	
集成主板	个	2200	45		0		
定制外壳	个	3152	35		0		
集成主板	个	4521	45		0		
定制外壳	个	3500	35	=I13		银行汇票	
集成主板	个	3821	45	=I14		银行汇票	

图 3-1-1　计算应收账款相关数据

③ 选中 C2:C14 单元格区域，按【Ctrl】键不放，选中 I2:J14 单元格区域，单击"公式"→"指定"，在弹出的"指定名称"对话框中取消勾选"末行"复选框，保留"首行"前的勾选不变，单击"确定"，如图 3-1-2 所示。

项目三 电子表格在会计中的应用 105

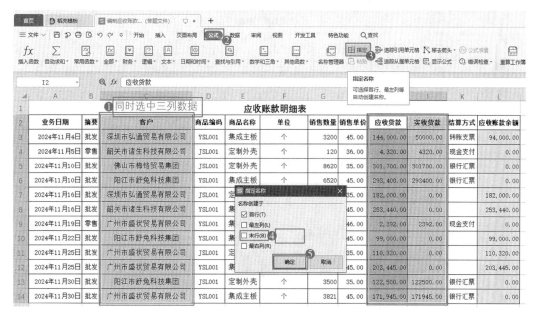

图 3-1-2 定义名称

④ 在 D19 单元格中输入公式"=SUMIF(客户,C19,应收货款)",按【Enter】键;在 E19 单元格中输入公式"=SUMIF(客户,C19,实收货款)",按【Enter】键;在 F19 单元格中输入公式"=D19-E19",按【Enter】键;对其他区域进行公式填充,如图 3-1-3 所示。

	应收账款汇总		
客户	应收货款 ❶	已收货款 ❷	应收账款余额 ❸
深圳市弘通贸易有限公司	=SUMIF(客户,C19,应收货款)	=SUMIF(客户,C19,实收货款)	=D19-E19
韶关市诸生科技有限公司			
佛山市梅铭贸易集团	❹ 填充公式		
阳江市舒兔科技集团			
广州市盛状贸易有限公司			

图 3-1-3 计算应收账款汇总数据

成果展示

编制应收账款明细表操作结果如图 3-1-4 所示。

	A	B	C	D	E	F	G	H	I	J	K	L
1	应收账款明细表											
2	业务日期	摘要	客户	商品编码	商品名称	单位	销售数量	销售单价	应收货款	实收货款	结算方式	应收账款余额
3	2024年11月4日	批发	深圳市弘通贸易有限公司	YSL001	集成主板	个	3200	45.00	144,000.00	50000.00	转账支票	94,000.00
4	2024年11月5日	零售	韶关市诸生科技有限公司	JSL001	定制外壳	个	120	36.00	4,320.00	4320.00	现金支付	0.00
5	2024年11月10日	批发	佛山市梅铭贸易集团	JSL001	定制外壳	个	8620	35.00	301,700.00	301700.00	银行汇票	0.00
6	2024年11月10日	批发	阳江市舒兔科技集团	YSL001	集成主板	个	6520	45.00	293,400.00	293400.00	银行汇票	0.00
7	2024年11月16日	批发	深圳市弘通贸易有限公司	JSL001	定制外壳	个	5200	35.00	182,000.00	0.00		182,000.00
8	2024年11月16日	批发	韶关市诸生科技有限公司	YSL001	集成主板	个	5632	45.00	253,440.00	0.00		253,440.00
9	2024年11月19日	零售	广州市盛状贸易有限公司	YSL001	集成主板	个	52	46.00	2,392.00	2392.00	现金支付	
10	2024年11月22日	批发	阳江市舒兔科技集团	YSL001	集成主板	个	2200	45.00	99,000.00	0.00		99,000.00
11	2024年11月25日	批发	广州市盛状贸易有限公司	JSL001	定制外壳	个	3152	35.00	110,320.00	0.00		110,320.00
12	2024年11月25日	批发	广州市盛状贸易有限公司	YSL001	集成主板	个	4521	45.00	203,445.00	0.00		203,445.00
13	2024年11月30日	批发	阳江市舒兔科技集团	JSL001	定制外壳	个	3500	35.00	122,500.00	122500.00	银行汇票	0.00
14	2024年11月30日	批发	广州市盛状贸易有限公司	YSL001	集成主板	个	3821	45.00	171,945.00	171945.00	银行汇票	0.00

	应收账款汇总			
	客户	应收货款	已收货款	应收账款余额
19	深圳市弘通贸易有限公司	326,000.00	50,000.00	276,000.00
20	韶关市诸生科技有限公司	257,760.00	4,320.00	253,440.00
21	佛山市梅铭贸易集团	301,700.00	301,700.00	0.00
22	阳江市舒兔科技集团	514,900.00	415,900.00	99,000.00
23	广州市盛状贸易有限公司	488,102.00	174,337.00	313,765.00

图 3-1-4　编制应收账款明细表操作结果

二、编制应付账款明细表

任务描述

① 使用公式计算"到期日期"（到期日期=发票日期+结账期）。

② 利用 IF 函数判断"状态"（若"已付金额"="发票金额"，则状态列显示"已冲销√"；如果"当期日期">"到期日期"，则状态列显示"已逾期"，否则显示"未到结账期"）。

③ 利用 IF 函数判断"逾期天数"（若状态列为"已逾期"，则逾期天数=当前日期−到期日期，否则不显示）。

④ 利用 IF 函数判断"已逾期余额"（若状态列为"未到结账期"，则已逾期余额为 0，否则已逾期余额=发票金额−已付金额）。

任务资料

教材配套资源/项目三/编制应付账款明细表（答题文件）.xlsx 文件。

操作流程

① 打开"编制应付账款明细表（答题文件）.xlsx"，单击"应付账款明细表"工作表标签。

② 在 I4 单元格中输入公式"=C4+H4"，按【Enter】键；在 J4 单元格中输入公式"=IF(F4=E4,"已冲销√",IF($C$2>I4,"已逾期","未到结账期"))"，按【Enter】键；在 K4 单元格中输入公式"=IF(J4="已逾期",$C$2-I4,"")"，按【Enter】键；在 L4 单

元格中输入公式"=IF(J4="未到结账期",0,E4-F4)",按【Enter】键;对其他区域进行公式填充,如图 3-1-5 所示。

图 3-1-5　计算应付账款相关数据

成果展示

编制应付账款明细表操作结果如图 3-1-6 所示。

序号	供应商简称	发票日期	发票号码	发票金额	已付金额	余额	结账期	到期日期	状态	逾期天数	已逾期余额
	当前日期	2024/11/26									
001	光印印刷	2023/10/24	5425601	58500	10000	48500	30	2023/11/23	已逾期	369	48500
002	伟业设计	2022/11/23	4545688	4320	4320	0	15	2022/12/8	已冲销√		0
003	金立广告	2022/8/25	6723651	20000		20000	60	2022/10/24	已逾期	764	20000
004	红莲印刷	2024/10/28	8863001	6700	1000	5700	30	2024/11/27	未到结账期		0
005	宏图印染	2022/12/3	5646787	6900	6900	0	20	2022/12/23	已冲销√		0
006	文强广告	2022/12/10	3423614	12000		12000	30	2023/1/9	已逾期	687	12000
007	优乐商行	2022/12/19	4310325	22400	8000	14400	30	2023/2/17	已逾期	648	14400
009	方圆设计	2023/1/22	6565564	5600		5600	20	2023/2/11	已逾期	654	5600

图 3-1-6　编制应付账款明细表操作结果

三、应收账款逾期分析

EDATE 函数用于计算某个日期在添加或减去指定月数后的日期。这个函数在处理与日期相关的计算时非常有用,比如计算合同到期日、生日、租赁期限等。

语法:

EDATE(开始日期,月数)

参数:

开始日期:原始日期,可以是日期格式的文本,也可以是单元格引用。

月数:整数,表示要添加或减去的月数。若是正数,表示添加月份;若是负数,表示减去月份。

示例:

假设用户有一个合同的开始日期是 2024 年 1 月 1 日,想要计算 6 个月后的日期。

在 A1 单元格中输入"2024-01-01(或者直接输入日期)";在 B1 单元格中输入公

式"=EDATE(A1,6)";B1 单元格将显示"2024-07-01"。这意味着从 2024 年 1 月 1 日开始,6 个月后的日期是 2024 年 7 月 1 日。

注意事项

- 如果开始日期不是有效的日期格式,EDATE 函数将返回错误。
- EDATE 函数不考虑月份的天数差异,例如,从 1 月 31 日加 1 个月会得到 2 月 28 日或 2 月 29 日,而不是 3 月 3 日。

任务描述

① 使用 EDATE 函数计算各往来单位的"到期日期"("到期日期"均为"入账日期"的 3 个月后)。

② 使用公式计算各往来单位截至"制表日期"的"逾期天数"。

③ 根据"催讨类别标记表"中的说明,使用 IF 函数对"催讨类别"进行标记。

④ 在 J3:J6 单元格区域使用 COUNTIF 函数计算各催讨类别的数量。

⑤ 按照示例图片(图 3-1-7),制作标题为"应收账款逾期分析"的二维簇状柱形图。

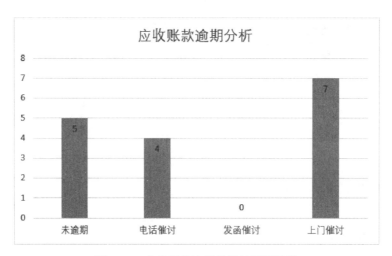

图 3-1-7 应收账款逾期分析柱形图示例

任务资料

教材配套资源/项目三/应收账款逾期分析(答题文件).xlsx 文件。

操作流程

① 打开"应收账款逾期分析(答题文件).xlsx",单击"应收账款逾期分析"工作表。

② 在 D4 单元格中输入公式"=EDATE(C4,3)",按【Enter】键;在 E4 单元格中输入公式"=$D$2-D4",按【Enter】键;在 F4 单元格中输入公式"=IF(E4<=0,"未逾期",IF(E4<=90,"电话催讨",IF(E4<=180,"发函催讨","上门催讨")))",按

【Enter】键；在 J3 单元格中输入公式"=COUNTIF(F:F,I3)"，按【Enter】键；对其他区域进行公式填充，如图 3-1-8 所示。

图 3-1-8　计算应收账款逾期分析相关数据

③ 选中 I2:J6 单元格区域，单击"插入"→"插入柱形图"→"簇状柱形图"；双击图表上的标题，将标题修改为"应收账款逾期分析"；单击柱形图旁的"图表元素"，在下拉框中单击"数据标签"旁的下拉箭头，并在下拉列表中单击"数据标签内"，如图 3-1-9 所示。

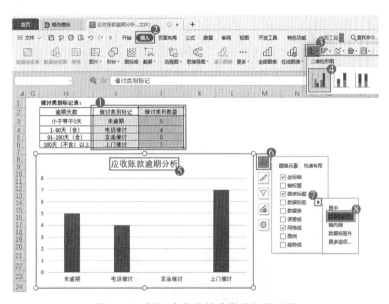

图 3-1-9　插入应收账款逾期分析柱形图

成果展示

应收账款逾期分析操作结果如图 3-1-10 所示。

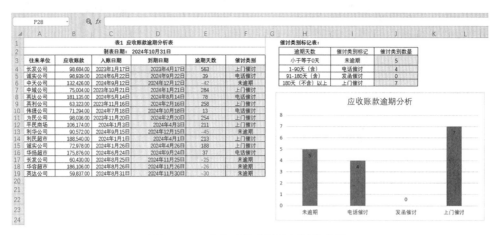

图 3-1-10　应收账款逾期分析操作结果

四、应付账款账期统计、账龄分析

 任务描述

① 请使用 IF 函数和 AND 函数判断各往来单位的应收账款金额属于哪个不同账龄区间，在所属账龄区间显示应收账款金额，否则不用显示。

② 使用 SUM 函数计算出各账龄的"应收账款金额合计"。

③ 使用 COUNT 函数计算出各账龄的"客户数量"。

④ 使用公式计算各账龄应收账款合计"占应收账款总额比例"。

⑤ 按照示例图片（图 3-1-11），制作标题为"不同账龄区间占应收账款总额比例"的二维饼图。

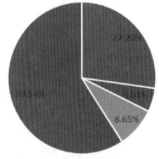

图 3-1-11　应付账款账期统计、账龄分析饼图示例

 任务资料

教材配套资源/项目三/应付账款账期统计、账龄分析（答题文件）.xlsx 文件。

操作流程

① 打开"应付账款账期统计、账龄分析(答题文件).xlsx",单击"应收账款账龄分析"工作表标签。

② 在 D4 单元格中输入公式"=IF(AND($A$2-$C4>=0,$A$2-$C4<=90),$B4,"")",按【Enter】键;

在 E4 单元格中输入公式"=IF(AND($A$2-$C4>=91,$A$2-$C4<=120),$B4,"")",按【Enter】键;

在 F4 单元格中输入公式"=IF(AND($A$2-$C4>=121,$A$2-$C4<=180),$B4,"")",按【Enter】键;

在 G4 单元格中输入公式"=IF($A$2-$C4>=180,$B4,"")",按【Enter】键;

在 D16 单元格中输入公式"=SUM(D4:D15)",按【Enter】键;

在 D17 单元格中输入公式"=COUNT(D4:D15)",按【Enter】键;

在 D18 单元格中输入公式"=D16/$B$16",按【Enter】键;

对其他区域进行公式填充,如图 3-1-12 所示。

图 3-1-12 计算应付账款账期统计、账龄分析相关数据

③ 同时选中 D3:G3 和 D18:G18 单元格区域,单击"插入"→"插入饼图或圆环图"→"饼图";双击图表上的标题,将标题修改为"不同账龄区间占应收账款总额比例";单击饼图旁的"图表元素",在下拉框中单击"数据标签"旁的下拉箭头,并在下拉列表中单击"数据标签内",如图 3-1-13 所示。

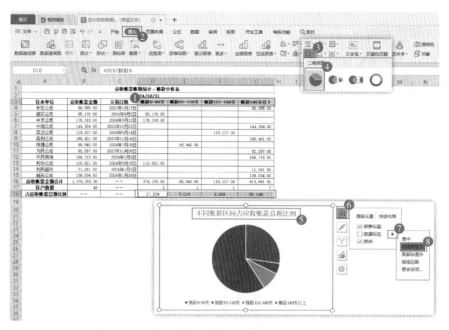

图 3-1-13 插入应付账款账期统计、账龄分析饼图

成果展示

应付账款账期统计、账龄分析操作结果如图 3-1-14 所示。

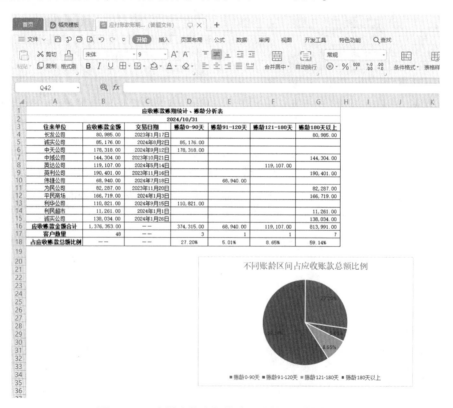

图 3-1-14 应付账款账期统计、账龄分析操作结果

任务二　固定资产管理

一、用 SLN、SYD 和 DDB 函数计算折旧

 知识链接

SLN、SYD 和 DDB 是三个用于计算折旧的财务函数。

1. SLN 函数（直线法）

SLN 函数用于计算资产在一个期间的线性折旧值。

语法：

SLN(原值,残值,折旧期限)

参数：

原值：资产原值。

残值：资产在折旧期末的价值。

折旧期限：资产的使用寿命。

说明：直线法是最简单的折旧计算方法，它假设资产的折旧在每个期间都是相等的。每年的折旧额是固定的，计算公式为：（原值-残值）/折旧期限。如果需要计算每月的折旧值，可以将折旧期限乘以 12。

2. SYD 函数（年数总和法）

SYD 函数用于按年限总和折旧计算资产在指定期间的折旧值。

语法：

SYD(原值,残值,折旧期限,期间)

参数：

原值：资产原值。

残值：资产在折旧期末的价值。

折旧期限：资产的使用寿命。

期间：需要计算折旧的期间。

说明：年数总和法是一种加速折旧方法，折旧率随着资产使用年限的减少而递减。每年的折旧额是递减的，计算公式为：[折旧期限-（期间-1）] / [折旧期限×（折旧期限+1)/2] ×（原值-残值）。

3. DDB 函数（双倍余额递减法）

语法：

DDB(原值,残值,折旧期限,期间,[余额递减速率])

参数：

原值：资产原值。

残值：资产在折旧期末的价值。
折旧期限：资产的使用寿命。
期间：需要计算折旧的期间。
余额递减速率：第 1 年的月份数（可选参数，默认为 12）。

任务描述

请用对应的折旧函数计算三种折旧方法下不同年份的年折旧额及累计折旧额。

说明：利用双倍余额递减法计算折旧时，最后两年用年限平均折旧函数嵌套 SUM 函数计算。

任务资料

教材配套资源/项目三/用 SLN、SYD 和 DDB 函数计算折旧（答题文件）.xlsx 文件。

操作流程

① 打开"用 SLN、SYD 和 DDB 函数计算折旧（答题文件）.xlsx"，单击"用 SLN、SYD 和 DDB 函数计算折旧"工作表标签。

② 在 B5 单元格中输入公式"=SLN($B$1,$B$1*$B$3,$B$2)"，按【Enter】键；在 C5 单元格中输入公式"=SYD($B$1,$B$1*$B$3,$B$2,$A5)"，按【Enter】键；在 D5 单元格中输入公式"=DDB($B$1,$B$1*$B$3,$B$2,$A5)"，按【Enter】键；填充公式至其他年数，对"累计折旧"进行快速求和，如图 3-2-1 所示。

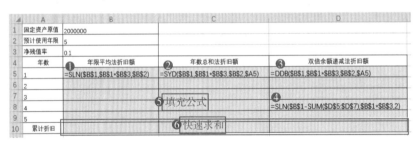

图 3-2-1　计算折旧相关数据

说明：双倍余额递减法最后两年的折旧计算需要注意将固定资产账面净值扣除预计净残值后的余额平均摊销，即在固定资产折旧年限的最后两年，需要将折旧方法转换为直线法（年限平均法），这是为了确保固定资产的账面折余价值不会低于其预计净残值。

成果展示

计算折旧操作结果如图 3-2-2 所示。

项目三 电子表格在会计中的应用　115

	A	B	C	D
1	固定资产原值	2,000,000.00		
2	预计使用年限	5		
3	净残值率	10%		
4	年数	年限平均法折旧额	年数总和法折旧额	双倍余额递减法折旧额
5	1	360,000.00	600,000.00	800,000.00
6	2	360,000.00	480,000.00	480,000.00
7	3	360,000.00	360,000.00	288,000.00
8	4	360,000.00	240,000.00	116,000.00
9	5	360,000.00	120,000.00	116,000.00
10	累计折旧	1,800,000.00	1,800,000.00	1,800,000.00

图 3-2-2　计算折旧操作结果

二、编制折旧计算表

任务描述

① 使用公式计算"资产残值"和"净值"。

② 使用 IF、OR、ROUND 和对应的折旧函数，计算"本月计提折旧额"（四舍五入，保留 2 位小数）。

③ 使用 IF 函数判断并获取"已计提折旧月数（含本月）"。

④ 使用 ROUND 函数四舍五入并保留 2 位小数，计算"月末累计折旧"。

任务资料

教材配套资源/项目三/编制折旧计算表（答题单据）.xlsx 文件。

操作流程

① 打开"编制折旧计算表（答题单据）.xlsx"，单击"编制折旧计算表"工作表标签。

② 在 L3 单元格中输入公式"=H3*K3"，按【Enter】键；在 N3 单元格中输入公式"=IF(OR(O3<=0,M3>J3),0,ROUND(SLN(H3,L3,J3),2))"，按【Enter】键；在 O3 单元格中输入公式"=IF(M3>J3,J3,M3)"，按【Enter】键；在 P3 单元格中输入公式"=ROUND((H3-L3)/J3*O3,2)"，按【Enter】键；在 Q3 单元格中输入公式"=H3-P3"，按【Enter】键；将公式填充至其他区域，如图 3-2-3 所示。

图 3-2-3 计算折旧计算表相关数据

◎ 说明：

① 计算"本月计提折旧额"时，当资产未开始计提或者计提年限超过总使用年限时，本月计提折旧额为0，否则计提折旧额按照平均年限法计算即可。

② 计算"已计提折旧月数（含本月）"时，因为固定资产提足折旧后，不应再增加折旧月数，所以须借助IF函数，判断已计提折旧月份是否大于预计使用时间。

③ 月末累计折旧＝（资产原值－残值）/总使用年限×已使用年限。

④ 净值＝资产原值－累计折旧额。

成果展示

编制折旧计算表操作结果如图 3-2-4 所示。

	A	B	C	D	E	F	G	H	I	J	K	L	M	N	O	P	Q
1	时间：	2024年10月31日															
2	资产编号	资产名称	类别名称	使用部门	增加方式	折旧方法	使用状况	资产原值	开始使用日期	预计使用年限（月）	净残值率	资产残值	已使用的月数	本月计提折旧额	已计提折旧月数（含本月）	月末累计折旧	净值
3	01001	精密加工厂房	房屋及建筑物	一车间/二车间	自建	平均年限法	在用	1,306,600.00	2021/5/1	360	5%	65,330.00	41	3,447.97	41	141,366.86	1,165,233.14
4	01002	成品仓库	房屋及建筑物	仓储部	自建	平均年限法	在用	160,000.00	2021/6/18	360	5%	8,000.00	40	422.22	40	16,888.89	143,111.11
5	02001	作业叉车	生产设备	一车间/二车间	直接购入	平均年限法	在用	24,000.00	2022/2/16	60	1%	240.00	32	396.00	32	12,672.00	11,328.00
6	02002	生产线	生产设备	一车间	直接购入	平均年限法	季节性停用	48,000.00	2022/2/16	60	1%	480.00	32	792.00	32	25,344.00	22,656.00
7	02003	数控机1	生产设备	一车间	直接购入	平均年限法	在用	1,200,000.00	2022/9/30	60	1%	12,000.00	25	19,800.00	25	495,000.00	705,000.00
8	02004	数控机2	生产设备	一车间	直接购入	平均年限法	大修理停用	1,350,000.00	2022/2/22	60	5%	67,500.00	32	21,375.00	32	684,000.00	666,000.00
9	02005	切割机	生产设备	二车间	直接购入	平均年限法	在用	15,000.00	2019/8/18	60	1%	150.00	62	0.00	60	14,850.00	150.00
10	02006	电焊机	生产设备	二车间	直接购入	平均年限法	在用	18,000.00	2021/10/31	48	1%	180.00	36	371.25	36	13,365.00	4,635.00
11	02007	高压气泵	生产设备	二车间	直接购入	平均年限法	在用	8,920.00	2023/1/15	48	3%	267.60	21	180.26	21	3,785.43	5,134.57
12	03001	华为笔记本电脑	办公设备	经理室	直接购入	平均年限法	在用	6,150.00	2022/2/14	60	5%	307.50	32	97.38	32	3,116.00	3,034.00
13	03002	华为笔记本电脑	办公设备	采购部	直接购入	平均年限法	在用	6,150.00	2022/2/14	60	5%	307.50	32	97.38	32	3,116.00	3,034.00
14	03003	华为笔记本电脑	办公设备	仓储部	直接购入	平均年限法	在用	6,150.00	2022/2/14	60	5%	307.50	32	97.38	32	3,116.00	3,034.00
15	03004	佳能激光打印机	办公设备	财务部	直接购入	平均年限法	在用	3,900.00	2022/5/31	60	2%	78.00	29	63.70	29	1,847.30	2,052.70
16	03005	华为笔记本电脑	办公设备	销售部	直接购入	平均年限法	在用	6,000.00	2024/9/1	60	5%	300.00	1	95.00	1	95.00	5,905.00
17	03006	华为笔记本电脑	办公设备	销售部	直接购入	平均年限法	在用	6,000.00	2024/9/1	60	5%	300.00	1	95.00	1	95.00	5,905.00
18	03007	华为笔记本电脑	办公设备	销售部	直接购入	平均年限法	在用	6,000.00	2024/9/1	60	5%	300.00	1	95.00	1	95.00	5,905.00

图 3-2-4 编制折旧计算表操作结果

任务三　费用管理

一、编制费用预算表

 任务描述

根据"2023年费用实际发生额及2024年预计销售收入"工作表内容编制2024年费用预算表：

① 使用ROUND函数（对百位取整，并保留2位小数）计算办公用品、交通费、员工薪酬、水电费、通信及网络费用和其他费用预算金额。

② 使用公式计算差旅费、业务招待费、广告宣传费、租金和物业费预算金额。

③ 使用SUM函数计算合计金额。

说明：

① 差旅费、业务招待费及广告宣传费，分别按照预计销售收入的5%、1%、2%计算预算金额。

② 2024年租金及物业费未发生变化，直接引用2023年实际发生额作为预算金额即可。

任务资料

教材配套资源/项目三/编制费用预算表（答题单据）.xlsx文件。

操作流程

① 打开"编制费用预算表（答题单据）.xlsx"，单击"编制费用预算表"工作表标签。

② 在C3单元格中输入公式"=ROUND('2023年费用实际发生额及2024年预计销售收入'!C3，-2)"，按【Enter】键；

在C4单元格中输入公式"=ROUND('2023年费用实际发生额及2024年预计销售收入'!C4，-2)"，按【Enter】键；

在C5单元格中输入公式"='2023年费用实际发生额及2024年预计销售收入'!C20*5%"，按【Enter】键；

在C6单元格中输入公式"=ROUND('2023年费用实际发生额及2024年预计销售收入'!C6，-2)"，按【Enter】键；

在C7单元格中输入公式"='2023年费用实际发生额及2024年预计销售收入'!C20*1%"，按【Enter】键；

在C8单元格中输入公式"='2023年费用实际发生额及2024年预计销售收入'!C20*

2%"，按【Enter】键；

在 C9 单元格中输入公式"='2023年费用实际发生额及2024年预计销售收入'!C9"，按【Enter】键；

在 C10 单元格中输入公式"='2023年费用实际发生额及2024年预计销售收入'!C10"，按【Enter】键；

在 C11 单元格中输入公式"=ROUND('2023年费用实际发生额及2024年预计销售收入'!C11,-2)"，按【Enter】键；

在 C12 单元格中输入公式"=ROUND('2023年费用实际发生额及2024年预计销售收入'!C12,-2)"，按【Enter】键；

在 C13 单元格中输入公式"=ROUND('2023年费用实际发生额及2024年预计销售收入'!C13,-2)"，按【Enter】键；

在 C14 单元格中输入公式"=SUM(C3:C13)"，按【Enter】键；

对公式进行向右填充，并在"全年合计"处进行快速求和，如图 3-3-1 所示。

	A	B	C	D	E	F	G
1			2024年费用预算表				
2	序号	费用类别	❶ 1季度	2季度	3季度	4季度	全年合计
3	1	办公用品	=ROUND('2023年费用实际发生额及2024年预计销售收入'!C3,-2)				
4	2	交通费	=ROUND('2023年费用实际发生额及2024年预计销售收入'!C4,-2)				
5	3	差旅费	='2023年费用实际发生额及2024年预计销售收入'!C20*5%				
6	4	员工薪酬	=ROUND('2023年费用实际发生额及2024年预计销售收入'!C6,-2)				
7	5	业务招待费	='2023年费用实际发生额及2024年预计销售收入'!C20*1%		❷填充公式	❸填充公式	
8	6	广告宣传费	='2023年费用实际发生额及2024年预计销售收入'!C20*2%				
9	7	租金	='2023年费用实际发生额及2024年预计销售收入'!C9				
10	8	物业费	='2023年费用实际发生额及2024年预计销售收入'!C10				
11	9	水电费	=ROUND('2023年费用实际发生额及2024年预计销售收入'!C11,-2)				
12	10	通信及网络费	=ROUND('2023年费用实际发生额及2024年预计销售收入'!C12,-2)				
13	11	其他	=ROUND('2023年费用实际发生额及2024年预计销售收入'!C13,-2)				
14		合计	=SUM(C3:C13)				

图 3-3-1 计算费用预算表相关数据

◎ 说明：

① 针对预算金额，可以选择对万位、千位、百位等进行取整。

② ROUND 函数第 2 个参数如果是负数，则是对小数点左侧数字进行四舍五入，这里的"-2"代表小数点左侧 2 位，即对百位取整。

📄 成果展示

编制费用预算操作结果如图 3-3-2 所示。

	A	B	C	D	E	F	G
1	2024年费用预算表							
2	序号	费用类别	1季度	2季度	3季度	4季度	全年合计
3	1	办公用品	2,200.00	1,400.00	3,300.00	1,900.00	8,800.00
4	2	交通费	900.00	600.00	900.00	500.00	2,900.00
5	3	差旅费	26,500.00	21,500.00	31,000.00	39,000.00	118,000.00
6	4	员工薪酬	321,600.00	298,500.00	352,200.00	403,200.00	1,375,500.00
7	5	业务招待费	5,300.00	4,300.00	6,200.00	7,800.00	23,600.00
8	6	广告宣传费	10,600.00	8,600.00	12,400.00	15,600.00	47,200.00
9	7	租金	30,000.00	30,000.00	30,000.00	30,000.00	120,000.00
10	8	物业费	5,382.00	5,382.00	5,382.00	5,382.00	21,528.00
11	9	水电费	500.00	300.00	300.00	400.00	1,500.00
12	10	通信及网络费	800.00	700.00	700.00	800.00	3,000.00
13	11	其他	12,400.00	8,200.00	9,800.00	15,700.00	46,100.00
14		合计	416,182.00	379,482.00	452,182.00	520,282.00	1,768,128.00

图 3-3-2　编制费用预算表操作结果

二、编制费用报销单

知识链接

1. 合并单元格

"合并单元格"是指将连续区域内的多个单元格合并成占有多个单元格空间的大型单元格，常用于跨行或跨列的标签。在"开始"选项卡的"合并居中"下拉列表中可以选择不同的单元格合并方式。

若选定单列区域，则可以应用的单元格合并方式包括以下 4 种：

● 合并居中：将选定的多个单元格合并为一个较大的单元格，新单元格中仅保留初始第一个单元格的内容且设置为居中对齐显示。按【Ctrl】+【M】组合键或直接单击"合并居中"按钮将默认采用此方式。

● 合并单元格：将选定的多个单元格合并为一个较大的单元格，新单元格中仅保留初始第一个单元格的内容且保持对齐方式不变。

● 合并相同单元格：自动识别并分别合并内容相同的单元格，形成若干个新单元格。

● 合并内容：将所有初始单元格中的内容汇总至新单元格并强制换行显示。

若选定多列区域，则可以应用的单元格合并方式包括以下 5 种：

● 合并居中、合并单元格、合并内容：与单列区域中介绍的方式类似。

● 按行合并：将所选区域的同行单元格分别进行合并，仅保留初始第一列中的内容。

● 跨列居中：将所选区域的单元格按行分别进行跨列居中对齐，显示效果上类似于按行合并居中，但实际上并未进行合并单元格操作，各初始单元格仍然互相独立。

选中合并后的新单元格，在"合并居中"下拉列表中提供了两种拆分方式：

● 取消合并单元格：将内容仅填充至拆分后的最左上角单元格，其他单元格留空。按【Ctrl】+【M】组合键或直接单击"合并居中"按钮将默认采用此方式。

● 拆分并填充内容：将内容复制并填充至所有拆分后的单元格。对于按行合并的多列区域，则分别按行填充内容。

电子表格还提供了"设置默认合并方式"选项供用户进行默认合并方式的选择和设置。操作步骤如下：在"开始"选项卡下的"合并居中"下拉列表中选择"设置默认合并方式"命令，单击"选项"对话框的"新特性"选项卡，可以选择所期望的默认处理方式。

注意事项

● 数据丢失：当合并单元格时，只有左上角的单元格内容会被保留，其他单元格的内容会被清除。因此，在合并之前，请确保不会丢失重要数据。

● 数据影响：合并单元格会影响公式的引用，如果合并的单元格中包含公式，这些公式可能需要调整以适应新的单元格结构；还会影响数据的排序和筛选等操作，并使后续的数据分析汇总过程变得更加复杂。因此，在一般情况下，工作表内不建议使用合并单元格。

2. 批注

用户可以利用批注功能在单元格旁边添加文本说明或注释。这些注释包含额外的信息、解释或备注，有助于理解和分析数据。

（1）添加批注

选中相应单元格，单击"审阅"选项卡下的"新建批注"添加批注；另外，也可以直接右击单元格，选择"插入批注"来添加。

（2）编辑批注

双击批注，可以编辑批注中的文本，还可以改变批注的作者、位置和格式。

（3）显示和隐藏批注

批注默认是隐藏的，可以通过"审阅"选项卡下的"显示/隐藏批注"按钮来显示或隐藏所有的批注；也可以通过"显示所有批注"和"隐藏所有批注"按钮来控制批注的显示状态。

（4）删除批注

选择批注，按【Delete】键可删除批注；也可以通过"审阅"选项卡下的"删除批注"按钮来删除批注。

（5）批注的格式和样式

批注的背景颜色、字体样式和大小，以及批注框的大小和位置等均可修改。

（6）批注的作者

每个批注都可以有一个作者，这有助于区分不同用户添加的批注。

任务描述

① 为 D4 单元格设置下拉列表，来源为"基础信息库"工作表中对应的数据区域，

要求下拉列表中应有 10 个部门范围,只需要在"基础信息库"工作表中添加相应数据,上述相关单元格中即会自动出现新增信息。

② 合计金额(H10 单元格)使用求和函数自动计算;金额大写(D11 单元格)自动为合计的人民币大写形式;应退余额(O11 单元格)使用公式自动计算(应退余额=原借款-合计)。

③ 将"领导审批"的 N8:P10 区域合并居中单元格,并添加批注"此处为单位总经理签字",并将批注设置为显示状态。

④ 取消显示本页的网格线。

教材配套资源/项目三/编制费用报销单(答题单据).xlsx 文件。

① 打开"编制费用报销单(答题单据).xlsx",单击"费用报销单"工作表标签。

② 选中 D4 单元格,单击"数据"→"有效性",在弹出的"数据有效性"对话框中"允许"处选择"序列",鼠标定位到来源的文本框中,选中"基础信息库"工作表的 A2:A11 单元格区域,单击"确定",如图 3-3-3 所示。

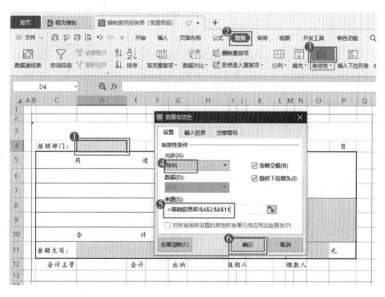

图 3-3-3 设置下拉列表

③ 在 H10 单元格中输入公式"=SUM(H6:H9)",按【Enter】键;在 D11 单元格中输入公式"=H10",按【Enter】键;在 O11 单元格中输入公式"=K11-H10",按【Enter】键,如图 3-3-4 所示。

图 3-3-4 设置自动合计

④ 选中 D11 单元格,按【Ctrl】+【1】组合键,弹出"单元格格式"对话框,在"数字"选项卡下的"分类"中选择"特殊"→"人民币大写",单击"确定",如图 3-3-5 所示。

图 3-3-5 设置数字格式

说明:该特殊格式是 WPS 电子表格特有的,部分 Excel 软件没有该格式,针对 D11 单元格的大写金额须手动修改。

⑤ 选中 N8:P10 单元格区域,单击"开始"→"合并居中",如图 3-3-6 所示。

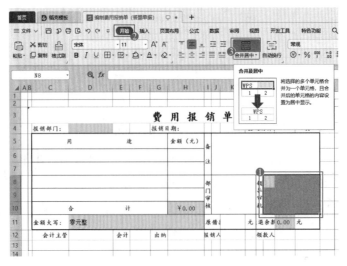

图 3-3-6 设置合并居中

⑥ 在 N8 单元格选中状态下，单击"审阅"→"新建批注"，在出现的批注文本框中输入"此处为单位总经理签字"，单击批注文本框，单击"显示/隐藏批注"，如图 3-3-7 所示。

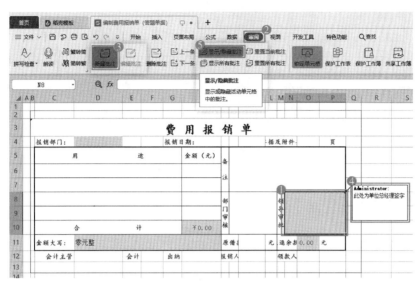

图 3-3-7　设置批注

⑦ 单击"视图"，取消勾选"显示网格线"，如图 3-3-8 所示。

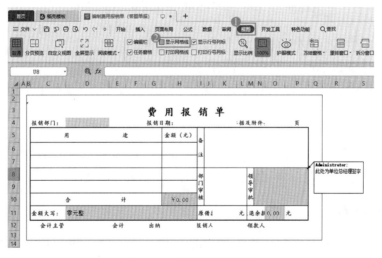

图 3-3-8　设置取消网格线

成果展示

编制费用报销单操作结果如图 3-3-9 所示。

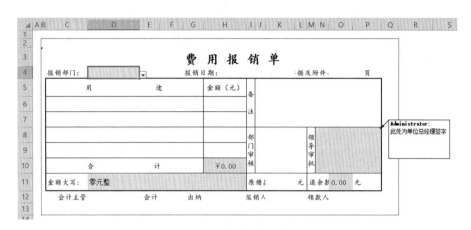

图 3-3-9　编制费用报销单操作结果

三、费用汇总分析

① 在新工作表中插入数据透视表。

② 在透视表中依次统计出各"支出部门"支出金额合计、支出金额合计占总额百分比,将"费用分类"作为筛选器,并筛选出"办公用品"费用情况。

③ 将支出金额合计占总额百分比字段名称改为"占总额百分比",其他字段名称默认。

④ 在数据透视表中增加名称为"下半年费用预算"的计算字段,计算依据为在上半年总额基础上增加20%(下半年费用预算=支出金额×1.2)。

⑤ 将透视表所在的工作表名称命名为"费用汇总分析",工作表颜色设置为"标准　蓝色"。

任务资料

教材配套资源/项目三/费用汇总分析(答题单据).xlsx 文件。

操作流程

① 打开"费用汇总分析(答题单据).xlsx",单击"日常费用明细表"工作表标签。

② 单击"日常费用明细表"数据区域任意位置,单击"插入"→"数据透视表",弹出"创建数据透视表"对话框,所有项目均默认,单击"确定",如图 3-3-10 所示。

项目三 电子表格在会计中的应用 125

图 3-3-10 插入数据透视表

③ 在"数据透视表"下的"字段列表"中,将"费用分类"拖动至"筛选器"区域,将"支出部门"拖动至"行"区域,将"支出金额"拖动至"值"区域,拖动 2次,如图 3-3-11 所示。

图 3-3-11 添加透视表字段

④ "费用分类"筛选出"办公用品",双击 C3 单元格,在弹出的"值字段设置"对话框中,单击"值显示方式",值显示方式选择"总计的百分比",自定义名称处输入

"占总额百分比",单击"确定";单击 A3 单元格,单击"分析"→"字段、项目"→"计算字段",在弹出的"插入计算字段"对话框中,名称输入"下半年费用预算",公式处单击"支出金额",补全公式,在支出金额后输入"*1.2",单击"确定",如图 3-3-12 所示。

图 3-3-12　插入计算字段

⑤ 双击数据透视表所在的工作表名称,将名称修改为"费用汇总分析",右击"费用汇总分析"工作表名称,在弹出的列表中单击"工作表标签颜色"→"标准色"下的"蓝色",如图 3-3-13 所示。

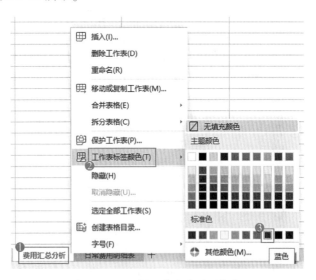

图 3-3-13　设置工作表名称及颜色

成果展示

费用汇总分析操作结果如图 3-3-14 所示。

图 3-3-14　费用汇总分析操作结果

任务四　财务报表分析

一、编制科目汇总表

 任务描述

① 根据"记账凭证清单"工作表，在"科目汇总表"工作表中的 A3 单元格建立数据透视表，编制科目汇总表。

② 按总账科目对"借方金额"和"贷方金额"进行求和统计。

③ 将 A3：C3 和 A48 单元格设置垂直居中且水平居中，并修改字段名称为"总账科目""借方""贷方""本月合计"。

④ 将"记账凭证清单"工作表中的 K2：K49 单元格区域添加到自定义序列，并对透视表中的"总账科目"按照这个自定义序列排序。

⑤ 将金额区域设置成数值格式（保留 2 位小数，使用千位分隔符，负数用带负号的红字表示）。

⑥ 为数据透视表插入日期切片器，并筛选出 10 月 10 日的数据。

⑦ 将前 3 行冻结窗格。

 任务资料

教材配套资源/项目三/编制科目汇总表（答题文件）.xlsx 文件。

 操作流程

① 打开"编制科目汇总表（答题文件）.xlsx"，单击"编制科目汇总表"工作表标签。

② 单击"记账凭证清单"工作表，选中数据区域任一单元格，单击"插入"→"数据透视表"；在弹出的"创建数据透视表"对话框中，选中"现有工作表"；在下方

文本框中选中"科目汇总表"工作表的 A3 单元格,单击"确定",如图 3-4-1 所示。

图 3-4-1　插入数据透视表

③ 在"数据透视表"字段列表窗格中,将"总账科目"拖动至"行"区域,将"借方金额"和"贷方金额"拖动至"值"区域,如图 3-4-2 所示。

图 3-4-2　设置数据透视表字段

④ 将 B3 单元格内容修改为"借方",将 C3 单元格内容修改为"贷方",将 A48 单元格内容修改为"本月合计";同时选中上述三个单元格,单击"开始"→"垂直居中"→"水平居中",如图 3-4-3 所示。

图 3-4-3　设置对齐方式

⑤ 单击"文件"→"选项"→"自定义序列",在"从单元格导入序列"下的文本框中选中"记账凭证清单"工作表的 K2:K49 区域,单击"导入"→"确定",如图 3-4-4 所示。

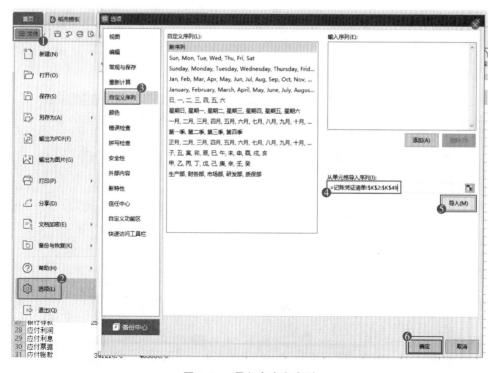

图 3-4-4　导入自定义序列

⑥ 单击"总账科目"旁的下拉按钮，单击"其他排序选项"；在弹出的"排序（总账科目）"对话框中，选中"升序排序（A 到 Z）依据"，并单击"其他选项"；在弹出的"其他排序选项（总账科目）"对话框中，取消勾选"每次更新报表时自动排序"，单击"主关键字排序次序"旁的下拉箭头，选择步骤⑤中添加的序列，单击"确定"，回到"排序（总账科目）"对话框，再次单击"确定"，如图 3-4-5 所示。

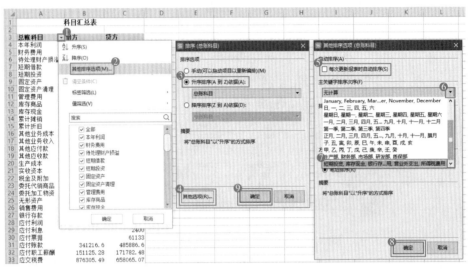

图 3-4-5　对总账科目排序

⑦ 选中数据透视表中金额单元格区域，按【Ctrl】+【1】组合键，弹出"单元格格式"对话框，在"数字"选项卡下的"分类"中单击"数值"，"小数位数"调整为"2"，勾选"使用千位分隔符"，在"负数"下的文本框中单击带负号的红字，单击"确定"，如图 3-4-6 所示。

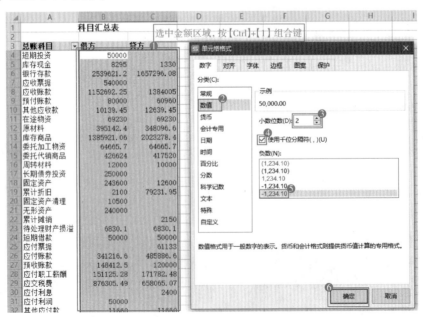

图 3-4-6　设置数字格式

⑧ 单击"分析"→"插入切片器",在"插入切片器"对话框中勾选"日期",单击"确定";在日期切片器中单击"2024/10/10",对数据透视表进行筛选,如图3-4-7所示。

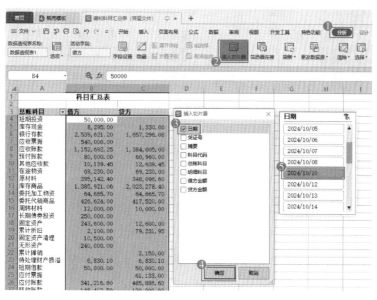

图 3-4-7　插入日期切片器并筛选

⑨ 选中第4行或第4行的数据区域,单击"视图"→"冻结窗格"→"冻结至第3行",如图3-4-8所示。

图 3-4-8　冻结窗格

编制科目汇总表操作结果如图3-4-9所示。

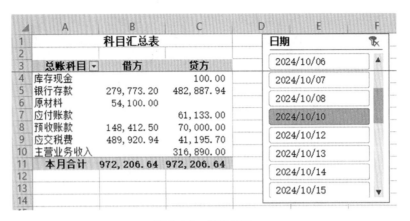

图 3-4-9　操作结果

二、偿债能力分析

任务描述

① 根据"资产负债表""利润表""现金流量"三个工作表，使用公式计算 2024 年和 2023 年两年的偿债能力各项指标。

② 创建标题为"对比分析流动比率、速动比率和现金比率"的带数据标记的折线图，对比分析两年的流动比率、速动比率和现金比率，并修改图例名称为"2024 年"和"2023 年"。

任务资料

教材配套资源/项目三/偿债能力分析（答题文件）.xlsx 文件。

操作流程

① 打开"偿债能力分析（答题文件）.xlsx"，单击"偿债能力分析"工作表标签。

② 在 C3 单元格中输入公式"=资产负债表!B15/资产负债表!E16"，按【Enter】键；

在 C4 单元格中输入公式"=(资产负债表!B15-资产负债表!B12-资产负债表!B13-资产负债表!B14)/资产负债表!E16"，按【Enter】键；

在 C5 单元格中输入公式"=资产负债表!B5/资产负债表!E16"，按【Enter】键；

在 C6 单元格中输入公式"=现金流量表!B14/资产负债表!E16"，按【Enter】键；

在 C7 单元格中输入公式"=资产负债表!E26/资产负债表!B35"，按【Enter】键；

在 C8 单元格中输入公式"=资产负债表!E26/资产负债表!E34"，按【Enter】键；

在 C9 单元格中输入公式"=资产负债表!B35/资产负债表!E34"，按【Enter】键；

在 C10 单元格中输入公式"=资产负债表!E25/(资产负债表!E25+资产负债表!E34)"，按【Enter】键；

在 C11 单元格中输入公式"=(利润表!B27+利润表!B11+利润表!B26)/利润表!B11"，按【Enter】键；

将公式填充至 D3：D11 单元格区域，如图 3-4-10 所示。

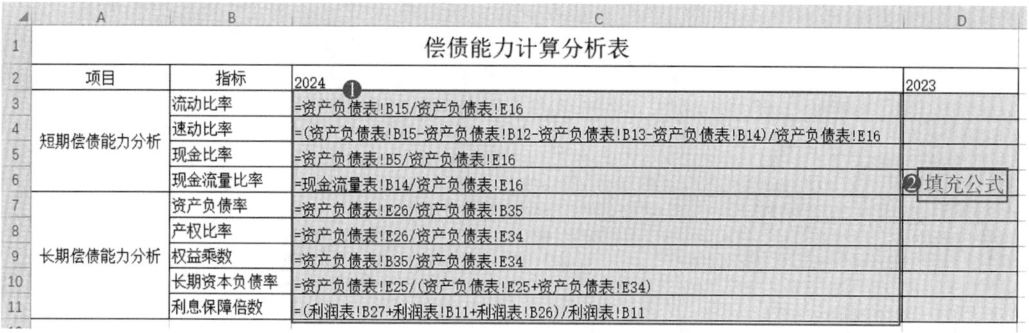

	A	B	C	D
1			偿债能力计算分析表	
2	项目	指标	2024 ❶	2023
3	短期偿债能力分析	流动比率	=资产负债表!B15/资产负债表!E16	
4		速动比率	=(资产负债表!B15-资产负债表!B12-资产负债表!B13-资产负债表!B14)/资产负债表!E16	
5		现金比率	=资产负债表!B5/资产负债表!E16	❷填充公式
6		现金流量比率	=现金流量表!B14/资产负债表!E16	
7	长期偿债能力分析	资产负债率	=资产负债表!E26/资产负债表!B35	
8		产权比率	=资产负债表!E26/资产负债表!E34	
9		权益乘数	=资产负债表!B35/资产负债表!E34	
10		长期资本负债率	=资产负债表!E25/(资产负债表!E25+资产负债表!E34)	
11		利息保障倍数	=(利润表!B27+利润表!B11+利润表!B26)/利润表!B11	

图 3-4-10　计算偿债能力分析相关数据

③ 选中 B3：D5 单元格区域，单击"插入"→"插入折线图"→"带数据标记的折线图"，双击图表上的标题，将标题修改为"对比分析流动比率、速动比率和现金比率"，如图 3-4-11 所示。

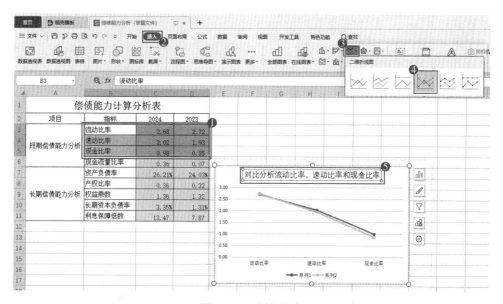

图 3-4-11　插入图表

④ 单击图表任意位置，单击"图表工具"→"选择数据"；在弹出的"编辑数据源"对话框中，单击"系列 1"→"编辑"；在弹出的"编辑数据系列"对话框中的"系列名称"中输入"2024 年"，单击"确定"；同理设置系列 2 名称为"2023 年"，单击"确定"，如图 3-4-12 所示。

图 3-4-12 编辑图表数据

成果展示

偿债能力分析操作结果如图 3-4-13 所示。

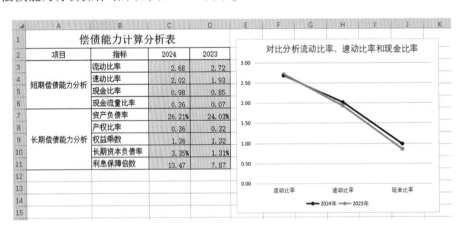

图 3-4-13 偿债能力分析操作结果

从操作结果可以看出，2024 年的流动比率略低于 2023 年，但是 2024 年的速动比率和现金比率均高于 2023 年，而且现金比率的增加幅度也高于速动比率。这说明，现金比率评价企业的短期偿债能力更加谨慎，速动比率次之。这是因为现金比率仅考虑现金类资产，速动比率考虑现金类资产加上可以快速变现的资产。流动资产包括现金类资产、快速变现资产和存货等所有流动资产。

三、营运能力分析

任务描述

① 根据"资产负债表""利润表"两张工作表，使用公式计算 2024 年和 2023 年两年的营运能力各项指标。

② 创建标题为"营运能力差异分析图"的二维簇状柱形图，分析各指标的差异值，并为图表在内部添加数据标签。

任务资料

教材配套资源/项目三/营运能力分析（答题文件）.xlsx 文件。

操作流程

① 打开"营运能力分析（答题文件）.xlsx"，单击"营运能力分析"工作表标签。

② 在 B3 单元格中输入公式"=利润表!B4/((资产负债表!B8+资产负债表!B9+资产负债表!C8+资产负债表!C9)/2)"，按【Enter】键；

在 B4 单元格中输入公式"=利润表!B5/((资产负债表!B12+资产负债表!C12)/2)"，按【Enter】键；

在 B5 单元格中输入公式"=利润表!B4/((资产负债表!B15+资产负债表!C15)/2)"，按【Enter】键；

在 B6 单元格中输入公式"=利润表!B4/((资产负债表!B34+资产负债表!C34)/2)"，按【Enter】键；

在 B7 单元格中输入公式"=利润表!B4/((资产负债表!B35+资产负债表!C35)/2)"，按【Enter】键；

C3:C7 单元格区域的公式参照 B3:B7 区域的公式计算 23 年数据，在 D3 单元格中输入公式"=B3-C3"，按【Enter】键，将公式填充至 D7 单元格区域，如图 3-4-14 所示。

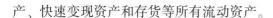

图 3-4-14　计算营运能力分析相关数据

③ 选中 A2:A7、D2:D7 单元格区域，单击"插入"→"插入柱状图"→"簇状柱形图"，双击图表标题，将标题修改为"营运能力差异分析图"；单击"图表元素"图标，单击"数据标签"旁的下拉箭头，在下拉列表中选择"数据标签内"，如图 3-4-15 所示。

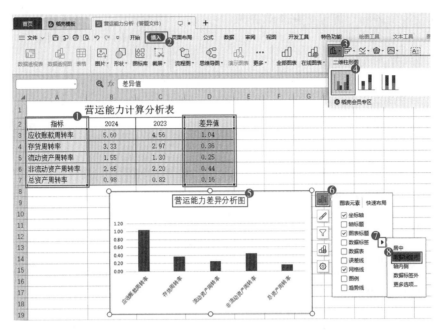

图 3-4-15 插入图表

成果展示

营运能力分析操作结果如图 3-4-16 所示。

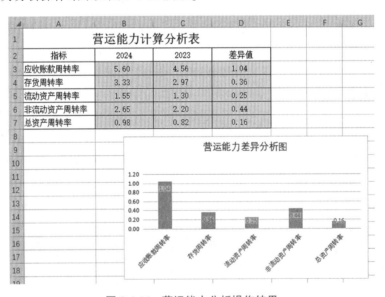

图 3-4-16 营运能力分析操作结果

通过图"营运能力差异分析图"可以看出，差异值均为正数，这说明 2024 年各营运能力指标比 2023 年都有所提高，2024 年企业的资产管理更加合理，资产利用率更高效，企业盈利能力增强。

具体分析如下：2024 年企业应收账款周转率较 2023 年增长明显，这说明 2024 年应收账款收账期变短，变现的速度加快，降低了坏账的风险；非流动资产周转率增长也较明显,这说明企业在 2024 年加强了非流动资产的管理,使得非流动资产的利用率得到提高;存货周转率也相对提高了一些,这说明 2024 年的销售能力增强。

四、盈利能力分析

任务描述

① 根据"资产负债表""利润表"两张工作表,使用公式计算 2024 年和 2023 年两年的盈利能力各项指标。

② 创建标题为"盈利能力分析图"的带数据标记的折线图,对比分析两年各指标的数据,并修改图例名称为"2024 年"和"2023 年"。

任务资料

教材配套资源/项目三/盈利能力分析(答题文件).xlsx 文件。

操作流程

① 打开"盈利能力分析(答题文件).xlsx",单击"盈利能力分析"工作表标签。

② 在 C3 单元格中输入公式"=(利润表!B4−利润表!B5)/利润表!B4",按【Enter】键;

在 C4 单元格中输入公式"=利润表!B27/利润表!B4",按【Enter】键;

在 C5 单元格中输入公式"=利润表!B22/利润表!B4",按【Enter】键;

在 C6 单元格中输入公式"=(利润表!B27+利润表!B11+利润表!B26)/((资产负债表!B35+资产负债表!C35)/2)",按【Enter】键;

在 C7 单元格中输入公式"=利润表!B27/((资产负债表!B35+资产负债表!C35)/2)",按【Enter】键;

在 C8 单元格中输入公式"=利润表!B27/((资产负债表!E34+资产负债表!F34)/2)",按【Enter】键;

在 C9 单元格中输入公式"=利润表!B27/资产负债表!E34",按【Enter】键;

2023 年计算公式可以参照 2024 年公式书写,如图 3-4-17 所示。

	C	D
1	盈利能力计算分析表	
2	2024	2023
3	=(利润表!B4−利润表!B5)/利润表!B4	=(利润表!C4−利润表!C5)/利润表!C4
4	=利润表!B27/利润表!B4	=利润表!C27/利润表!C4
5	=利润表!B22/利润表!B4	=利润表!C22/利润表!C4
6	=(利润表!B27+利润表!B11+利润表!B26)/((资产负债表!B35+资产负债表!C35)/2)	=(利润表!C27+利润表!C11+利润表!C26)/((资产负债表!C35+资产负债表!I9)/2)
7	=利润表!B27/((资产负债表!B35+资产负债表!C35)/2)	=利润表!C27/((资产负债表!C35+资产负债表!I9)/2)
8	=利润表!B27/((资产负债表!E34+资产负债表!F34)/2)	=利润表!C27/((资产负债表!F34+资产负债表!I10)/2)
9	=利润表!B27/资产负债表!E34	=利润表!C27/资产负债表!F34

图 3-4-17 计算盈利能力分析相关数据

③ 选中 B3:D9 单元格区域,单击"插入"→"插入折线图"→"带数据标记的折线图",双击图表上的标题,将标题修改为"盈利能力分析图",如图 3-4-18 所示。

图 3-4-18 插入图表

④ 单击图表任意位置,单击"图表工具"→"选择数据";在弹出的"编辑数据源"对话框中,单击"系列 1"→"编辑";在弹出的"编辑数据系列"对话框中的"系列名称"中输入"2024 年",单击"确定";同理设置系列 2 名称为"2023 年",单击"确定",如图 3-4-19 所示。

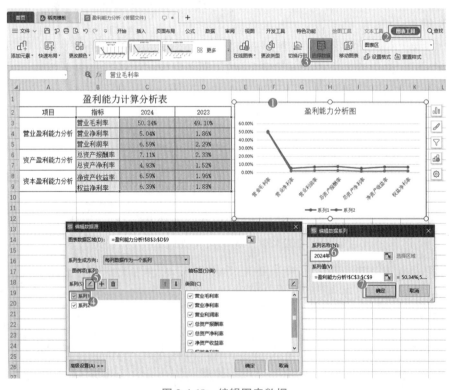

图 3-4-19 编辑图表数据

成果展示

盈利能力分析操作结果如图 3-4-20 所示。

项目三　电子表格在会计中的应用　139

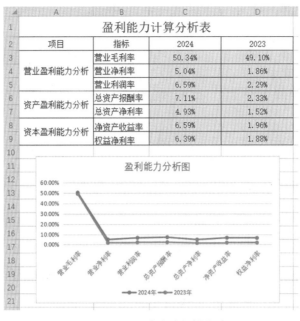

图 3-4-20　盈利能力分析操作结果

通过"盈利能力分析图"可以看出，该公司 2024 年的盈利能力指标均高于 2023 年，说明该公司的销售能力、总资产的运用效率，以及自有资金的使用效率均有所提高。

另外，除"营业毛利率"在 50% 左右外，其他的盈利能力指标都在 10% 以内，这是由于营业毛利率没有考虑相关期间费用、税金及附加和非经常性损益项目。

五、发展能力分析

 任务描述

① 根据"资产负债表""利润表"两张工作表，使用公式计算 2024 年和 2023 年两年的发展能力各项指标。

② 创建标题为"发展能力差异分析图"的二维簇状柱形图，分析各指标两年的数据对比情况，并将图例系列分别修改为"2024 年"和"2023 年"，为图表在外部添加数据标签。

 任务资料

教材配套资源/项目三/发展能力分析（答题文件）.xlsx 文件。

 操作流程

① 打开"发展能力分析（答题文件）.xlsx"，单击"发展能力分析"工作表标签。

② 在 C3 单元格中输入公式"=（利润表!B4-利润表!C4）/利润表!C4"，按【Enter】键；

在 C4 单元格中输入公式"=(资产负债表!B35-资产负债表!C35)/资产负债表!C35",按【Enter】键;

在 C5 单元格中输入公式"=(资产负债表!E34-资产负债表!F34)/资产负债表!F34",按【Enter】键;

在 C6 单元格中输入公式"=(利润表!B22-利润表!C22)/利润表!C22",按【Enter】键;

在 C7 单元格中输入公式"=(利润表!B27-利润表!C27)/利润表!C27",按【Enter】键;

2023 年相关计算公式可参照 2024 年公式书写,如图 3-4-21 所示。

	C	D
1	发展能力计算分析表	
2	2024	2023
3	=(利润表!B4-利润表!C4)/利润表!C4	=(利润表!C4-利润表!D4)/利润表!D4
4	=(资产负债表!B35-资产负债表!C35)/资产负债表!C35	=(资产负债表!C35-资产负债表!I9)/资产负债表!I9
5	=(资产负债表!E34-资产负债表!F34)/资产负债表!F34	=(资产负债表!F34-资产负债表!I10)/资产负债表!I10
6	=(利润表!B22-利润表!C22)/利润表!C22	=(利润表!C22-利润表!D22)/利润表!D22
7	=(利润表!B27-利润表!C27)/利润表!C27	=(利润表!C27-利润表!D27)/利润表!D27

图 3-4-21 计算发展能力分析相关数据

③ 选中 B3:D7 单元格区域,单击"插入"→"插入柱形图"→"簇状柱形图",双击图表上的标题,将标题修改为"发展能力差异分析图",单击"图表元素"图标,单击"数据标签"旁的下拉箭头,在下拉列表中选择"数据标签外",如图 3-4-22 所示。

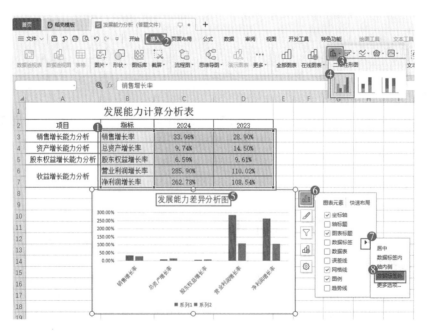

图 3-4-22 插入图表

④ 单击图表任意位置，单击"图表工具"→"选择数据"；在弹出的"编辑数据源"对话框中，单击"系列 1"→"编辑"；在弹出的"编辑数据系列"对话框中的"系列名称"中输入"2024 年"，单击"确定"；同理设置系列 2 名称为"2023 年"，单击"确定"，如图 3-4-23 所示。

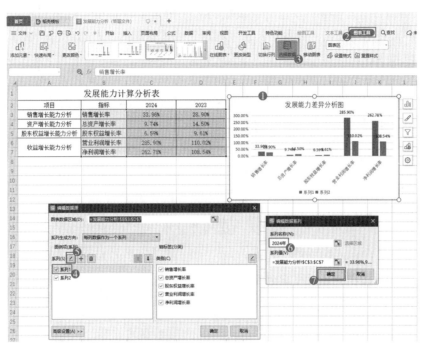

图 3-4-23 编辑图表数据

成果展示

发展能力分析操作结果如图 3-4-24 所示。

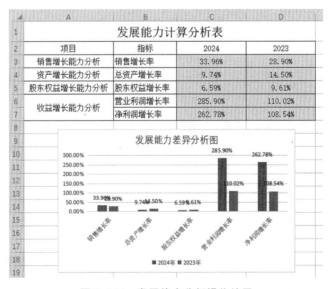

图 3-4-24 发展能力分析操作结果

通过"发展能力差异分析图"可以看出，该公司2024年和2023年的发展能力指标都是正增长。该公司的收益增长能力指标包括营业利润增长率和净利润增长率。

首先，分析该公司的营业利润增长率。由图3-4-24可知，2024年和2023年的营业利润增长率分别是285.90%、110.02%，而该公司这两年的销售增长率分别是33.96%、28.90%。由此看出，营业利润上升幅度始终大于销售上升幅度。这表明该公司近两年营业收入一直在不断增长，而且增长速度超过了成本费用的上升速度，反映了该公司良好的稳定性和效益性。

其次，分析该公司的净利润增长率。由图3-4-24可知，2024年和2023年的净利润增长率分别是262.78%、108.54%，这说明该公司的净利润在持续增加。结合营业利润增长率来看，净利润的上升幅度略低于营业利润增长率。由于所得税税率保持一致，净利润的幅度略低于营业利润的上升幅度受到营业外支出项目的影响，但是影响相对不大。这表明该公司净利润也具有良好的效益性。

实战演练

1. 根据任务要求，完成"应付账款付款测算表"的处理（图3-5-1）

任务描述：请根据发票清单相关数据，按照要求进行应付账款付款测算。

① 使用高级筛选去掉表中重复数据。

② 使用EOMONTH函数计算"到期日"［公司应付账款的付款到期日为合同生效（或发开票日期）2个月后的下个月的7日］。

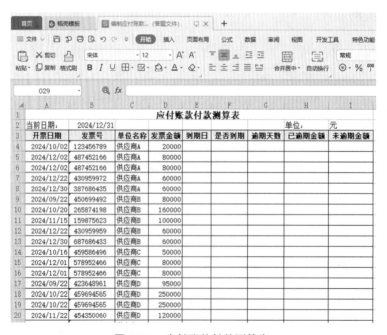

图3-5-1 应付账款付款测算表

③ 使用 IF 函数判断"是否到期"(若"当前日期"大于"到期日",则显示"到期",否则显示"未到期")。

④ 使用公式计算"逾期天数"(逾期天数=当前日期−到期日)。

⑤ 使用 IF 函数计算"已逾期金额"和"未逾期金额"(若应付账款已到期,则在"已逾期金额"列显示到期的发票金额,否则,在"未逾期金额"列显示未到期的发票金额)。

⑥ 确保 A3:I25 单元格区域有黑色细线边框。

2. 根据任务要求,完成"销售记录汇总表"的处理(图 3-5-2)

任务描述:请根据数据清单,按照要求对销售记录汇总表进行汇总分析。本题所考核函数包括 IF、SUMIF,根据需要可以单独使用也可嵌套使用,不得使用其他函数答题。

① 在 F1 单元格中输入列名"产品名称明细"。

② 用公式输入 F2:F86 区域内容,该区域内容为"系列"和"产品名称"的组合,中间用"−"连接,格式如"曲奇饼干−手工曲奇(草莓)"。

③ 用函数计算"折扣"列内容,折扣标准如下:同一个订单号的销售额合计小于 500 元(不含)无折扣,500 元(含)—1000 元(不含)95 折,1000 元(含)以上 9 折。无折扣用数字 1 表示,95 折用数字 0.95 表示,9 折用数字 0.9 表示。

④ 用公式计算交易金额,交易金额=销售额×折扣。

⑤ 使用条件格式,将 K2:K86 区域折扣为 9 折的单元格设置为绿填充色、深绿色文本。

图 3-5-2 销售记录汇总表

3. 根据任务要求,完成"固定资产卡片"的处理(图 3-5-3)

任务描述:根据"固定资产分类信息表"对固定资产卡片进行统计分析。本题所考核函数为 VLOOKUP、SUMIF、IF 及对应的固定资产函数,不可使用其他函数。

① 利用函数，完成"固定资产卡片"中"可使用年限""残值率""折旧方法"三列数据的填写。

② 根据"原值*残值率=残值"的计算关系，完成"残值"数据的计算。

③ 利用函数及相应的固定资产折旧函数嵌套，完成"年折旧额"的计算。

④ 使用函数，在 C25 单元格统计"机修车间"的固定资产本年折旧额合计。

图 3-5-3　固定资产卡片

4. 根据任务要求，完成"资产负债表分析"的处理（图 3-5-4）

任务描述：根据相关数据，按照如下要求完成资产负债表分析。本题所考核函数为

图 3-5-4　资产负债表分析

ABS、ROUND、VLOOKUP、IF，可以根据情况单独试用，也可以嵌套试用，不可使用其他函数答题，计算结果均不显示 0 值。

① 使用函数补全"期末数""期初数""变动率""对总额的影响"四列的数据。

② 使用公式计算"变动额"的数据。

③ 使用函数进行"变动额（绝对值）""变动率（绝对值）""对总额的影响（绝对值）"三列绝对值转换。

④ 补充"变动额绝对值排名前五的资产项目""变动率绝对值排名前五的资产项目""资产变动额对总额的影响绝对值排名前五的资产项目"相应数据。

⑤ 对资产变动情况和相关风险做出判断，选择正确的表述。

5. 根据任务要求，完成"利润表分析"的处理（图 3-5-5）

任务描述：根据相关数据，按照如下要求完成利润表分析。本题所考核函数为 ABS、ROUND、VLOOKUP，可以根据情况单独试用，也可以嵌套试用，不可使用其他函数答题。

① 使用函数补全"2024 年""2023 年"相关数据。

② 使用公式计算"变动额"的数据。

③ 使用函数计算"变动率""变动率绝对值"数据，其中变动率需要用函数进行四舍五入，保留 4 位小数。

④ 针对利润表项目水平变动情况进行分析，选出一项正确表述。

图 3-5-5 利润表分析

项目四

电子表格在进销存中的应用

素质目标　● 具备爱岗敬业、诚实守信、精益求精、办事公正的意识与品质，拥有专业岗位的职业道德、职业能力及职业品质

知识目标　● 了解电子表格在采购管理、销售管理、库存管理方面的应用

技能目标　● 熟练掌握电子表格 SUMIFS、INDEX、MATCH、SUMPRODUCT 等函数的用法

任务一　采购管理

一、编制购进货物明细表

任务描述

① 使用公式将"名称型号"数据补全。
② 使用公式计算"金额"。

任务资料

教材配套资源/项目四/编制购进货物明细表（答题文件）.xlsx 文件。

操作流程

① 打开"编制购进货物明细表（答题文件）.xlsx"，单击"购进货物明细表"工作表标签。

② 在 E3 单元格中输入公式"=C3&D3"，按【Enter】键；在 I3 单元格中输入公式"=G3*H3"，按【Enter】键；将公式填充至其他区域，如图 4-1-1 所示。

购进货物明细表

单号	企业名称	名称	型号	名称型号	交易日期	数量	单价	金额
G0401	湛江市燕坐科技股份有限公司	集成主板	JWD-6W9	① =C3&D3	45627	53	7295.05	② =G3*H3
G0402	韶关市诸生科技有限公司	定制外壳	透明型		45627	97	19036	
G0403	佛山市梅铬贸易集团	温控检测	PCBA-9212		45627	9	87.53	
G0404	阳江市舒兔科技集团	传感雷达	YHE-3		45627	46	1730.71	
G0405	深圳市弘通贸易有限公司	授权模块	HYE-134	③ 填充公式	45627	15	567.32	
G0406	韶关市侯轨贸易集团	中央芯片	XMK-28		45627	61	1660.65	
G0407	广州市盛状贸易有限公司	授权模块	KBW-95		45633	54	125.43	
G0408	深圳市荀味贸易集团	中央芯片	XMRWK-69		45633	47	3729.4	
G0409	湛江市郭共贸易股份有限公司	温控检测	PCBA-92		45633	99	201.79	
G0410	珠海市范槐科技有限公司	制动装置	碟刹Φ30mm-2304		45633	85	15253.36	
G0411	清远市阎赵科技集团	网络模块组	WIFI5		45633	86	301.61	
G0412	广州市董佳科技集团	制动装置	碟刹Φ30mm-FD14		45638	88	36214.46	
G0413	珠海市衡石科技集团	集成主板	EHD-09		45638	92	6532.25	
G0414	清远市夏姐贸易股份有限公司	定位模块组	IDJ-集成-3		45638	74	572.05	
G0415	湛江市庾忍贸易有限公司	显示屏幕	10寸		45641	44	142.07	
G0416	江门市米况贸易有限公司	防滑轮	Φ50mm-Q954		45642	95	3724.01	
G0417	深圳市康姗贸易有限公司	防滑轮	Φ50mm-G52		45642	17	361.2	
G0418	茂名市咸亦科技股份有限公司	集成主板	EHD-86W		45642	17	6366.66	

图 4-1-1　计算购进货物明细表相关数据

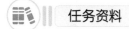

成果展示

编制购进货物明细表操作结果如图 4-1-2 所示。

购进货物明细表

单号	企业名称	名称	型号	名称型号	交易日期	数量	单价	金额
G0401	湛江市燕坐科技股份有限公司	集成主板	JWD-6W9	集成主板JWD-6W9	2024年12月1日	53	7,295.05	386637.65
G0402	韶关市诸生科技有限公司	定制外壳	透明型	定制外壳透明型	2024年12月1日	97	19,036.00	1846492.00
G0403	佛山市梅铬贸易集团	温控检测	PCBA-9212	温控检测PCBA-9212	2024年12月1日	9	87.53	787.77
G0404	阳江市舒兔科技集团	传感雷达	YHE-3	传感雷达YHE-3	2024年12月1日	46	1,730.71	79612.66
G0405	深圳市弘通贸易有限公司	授权模块	HYE-134	授权模块HYE-134	2024年12月1日	15	567.32	8509.80
G0406	韶关市侯轨贸易集团	中央芯片	XMK-28	中央芯片XMK-28	2024年12月1日	61	1,660.65	101299.65
G0407	广州市盛状贸易有限公司	授权模块	KBW-95	授权模块KBW-95	2024年12月7日	54	125.43	6773.22
G0408	深圳市荀味贸易集团	中央芯片	XMRWK-69	中央芯片XMRWK-69	2024年12月7日	47	3,729.40	175281.80
G0409	湛江市郭共贸易股份有限公司	温控检测	PCBA-92	温控检测PCBA-92	2024年12月7日	99	201.79	19977.21
G0410	珠海市范槐科技有限公司	制动装置	碟刹Φ30mm-2304	制动装置碟刹Φ30mm-2304	2024年12月7日	85	15,253.36	1296535.60
G0411	清远市阎赵科技集团	网络模块组	WIFI5	网络模块组WIFI5	2024年12月7日	86	301.61	25938.46
G0412	广州市董佳科技集团	制动装置	碟刹Φ30mm-FD14	制动装置碟刹Φ30mm-FD14	2024年12月12日	88	36,214.46	3186872.48
G0413	珠海市衡石科技集团	集成主板	EHD-09	集成主板EHD-09	2024年12月12日	92	6,532.25	600967.00
G0414	清远市夏姐贸易股份有限公司	定位模块组	IDJ-集成-3	定位模块组IDJ-集成-3	2024年12月12日	74	572.05	42331.70
G0415	湛江市庾忍贸易有限公司	显示屏幕	10寸	显示屏幕10寸	2024年12月15日	44	142.07	6251.08
G0416	江门市米况贸易有限公司	防滑轮	Φ50mm-Q954	防滑轮Φ50mm-Q954	2024年12月16日	95	3,724.01	353780.95
G0417	深圳市康姗贸易有限公司	防滑轮	Φ50mm-G52	防滑轮Φ50mm-G52	2024年12月16日	17	361.20	6140.40
G0418	茂名市咸亦科技股份有限公司	集成主板	EHD-86W	集成主板EHD-86W	2024年12月16日	17	6,366.66	108233.22

图 4-1-2　编制购进货物明细表操作结果

二、采购统计分析

任务描述

① 为”购进货物明细表”工作表中的 E2:I53 单元格区域以首行定义名称。

② 根据“购进货物明细表”工作表，使用 SUMIF 函数结合上述的定义名称计算出 C3:C33 单元格区域数据。

任务资料

教材配套资源/项目四/采购统计分析（答题文件）.xlsx 文件。

操作流程

① 打开"采购统计分析(答题文件).xlsx",单击"采购统计分析"工作表标签。

② 在"购进货物明细表"工作表中,选中 E2:I53 单元格区域,单击"公式"→"指定",在弹出的"指定名称"对话框中,取消勾选"最左列"复选框,单击"确定",如图 4-1-3 所示。

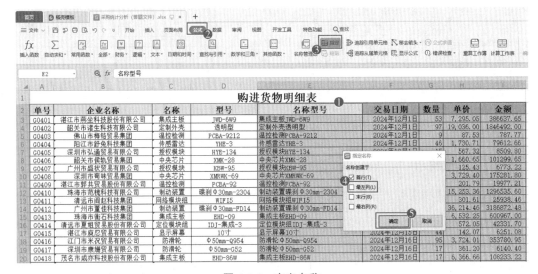

图 4-1-3 定义名称

③ 在"采购统计分析"工作表中的 C3 单元格中输入公式"=SUMIF(名称型号,B3,金额)",按【Enter】键,向下填充公式,如图 4-1-4 所示。

图 4-1-4 计算采购统计分析相关数据

 **成果展示**

采购统计分析操作结果如图 4-1-5 所示。

项目四 电子表格在进销存中的应用 149

编号	问题	答案
1	请依次填写本公司本月采购下列产品的金额	— —
	监控模块组P6GG68*2	1898.20
	音响组HIF高音	366868.50
	授权模块HYE-16	31610.88
	防滑轮Φ50mm-J48	44532.88
	红外探测器FGU-88113	14948.64
	授权模块HYE-134	8509.80
	定位模块组IGJ-集成-65	459250.74
	防滑轮Φ50mm-Q954	353780.95
	中央芯片XMK-28	101299.65
	传感雷达YHE-3	79612.66
	监控模块组P268*2	1453.95
	电机博美Ⅲ型	601185.96
	网络模块组WIFI5	25938.46

图 4-1-5 采购统计分析操作结果

任务二 销售管理

一、编制销售订单表

知识链接

INDEX 和 MATCH 是两个功能强大的函数，它们通常一起用于查找和引用数据。

1. INDEX 函数

INDEX 函数返回表格或数组中的值，该值由行号和列号的索引确定。

语法：

=INDEX(数组,行序数,[列序数],[区域序数])

参数：

数组：单元格区域或数组常量。

行序数：数组或引用中要返回值的行序号。若忽略，则列序数不为空。

列序数：可选参数，数组或引用中要返回值的列序号。若忽略，则行序数不为空。

区域序数：可选参数，对一个或多个单元格区域的引用。

示例：

假设有一个 3×3 的表格 A1:C3，若要返回第 2 行第 3 列的值（即 C2），可以使用：

=INDEX(A1:C3,2,3)

2. MATCH 函数

MATCH 函数搜索指定项与指定数组的项进行匹配，并返回该项在数组中的相对位置。

语法：

MATCH(查找值,查找区域,[匹配类型])

参数：

查找值：要搜索的值。

查找区域：要搜索的数组。

匹配类型：可选参数。（0 或省略：精确匹配；1：小于或等于查找值的最大值；-1：大于或等于查找值的最小值。）

示例：

假设有一个列表 A1:A5，包含值 1、2、3、4、5，想找到值 3 的位置，可以使用：

=MATCH(3,A1:A5,0)

结果返回 3，因为 3 在 A1:A5 中的位置是 3。

3. INDEX 和 MATCH 函数组合使用

当需要根据一个条件来查找并返回一个值时，可以将这两个函数组合使用。

语法：

INDEX(数组,MATCH(查找值,查找数组,[匹配类型]),[返回值类型])

参数：

数组：用户想从中返回值的数组。

查找值：用户想在数组中匹配的值。

查找数组：用户想搜索的数组。

匹配类型：同 MATCH 函数的。

返回值类型：可选参数。

示例：

假设有一个员工名单在 A1:A10，若要根据 B1 中的员工姓名找到对应的员工 ID 在 C1:C10 中的位置，可以使用：

=INDEX(C1:C10,MATCH(B1,A1:A10,0))

结果返回与 B1 中姓名匹配的员工的 ID。

这两个函数的组合使用非常灵活，可以解决许多复杂的数据查找和引用问题。

任务描述

① 为"销售产品清单"工作表中 B2:E410 单元格区域定义名称为"销售产品清单"。

② 根据"远程支持服务促销价格表"，使用 INDEX 和 MATCH 函数计算"单价"。

③ 根据"销售产品清单"工作表，使用 VLOOKUP 函数结合任务①中定义的名称计算"数量"。

④ 使用公式计算"金额"。

任务资料

教材配套资源/项目四/编制销售订单表（答题文件）.xlsx 文件。

 操作流程

① 打开"编制销售订单表(答题文件).xlsx",单击"销售订单表"工作表标签。

② 选中"销售产品清单"工作表中 B2:E410 单元格区域,单击"公式"→"名称管理器";在弹出的"名称管理器"对话框中单击"新建";在弹出的"新建名称"对话框中的名称文本框中输入"销售产品清单",单击"确定",回到"名称管理器"对话框,单击"关闭",如图 4-2-1 所示。

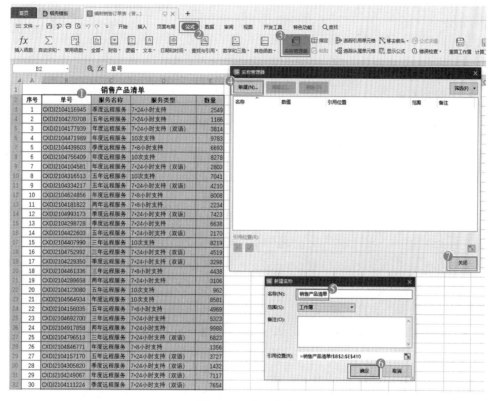

图 4-2-1 定义名称

③ 在"销售订单表"工作表的 K3 单元格中输入公式:"=INDEX($P$3:$S$7,MATCH(I3,$O$3:$O$7,0),MATCH(J3,$P$2:$S$2,0))",按【Enter】键;

在 L3 单元格中输入公式"=VLOOKUP(H3,销售产品清单,4,0)",按【Enter】键;

在 M3 单元格中输入公式"=K3*L3",按【Enter】键;

将公式向下填充至其他区域,如图 4-2-2 所示。

销售订单表			
类型	单价	数量	金额合计
7*24小时支持	① =INDEX($P$3:$S$7,MATCH(I3,$O$3:$O$7,0),MATCH(J3,$P$2:$S$2,0))	② =VLOOKUP(H3,销售产品清单,4,0)	③ =K3*L3
7*24小时支持			
7*24小时支持（双语）			
10次支持			
7*8小时支持			
10次支持			
7*24小时支持（双语）			
10次支持			
7*24小时支持（双语）			
7*8小时支持			
7*8小时支持			
7*24小时支持（双语）			
7*24小时支持			
7*24小时支持（双语）			
10次支持			
7*24小时支持（双语）			

④填充公式

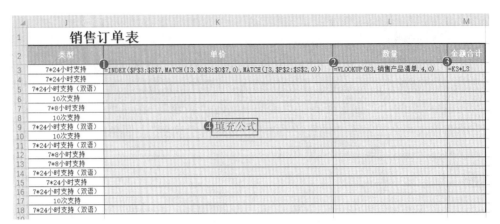

图 4-2-2 计算销售订单表相关数据

成果展示

编制销售订单表操作结果如图 4-2-3 所示。

销售订单表												
序号	区域	团队	渠道	职务	员工编号	姓名	销售单号	服务名称	类型	单价	数量	金额合计
1	南京团队	二组	电销	初级销售S2	HH22754	汪蓝蓝	CXDJ2104116945	季度远程服务	7*24小时支持	19800.00	2549	50,470,200.00
2	苏州团队	四组	网络	高级销售S7	HH17409	刘笑侠	CXDJ2104270708	五年远程服务	7*24小时支持	138000.00	1186	163,668,000.00
3	无锡团队	一组	电销	初级销售S1	HH89778	雷鸣明	CXDJ2104177939	年度远程服务	7*24小时支持（双语）	58000.00	3814	221,212,000.00
4	常州团队	一组	网络	初级销售S3	HH85763	李肖鹏	CXDJ2104471989	年度远程服务	10次支持	9800.00	9783	95,873,400.00
5	南通团队	一组	网络	中级销售S4	HH62821	巢里烩	CXDJ2104439503	季度远程服务	7*8小时支持	8000.00	6693	53,544,000.00
6	南通团队	三组	网络	初级销售S1	HH57961	姜子鸭	CXDJ2104756409	年度远程服务	10次支持	9800.00	8278	81,124,400.00
7	苏州团队	一组	电销	高级销售S7	HH76612	杨良十	CXDJ2104104581	年度远程服务	7*24小时支持（双语）	58000.00	2803	162,574,000.00
8	徐州团队	二组	线下	中级销售S4	HH63464	周黑丫	CXDJ2104316513	五年远程服务	10次支持	28000.00	7041	197,148,000.00
9	苏州团队	三组	电销	初级销售S2	HH97246	聂宝胜	CXDJ2104334217	五年远程服务	7*24小时支持（双语）	178000.00	4210	749,380,000.00
10	扬州团队	二组	电销	初级销售S3	HH51304	黄红绿	CXDJ2104624856	年度远程服务	7*8小时支持	18000.00	8008	144,144,000.00
11	镇江团队	二组	电销	高级销售S7	HH26361	薛月明	CXDJ2104181822	两年远程服务	7*8小时支持	48000.00	2234	107,232,000.00
12	淮安团队	二组	网络	高级销售S7	HH60149	利丽丽	CXDJ2104993173	季度远程服务	7*24小时支持（双语）	26800.00	7423	198,936,400.00
13	南京团队	三组	线下	高级销售S7	HH40897	毕永发	CXDJ2104298728	季度远程服务	7*24小时支持	19800.00	6638	131,432,400.00
14	南京团队	一组	电销	中级销售S5	HH91190	扈叁凉	CXDJ2104422603	五年远程服务	7*24小时支持（双语）	178000.00	2170	386,260,000.00
15	苏州团队	二组	网络	初级销售S2	HH65785	沈碧波	CXDJ2104407990	三年远程服务	10次支持	26800.00	8219	220,269,200.00
16	南通团队	一组	电销	中级销售S5	HH31175	权全全	CXDJ2104752992	三年远程服务	7*24小时支持（双语）	128000.00	4519	578,432,000.00

图 4-2-3 编制销售订单表操作结果

二、销售出库汇总表

任务描述

① 使用 VLOOKUP 函数补充每个销售员对应的“提成比率（%）”和“速算扣除数”。

② 使用公式计算“本月销售提成额”。

注：本月销售提成额=月销售额×提成比率（%）-速算扣除数

任务资料

教材配套资源/项目四/销售出库汇总表（答题文件）.xlsx 文件。

操作流程

① 打开“销售出库汇总表（答题文件）.xlsx”，单击“销售出库汇总表”工作表

标签。

② 在 E3 单元格中输入公式“=VLOOKUP(D3, $1$2: $K$9,2,1)”，按【Enter】键；
在 F3 单元格中输入公式“=VLOOKUP(D3, $1$2: $K$9,3,1)”，按【Enter】键；
在 G3 单元格中输入公式“=D3*E3-F3”，按【Enter】键；
将公式填充至其他区域，如图 4-2-4 所示。

	A	B	C	D	E	F	G
1	销售出库汇总表						
2	工号	姓名	部门	月销售额	① 提成比率（%）	② 速算扣除数	③ 本月销售提成额
3	CZGS001	宋小江	销售部	1200000	=VLOOKUP(D3,$I$2:$K$9,2,1)	=VLOOKUP(D3,$I$2:$K$9,3,1)	=D3*E3-F3
4	CZGS002	卢义	销售部	960000			
5	CZGS003	吴友用	销售部	776973			
6	CZGS004	公孙胜	销售部	950472			
7	CZGS005	关胜利	销售部	512949			
8	CZGS006	林冲亮	销售部	698021		④填充公式	
9	CZGS007	明月	销售部	144000			
10	CZGS008	呼延灼	销售部	200000			
11	CZGS009	花荣玉	销售部	803171			
12	CZGS010	柴米进	销售部	660000			
13	CZGS011	李应全	销售部	859954			
14	CZGS012	朱仝砼	销售部	661848			
15	CZGS013	鲁智深	销售部	307328			
16	CZGS014	武松树	销售部	176654			
17	CZGS015	董平平	销售部	569006			
18	CZGS016	清晨	销售部	777511			
19	CZGS017	杨永志	销售部	533424			
20	CZGS018	徐辽宁	销售部	621442			
21	CZGS020	戴宗坊	销售部	6795			
22	CZGS021	刘唐主	销售部	611513			
23	CZGS022	李逵武	销售部	740549			
24	CZGS023	史进来	销售部	53756			
25	CZGS024	穆弘志	销售部	898346			

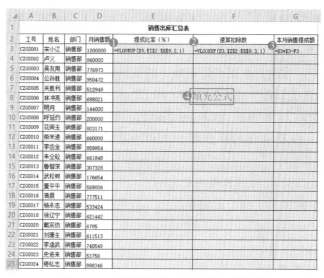

图 4-2-4　计算销售出库汇总表相关数据

成果展示

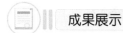

销售出库汇总表操作结果如图 4-2-5 所示。

	A	B	C	D	E	F	G
1	销售出库汇总表						
2	工号	姓名	部门	月销售额	提成比率（%）	速算扣除数	本月销售提成额
3	CZGS001	宋小江	销售部	1,200,000.00	45%	181,920.00	358,080.00
4	CZGS002	卢义	销售部	960,000.00	35%	85,920.00	250,080.00
5	CZGS003	吴友用	销售部	776,973.00	35%	85,920.00	186,020.55
6	CZGS004	公孙胜	销售部	950,472.00	35%	85,920.00	246,745.20
7	CZGS005	关胜利	销售部	512,949.00	30%	52,920.00	100,964.70
8	CZGS006	林冲亮	销售部	698,021.00	35%	85,920.00	158,387.35
9	CZGS007	明月	销售部	144,000.00	10%	2,520.00	11,880.00
10	CZGS008	呼延灼	销售部	200,000.00	20%	16,920.00	23,080.00
11	CZGS009	花荣玉	销售部	803,171.00	35%	85,920.00	195,189.85
12	CZGS010	柴米进	销售部	660,000.00	30%	52,920.00	145,080.00
13	CZGS011	李应全	销售部	859,954.00	35%	85,920.00	215,063.90
14	CZGS012	朱仝砼	销售部	661,848.00	35%	85,920.00	145,726.80
15	CZGS013	鲁智深	销售部	307,328.00	25%	31,920.00	44,912.00
16	CZGS014	武松树	销售部	176,654.00	20%	16,920.00	18,410.80
17	CZGS015	董平平	销售部	569,006.00	30%	52,920.00	117,781.80
18	CZGS016	清晨	销售部	777,511.00	35%	85,920.00	186,208.85
19	CZGS017	杨永志	销售部	533,424.00	30%	52,920.00	107,107.20
20	CZGS018	徐辽宁	销售部	621,442.00	30%	52,920.00	133,512.60
21	CZGS020	戴宗坊	销售部	6,795.00	3%	0.00	203.85
22	CZGS021	刘唐主	销售部	611,513.00	30%	52,920.00	130,533.90
23	CZGS022	李逵武	销售部	740,549.00	35%	85,920.00	173,272.15
24	CZGS023	史进来	销售部	53,756.00	10%	2,520.00	2,855.60
25	CZGS024	穆弘志	销售部	898,346.00	35%	85,920.00	228,501.10

图 4-2-5　销售出库汇总表操作结果

任务三 库存管理

一、编制库存清单

知识链接

SUMPRODUCT 函数的基本用法是在给定的几组数组中，将数组间对应的元素相乘，并返回乘积之和。在实际使用中，SUMPRODUCT 函数可以实现多条件计数、多条件求和等特殊用法以代替 COUNTIFS、SUMIFS 等函数，而且用起来甚至比 COUNTIFS、SUMIFS 函数更加灵活。接下来我们将介绍 SUMPRODUCT 函数的基本用法和常见的特殊用法。

1. SUMPRODUCT 函数的基本用法

SUMPRODUCT 函数用于在给定的数组中，将数组间对应的数据相乘，并返回乘积之和。

语法：

SUMPRODUCT(数组1，…)

参数：

数组1，…：1 到 30 个数组，SUMPRODUCT 函数能对其相应元素进行相乘并求和。

2. SUMPRODUCT 函数多条件计数

语法：

SUMPRODUCT((条件1)*(条件2)*(条件3)*…*(条件n))

此时 SUMPRODUCT 函数能统计同时满足条件1、条件2 到条件n 的记录的个数。

3. SUMPRODUCT 函数多条件求和

语法：

SUMPRODUCT((条件1)*(条件2)*(条件3)*…*(条件n)*某区域)

此时 SUMPRODUCT 函数将对同时满足条件1、条件2 到条件n 的记录的指定单元格区域进行求和。

任务描述

① 根据"库存表"工作表，使用 SUMPRODUCT 函数计算"单价（元）"。
② 使用 ROUND 函数计算"金额（元）"，保留 2 位小数。

任务资料

教材配套资源/项目四/编制库存清单（答题文件）.xlsx 文件。

操作流程

① 打开"编制库存清单(答题文件).xlsx",单击"库存清单"工作表标签。

② 在 H3 单元格中输入公式"=SUMPRODUCT((库存表!\$A\$4:\$A\$28&库存表!\$B\$4:\$B\$28=E3)*库存表!\$G\$4:\$G\$28)",按【Enter】键;在 I3 单元格中输入公式"=ROUND(G3*H3,2)",按【Enetr】键;将公式填充至其他区域,如图 4-3-1 所示。

图 4-3-1 计算库存清单相关数据

 成果展示

编制库存清单操作结果如图 4-3-2 所示。

	A	B	C	D	E	F	G	H	I
1					库存清单明细表				
2	序号	领料单编号	领用日期	生产产品名称	存货名称型号	单位	数量	单价(元)	金额(元)
3	1	LLD190901	2024年10月1日	台式电脑B	处理器i9-9900k(4.70GHz/16MB/8核)	个	20	2,357.6084	47,152.17
4	2	LLD190902	2024年10月1日	台式电脑A	高性能主板Z390	个	40	3,442.0900	137,683.60
5	3	LLD190903	2024年10月1日	台式电脑B	机械硬盘1T黑盘WD13FZEX	个	22	571.8805	12,581.37
6	4	LLD190904	2024年10月2日	台式电脑A	静音电源T1RM750X	个	17	1,053.0500	17,901.85
7	5	LLD190905	2024年10月2日	台式电脑B	静音机箱x1H500P	个	22	1,123.6700	24,720.74
8	6	LLD190906	2024年10月2日	台式电脑A	内存条DDR4-400016GB	个	12	2,012.8100	24,153.72
9	7	LLD190907	2024年10月2日	台式电脑B	显卡RTX2080TI	个	23	137.6207	3,165.28
10	8	LLD190908	2024年10月3日	台式电脑B	显卡一体式水冷散热器TITAN-X	个	38	1,854.6700	70,477.46
11	9	LLD190909	2024年10月3日	台式电脑B	处理器i9-9900k(4.70GHz/16MB/8核)	个	36	2,357.6084	84,873.90
12	10	LLD190910	2024年10月3日	台式电脑B	高性能主板Z390	个	37	3,442.0900	127,357.33
13	11	LLD190911	2024年10月3日	台式电脑A	机械硬盘1T黑盘WD13FZEX	个	40	571.8805	22,875.22
14	12	LLD190912	2024年10月4日	台式电脑B	静音电源T1RM750X	个	25	1,053.0500	26,326.25
15	13	LLD190913	2024年10月6日	台式电脑B	静音机箱x1H500P	个	45	1,123.6700	50,565.15
16	14	LLD190914	2024年10月6日	台式电脑A	内存条DDR4-400016GB	个	28	2,012.8100	56,358.68
17	15	LLD190915	2024年10月9日	台式电脑B	显卡RTX2080TI	个	10	137.6207	1,376.21

图 4-3-2 编制库存清单操作结果

二、设置库存预警

任务描述

① 使用公式计算结存数量和结存金额。
② 根据产品结存数量，使用条件格式设置库存预警提示。

说明：
① 如果产品结存数量大于 30，请将整行数据单元格用标准黄色填充。
② 如果产品结存数量小于 10，请将整行数据单元格用标准红色填充。

任务资料

教材配套资源/项目四/设置库存预警（答题文件）.xlsx 文件。

操作流程

① 打开"设置库存预警（答题文件）.xlsx"，单击"设置库存预警"工作表标签。

② 在 L4 单元格中输入公式"=F4+H4-J4"，按【Enter】键；在 M4 单元格中输入公式"=L4*E4"，按【Enter】键；向下填充公式，如图 4-3-3 所示。

图 4-3-3　计算库存预警相关数据

③ 选中 A4:M20 单元格区域，单击"开始"→"条件格式"→"新建规则"；在弹出的"新建格式规则"对话框中单击"使用公式确定要设置格式的单元格"，在"只为满足以下条件的单元格设置格式"文本框中输入"=$L4>30"，单击"格式"；在弹出的"单元格格式"对话框中单击"图案"，单击颜色区域中最下面的"标准　黄色"，单击"确定"；返回到"新建格式规则"对话框，单击"确定"，如图 4-3-4 所示。用

同样方法设置产品结存数量小于 10 的条件格式预警，其中在"只为满足以下条件的单元格设置格式"文本框中输入"= $L4<10"，背景色选择"标准 红色"。

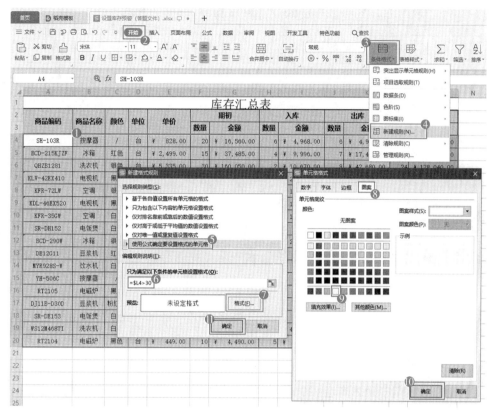

图 4-3-4 设置库存预警条件格式

成果展示

设置库存预警操作结果如图 4-3-5 所示。

商品编码	商品名称	颜色	单位	单价	期初		入库		出库		结存	
					数量	金额	数量	金额	数量	金额	数量	金额
SH-103R	按摩器	/	台	¥ 828.00	20	¥ 16,560.00	6	¥ 4,968.00	6	¥ 4,968.00	20	¥ 16,560.00
BCD-215KJZF	冰箱	红色	台	¥ 2,499.00	15	¥ 37,485.00	4	¥ 9,996.00	7	¥ 17,493.00	12	¥ 29,988.00
QHZB1281	洗衣机	银色	台	¥ 5,335.00	30	¥ 160,050.00	2	¥ 10,670.00	8	¥ 42,680.00	24	¥ 128,040.00
KLV-42EX410	电视机	黑色	台	¥ 4,699.00	18	¥ 84,582.00	5	¥ 23,495.00	6	¥ 28,194.00	17	¥ 79,883.00
KFR-72LW	空调	银色	台	¥ 5,999.00	22	¥ 131,978.00	2	¥ 11,998.00	8	¥ 47,992.00	16	¥ 95,984.00
KDL-46EX520	电视机	黑色	台	¥ 6,199.00	15	¥ 92,985.00	3	¥ 18,597.00	6	¥ 37,194.00	12	¥ 74,388.00
KFR-35GW	空调	白色	台	¥ 3,499.00	18	¥ 62,982.00	5	¥ 17,495.00	8	¥ 27,992.00	15	¥ 52,485.00
SR-DH152	电饭煲	白色	台	¥ 678.00	16	¥ 10,848.00	6	¥ 4,068.00	6	¥ 4,068.00	16	¥ 10,848.00
BCD-290W	冰箱	银色	台	¥ 3,800.00	20	¥ 76,000.00	6	¥ 22,800.00	3	¥ 11,400.00	23	¥ 87,400.00
DE12G11	豆浆机	红色	台	¥ 499.00	15	¥ 7,485.00	7	¥ 3,493.00	10	¥ 4,990.00	12	¥ 5,988.00
MYR928S-W	饮水机	白色	台	¥ 338.00	20	¥ 6,760.00	6	¥ 2,028.00	5	¥ 1,690.00	21	¥ 7,098.00
YH-506C	按摩器	/	台	¥ 398.00	18	¥ 7,164.00	7	¥ 2,786.00	7	¥ 2,786.00	18	¥ 7,164.00
RT2105	电磁炉	黑色	台	¥ 339.00	30	¥ 10,170.00	8	¥ 2,712.00	5	¥ 1,695.00	33	¥ 11,187.00
DJ11B-D30D	豆浆机	粉红色	台	¥ 599.00	15	¥ 8,985.00	8	¥ 4,792.00	9	¥ 5,391.00	14	¥ 8,386.00
SR-DE153	电饭煲	白色	台	¥ 589.00	20	¥ 11,780.00	8	¥ 4,712.00	2	¥ 1,178.00	26	¥ 15,314.00
WS12M468TI	洗衣机	白色	台	¥ 4,698.00	18	¥ 84,564.00	9	¥ 42,282.00	9	¥ 42,282.00	18	¥ 84,564.00
RT2104	电磁炉	黑色	台	449.00	10	4,490.00	5	2,245.00	10	4,490.00	5	2,245.00

图 4-3-5　设置库存预警操作结果

三、产品成本分析

 知识链接

SUMIFS 函数用于计算满足一个或多个条件的单元格的总和。

语法：

SUMIFS(求和区域,区域1,条件1,…)

参数：

求和区域：需要求和的单元格区域。

区域1：第一个条件的单元格区域。

条件1，…：条件区域和对应的条件。可以是数字、表达式或文本。

示例：

假设有一个销售数据表，其中 A 列是销售员姓名，B 列是销售区域，C 列是销售额。用户想要计算"区域为华东"的所有销售员的总销售额，可以使用以下公式：

=SUMIFS(C:C,B:B,"华东")

如果还要计算"区域为华东"且"销售员为张三"的销售额总和，可以这样改写公式：

=SUMIFS(C:C,B:B,"华东",A:A,"张三")

结果返回同时满足这两个条件的销售额总和。

注意事项

- 确保条件区域和求和区域的行数一致，否则函数将返回错误。
- 条件可以是数字、表达式、单元格引用或文本字符串。
- 文本字符串条件需要用双引号括起来。
- 条件表达式可以使用通配符，如"*"代表任意多个字符，"?"代表任意单个字符。

SUMIFS 函数是电子表格中进行条件求和的强大工具，可以帮助用户快速地根据一个或多个条件对数据进行求和，大大提高工作效率和数据处理能力。

 任务描述

① 为 E2:G26 数据区域以首行定义名称。
② 使用 SUMIFS 函数，结合上述的定义名称计算各产品的"直接材料""直接人工""制造费用"金额。
③ 使用公式计算各产品的"生产成本"。
④ 使用公式计算各产品的"直接材料""直接人工""制造费用"比例。

 任务资料

教材配套资源/项目四/产品成本分析（答题文件）.xlsx 文件。

 操作流程

① 打开"产品成本分析（答题文件）.xlsx"，单击"生产成本明细表"工作表标签。

② 选中 E2:G26 单元格区域，单击"公式"→"指定"，在弹出的"指定名称"对话框中，取消勾选"最左列"复选框，单击"确定"，如图 4-3-6 所示。

③ 在 B32 单元格中输入公式"=SUMIFS(金额,项目名称,A32,二级科目,$B$30)"，按【Enter】键；

在 D32 单元格中输入公式"=SUMIFS(金额,项目名称,A32,二级科目,$D$30)"，按【Enter】键；

在 F32 单元格中输入公式"=SUMIFS(金额,项目名称,A32,二级科目,$F$30)"，按【Enter】键；

在 H32 单元格中输入公式"=B32+D32+F32"，按【Enter】键；
在 C32 单元格中输入公式"=B32/H32"，按【Enter】键；
在 E32 单元格中输入公式"=D32/H32"，按【Enter】键；
在 G32 单元格中输入公式"=F32/H32"，按【Enter】键；
将公式向下填充，如图 4-3-7 所示。

图 4-3-6 定义名称

图 4-3-7 计算产品成本分析相关数据

成果展示

产品成本分析操作结果如图 4-3-8 所示。

	A	B	C	D	E	F	G	H
28				成本成本分析表				
29								单位：元
30	产品	直接材料		直接人工		制造费用		生产成本
31		金额	比重	金额	比重	金额	比重	
32	A型板材	2604000.00	97.31%	12832.50	0.48%	59100.00	2.21%	2675932.50
33	B型木料	1536000.00	96.73%	12537.50	0.79%	39395.80	2.48%	1587933.30
34								

图 4-3-8 产品成本分析操作结果

实战演练

1. 根据任务要求，完成"期初余额试算平衡表"的处理（图 4-4-1）

任务描述：根据进销存业务登记的期初余额数据清单，进行试算平衡分析。

① 使用 SUMIF 函数计算 H2:H5 单元格区域的各项费用总额，使用公式计算 H6:H7 单元格区域的相关数据，在 H1 单元格使用 IF 函数判断期初试算平衡检查结果。

② 按照示例图片制作资产、负债、所有者权益、成本四项数据总额对比的二维簇状柱形图，图表标题、样式等各项内容要与示例图片相同。

各项费用总额及检测结果标记规则如下：

资产总额=科目代码以 1 开头的期初借方余额总和−科目代码以 1 开头的期初贷方余额总和

负债总额=科目代码以 2 开头的期初贷方余额总和−科目代码以 2 开头的期初借方余额总和

所有者权益总额=科目代码以 3 开头的期初贷方余额总和−科目代码以 3 开头的期初借方余额总和

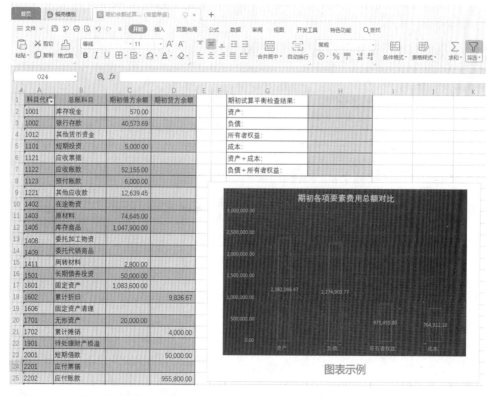

图 4-4-1　期初余额试算平衡表

成本总额=科目代码以 4 开头的期初借方余额总和-科目代码以 4 开头的期初贷方余额总和

试算平衡检测结果标注规则：如果资产+成本=负债+所有者权益，显示"经试算已平衡！"，否则显示"试算不平衡，请查明原因！"。

2. 根据任务要求，完成"业绩奖金表"的处理（图 4-4-2）

任务描述：请按要求统计 3 月的业绩奖金情况。本题所考核函数包括 AND、YEAR、VLOOKUP、TODAY、SUMPRODUCT、IF、MONTH，根据需要可以单独使用也可嵌套使用，不可使用其他函数答题。

① 为"员工业绩管理表"工作表的 A2:G13 单元格区域添加名为"员工业绩"的定义名称。

（以下任务均在"业绩奖金表"工作表中完成。）

② 为了保证数据的规范性，为"业绩奖金表"工作表中的员工姓名添加下拉列表，选项内容要从"员工业绩管理表"工作表中获取，方便用户选择，无须输入，如当前姓名有不规范的请修改成规范的数据。

③ 使用函数在 B1 单元格依据 A1 单元格获取月份信息。

④ 使用任务①中的定义名称，依据"员工业绩管理表"工作表中的数据使用函数获取各员工的"月度销售额"（匹配条件用数字表示）。

⑤ 使用函数在 D1 单元格统计出本月的基本业绩奖金总额（基本业绩奖金=月度销售额×奖金比例）。

⑥ 使用函数计算各员工截至当前日期的工龄，只考虑自然年，其他因素不考虑。

	A	B	C	D	E	F
1	2024/3/31		月基本业绩奖金总额：			
2						
3	员工编号	员工姓名	月度销售额	奖金比例	工龄	季度提成
4	SL001	严明宇		0%		
5	SL002	钱夏雪		8%		
6	SL003	魏香 秀		8%		
7	SL004	金思		12%		
8	SL005	蒋琴		8%		
9	SL006	冯万友		15%		
10	SL007	吴倩倩		0%		
11	SL008	戚光		8%		
12	SL009	钱 盛林		8%		
13	SL010	戚虹		4%		
14	SL011	许欣淼		12%		
15	SL012	钱半雪		4%		

图 4-4-2　业绩奖金表

⑦ 使用函数计算员工"季度提成",先判断各员工是否有季度提成(如果员工工龄满 3 年,且出勤率在 95%或以上还完成了销售计划就可以有季度提成),如果满足提成条件则季度提成为 5000 元,否则为 0 元。

3. 根据任务要求,完成"采购到货情况表"的处理(图 4-4-3)

任务描述:根据相关数据,按要求完成相应分析。本题所考核函数包括 ROUND、COUNTIF、COUNTIFS、VLOOKUP、DATEDIF,可以根据情况单独试用,也可以嵌套试用,不可使用其他函数答题。

① 使用函数补全"交货逾期天数""到期交货量""交货准时率"3 列数据,其中"交货准时率"的计算结果要使用函数进行保留 2 位小数处理。

② 使用公式计算"逾期未交货量""按时交货量率"两列数据,其中"按时交货量率"的计算结果要使用函数进行保留 2 位小数处理。

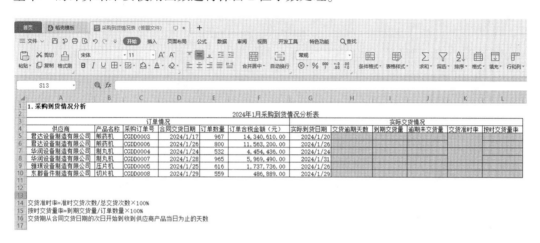

图 4-4-3 采购到货情况表

4. 根据任务要求,完成"销售统计表"的处理(图 4-4-4)

任务描述:小霞是书店的销售人员,负责对计算机类图书的销售情况进行记录、统计和分析,并按季度上报分析结果。2024 年 1 月时,她需要将 2023 年第 4 季度的销售情况进行汇总,"图书目录和 10—12 月销量"工作表是她对 10—12 月的销售情况统计。请你帮她完成数据合并及统计工作。本题所考核函数是 VLOOKUP,不可使用其他函数答题。

① 完善本"四季度销售情况"工作表。通过函数分别引用"图书目录"工作表中的相关数据,在本工作表中输入"书名""图书类别""单价"3 列数据;

② 将 10—12 月 3 张销量表中的销售数量通过电子表格自带的"合并计算功能"合并到本工作表中的"销售数量(本)"列。

③ 使用公式计算销售额。

④ 为左侧数据清单创建一个数据透视表 1,放在本工作表以 A22 单元格为起始位置的区域,在数据透视表中按图书类别汇总销量并按销售量排名(升序),修改列标题"销售量""销量排名",同时将书名作为"筛选"字段。

图 4-4-4 销售统计表

5. 根据任务要求，完成"出入库管理表"的处理（图4-4-5）

任务描述：小王负责公司仓库的日常管理工作，请使用电子表格帮其设计一个简易

图 4-4-5 出入库管理表

的出入库管理系统。本题所考核函数是 VLOOKUP，不可使用其他函数答题。

① 入库明细和出库明细工作表名称改为"入库明细表"和"出库明细表"，颜色标为"橙色，着色4"。

② 产品库存和产品查询工作表标为"钢蓝，着色5"。

③ 产品信息和使用帮助工作表标为"浅绿，着色6"。

④ 在"首页"工作表设置不显示网格线。

⑤ 在"首页"工作表应用超链接，使在单击各形状按钮时可以跳转到对应的工作表 A1 单元格位置，且在单击时出现提示"跳转至+表名称"，如"跳转至入库明细表"。

项目五

电子表格在人力资源中的应用

素质目标
- 通过学习提高工作效率和准确性,同时培养责任感、公平意识、竞争意识,以及正确的价值观

知识目标
- 了解电子表格在人力资源中的应用

技能目标
- 熟练掌握电子表格 IFERROR 函数的用法

任务 工资处理

一、社保和公积金计算表

任务描述

已知各项社保及公积金比例资料在表1中已经给出,请根据资料,完成社保和公积金计算表。

任务资料

教材配套资源/项目五/社保和公积金计算表(答题文件).xlsx 文件。

操作流程

① 打开"社保和公积金计算表(答题文件).xlsx",单击"社保和公积金计算表"工作表标签。

② 在计算表中输入如下公式:

在 F4 单元格中输入公式"= $E4*T $16",按【Enter】键;

在 G4 单元格中输入公式"= $E4*U $16",按【Enter】键;

在 H4 单元格中输入公式"= $E4*V $16",按【Enter】键;

在 I4 单元格中输入公式"= $E4*Y $16",按【Enter】键;

在 J4 单元格中输入公式"=SUM(F4:I4)",按【Enter】键;
在 K4 单元格中输入公式"=$E4*T$15",按【Enter】键;
在 L4 单元格中输入公式"=$E4*U$15",按【Enter】键;
在 M4 单元格中输入公式"=$E4*V$15",按【Enter】键;
在 N4 单元格中输入公式"=$E4*W$15",按【Enter】键;
在 O4 单元格中输入公式"=$E4*X$15",按【Enter】键;
在 P4 单元格中输入公式"=$E4*Y$15",按【Enter】键;
在 Q4 单元格中输入公式"=SUM(K4:P4)",按【Enter】键;
将公式向下填充,如图 5-1-1 所示。

🔵 说明:

① 在输入公式时要注意"缴费基数"引用单元格的方式。

② 在输入"企业缴费额"各项公式时,可以先输入"养老保险",其他项目可以向右填充;同样,在输入"职工缴费额"公式时,也可以向右填充,但要注意"工伤保险"和"失业保险"是没有的。

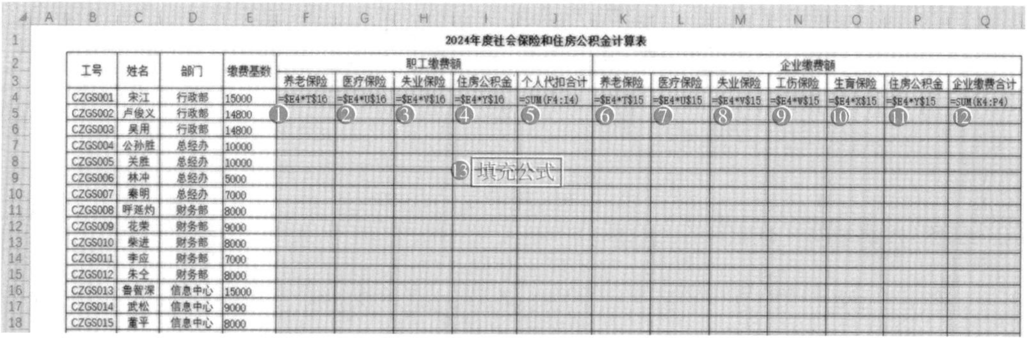

图 5-1-1 计算社保和公积金相关数据

成果展示

社保和公积金计算表操作结果如图 5-1-2 所示。

2024年度社会保险和住房公积金计算表

工号	姓名	部门	缴费基数	职工缴费额					企业缴费额						
				养老保险	医疗保	失业保	住房公积	个人代扣合计	养老保险	医疗保险	失业保	工伤保	生育保	住房公积	企业缴费合计
CZGS001	宋江	行政部	15,000.00	1,200.00	300.00	30.00	1,500.00	3,030.00	2,100.00	1,020.00	75.00	75.00	75.00	750.00	4,095.00
CZGS002	卢俊义	行政部	14,800.00	1,184.00	296.00	29.60	1,480.00	2,989.60	2,072.00	1,006.40	74.00	74.00	74.00	740.00	4,040.40
CZGS003	吴用	行政部	14,800.00	1,184.00	296.00	29.60	1,480.00	2,989.60	2,072.00	1,006.40	74.00	74.00	74.00	740.00	4,040.40
CZGS004	公孙胜	总经办	10,000.00	800.00	200.00	20.00	1,000.00	2,020.00	1,400.00	680.00	50.00	50.00	50.00	500.00	2,730.00
CZGS005	关胜	总经办	10,000.00	800.00	200.00	20.00	1,000.00	2,020.00	1,400.00	680.00	50.00	50.00	50.00	500.00	2,730.00
CZGS006	林冲	总经办	5,000.00	400.00	100.00	10.00	500.00	1,010.00	700.00	340.00	25.00	25.00	25.00	250.00	1,365.00
CZGS007	秦明	总经办	7,000.00	560.00	140.00	14.00	700.00	1,414.00	980.00	476.00	35.00	35.00	35.00	350.00	1,911.00
CZGS008	呼延灼	财务部	8,000.00	640.00	160.00	16.00	800.00	1,616.00	1,120.00	544.00	40.00	40.00	40.00	400.00	2,184.00
CZGS009	花荣	财务部	9,000.00	720.00	180.00	18.00	900.00	1,818.00	1,260.00	612.00	45.00	45.00	45.00	450.00	2,457.00
CZGS010	柴进	财务部	8,000.00	640.00	160.00	16.00	800.00	1,616.00	1,120.00	544.00	40.00	40.00	40.00	400.00	2,184.00
CZGS011	李应	财务部	7,000.00	560.00	140.00	14.00	700.00	1,414.00	980.00	476.00	35.00	35.00	35.00	350.00	1,911.00
CZGS012	朱仝	财务部	8,000.00	640.00	160.00	16.00	800.00	1,616.00	1,120.00	544.00	40.00	40.00	40.00	400.00	2,184.00
CZGS013	鲁智深	信息中心	15,000.00	1,200.00	300.00	30.00	1,500.00	3,030.00	2,100.00	1,020.00	75.00	75.00	75.00	750.00	4,095.00
CZGS014	武松	信息中心	9,000.00	720.00	180.00	18.00	900.00	1,818.00	1,260.00	612.00	45.00	45.00	45.00	450.00	2,457.00
CZGS015	董平	信息中心	8,000.00	640.00	160.00	16.00	800.00	1,616.00	1,120.00	544.00	40.00	40.00	40.00	400.00	2,184.00
CZGS016	张清	信息中心	5,000.00	400.00	100.00	10.00	500.00	1,010.00	700.00	340.00	25.00	25.00	25.00	250.00	1,365.00
CZGS017	杨志	生产1部	9,000.00	720.00	180.00	18.00	900.00	1,818.00	1,260.00	612.00	45.00	45.00	45.00	450.00	2,457.00
CZGS018	徐宁	生产1部	10,000.00	800.00	200.00	20.00	1,000.00	2,020.00	1,400.00	680.00	50.00	50.00	50.00	500.00	2,730.00
CZGS019	索超	生产1部	9,000.00	720.00	180.00	18.00	900.00	1,818.00	1,260.00	612.00	45.00	45.00	45.00	450.00	2,457.00
CZGS020	戴宗	生产1部	8,000.00	640.00	160.00	16.00	800.00	1,616.00	1,120.00	544.00	40.00	40.00	40.00	400.00	2,184.00
CZGS021	刘唐	生产1部	7,000.00	560.00	140.00	14.00	700.00	1,414.00	980.00	476.00	35.00	35.00	35.00	350.00	1,911.00
CZGS022	李逵	生产1部	9,000.00	720.00	180.00	18.00	900.00	1,818.00	1,260.00	612.00	45.00	45.00	45.00	450.00	2,457.00
CZGS023	史进	生产1部	4,895.00	391.60	97.90	9.79	489.50	988.79	685.30	332.86	24.48	24.48	24.48	244.75	1,336.34
CZGS024	穆弘	生产1部	8,000.00	640.00	160.00	16.00	800.00	1,616.00	1,120.00	544.00	40.00	40.00	40.00	400.00	2,184.00
CZGS025	雷横	生产1部	9,000.00	720.00	180.00	18.00	900.00	1,818.00	1,260.00	612.00	45.00	45.00	45.00	450.00	2,457.00
CZGS026	李俊	生产1部	4,895.00	391.60	97.90	9.79	489.50	988.79	685.30	332.86	24.48	24.48	24.48	244.75	1,336.34
CZGS027	阮小二	生产1部	9,000.00	720.00	180.00	18.00	900.00	1,818.00	1,260.00	612.00	45.00	45.00	45.00	450.00	2,457.00
CZGS028	张横	生产1部	7,000.00	560.00	140.00	14.00	700.00	1,414.00	980.00	476.00	35.00	35.00	35.00	350.00	1,911.00
CZGS029	阮小五	生产1部	7,000.00	560.00	140.00	14.00	700.00	1,414.00	980.00	476.00	35.00	35.00	35.00	350.00	1,911.00
CZGS030	张顺	生产1部	8,000.00	640.00	160.00	16.00	800.00	1,616.00	1,120.00	544.00	40.00	40.00	40.00	400.00	2,184.00
CZGS031	阮小七	生产1部	7,000.00	560.00	140.00	14.00	700.00	1,414.00	980.00	476.00	35.00	35.00	35.00	350.00	1,911.00
CZGS032	杨雄	生产1部	8,000.00	640.00	160.00	16.00	800.00	1,616.00	1,120.00	544.00	40.00	40.00	40.00	400.00	2,184.00
CZGS033	石秀	生产1部	7,000.00	560.00	140.00	14.00	700.00	1,414.00	980.00	476.00	35.00	35.00	35.00	350.00	1,911.00
CZGS034	解珍	生产1部	8,000.00	640.00	160.00	16.00	800.00	1,616.00	1,120.00	544.00	40.00	40.00	40.00	400.00	2,184.00
CZGS035	解宝	生产1部	7,000.00	560.00	140.00	14.00	700.00	1,414.00	980.00	476.00	35.00	35.00	35.00	350.00	1,911.00

图 5-1-2 社保和公积金计算表操作结果

二、个人所得税计算表

 任务描述

已知"个人所得税预扣率表""2024年8月份预扣预缴个人所得税表""社保和公积金计算表"。请根据资料,完成2024年9月预扣预缴个人所得税表。

① 为"社保和公积金计算表"工作表的A4:I113区域定义名称为"养医失住"。

② 为"2024年8月份预扣预缴个人所得税表"工作表的A2:AR111区域定义名称为"八月"。

③ 为"个人所得税预扣率表"工作表的G5:I11区域定义名称为"税率"。

④ 使用VLOOKUP和COLUMN函数,结合上述的定义名称计算"专项扣除"各项数据。

⑤ 使用IFERROR、VLOOKUP、COLUMN、SUM、MAX函数,结合定义名称计算"个税计算"各项数据(累计应纳税额保留两位小数,其他所有单元均使用引用取数;当单元格为空时,请将单元格填为0)。

 任务资料

教材配套资源/项目五/个人所得税计算表(答题文件).xlsx文件。

 操作流程

① 打开"个人所得税计算表(答题文件).xlsx",单击"发放工作记录单"工作表

标签。

② 在"社保和公积金计算表"工作表中，选中 A4:I113 单元格区域，单击"公式"→"名称管理器"，弹出"名称管理器"对话框；单击"新建"，在"名称"文本框中，输入"养医失住"，其他内容默认，单击"确定"，如图 5-1-3 所示。

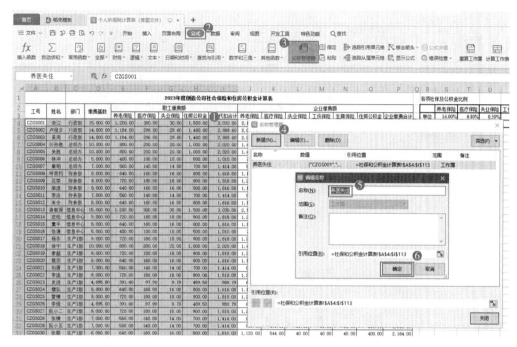

图 5-1-3　定义养医失住名称

③ 用同样的方法为"2024 年 8 月份预扣预缴个人所得税表"工作表的 A2:AR111 区域定义名称为"八月"，如图 5-1-4 所示；为"个人所得税预扣率表"工作表的 G5:I11 区域定义名称为"税率"，如图 5-1-5 所示。

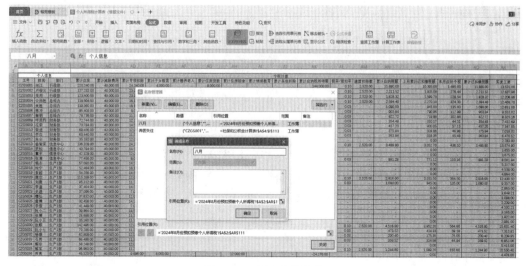

图 5-1-4　定义八月名称

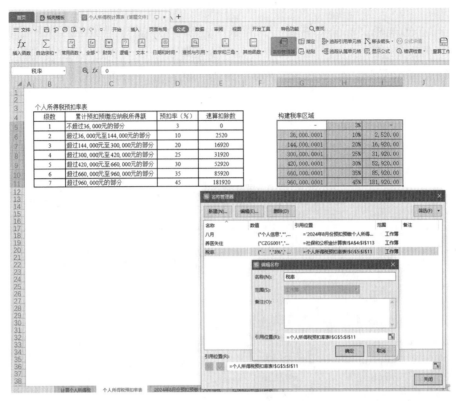

图 5-1-5　定义税率名称

④ 单击"发放工作记录单"工作表名称，在 L4 单元格中输入公式"=VLOOKUP($A4,养医失住,COLUMN(E:E),0)"，按【Enter】键；将公式向右填充至 P4 单元格；再选中 L4:P4 单元格区域，将公式向下填充，如图 5-1-6 所示。

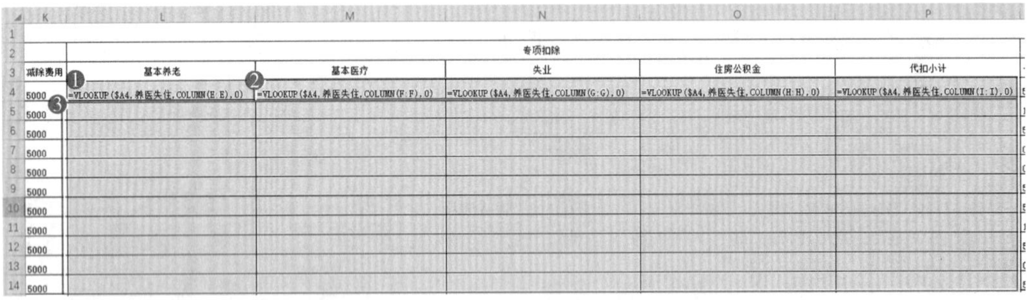

图 5-1-6　专项扣除数据

⑤ 在 AB4 单元格中输入公式"=J4+IFERROR(VLOOKUP($A4,八月,COLUMN(AB:AB),0),0)"，按【Enter】键；将公式向右填充至 AC4 单元格；再选中 AB4:AC4 单元格区域，将公式向下填充，如图 5-1-7 所示。

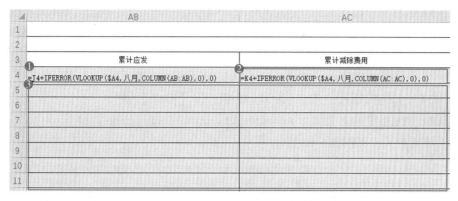

图 5-1-7 累计应发和累计减除费用

⑥ 在 AD4 单元格中输入公式"= P4 + IFERROR(VLOOKUP($A4,八月,COLUMN(AD:AD),0),0)",按【Enter】键;将公式向右填充至 AI4 单元格;再选中 AD4:AI4 单元格区域,将公式向下填充,如图 5-1-8 所示。

⑦ 在 AJ4 单元格中输入公式"= AA4 + IFERROR(VLOOKUP($A4,八月,COLUMN(AJ:AJ),0),0)",按【Enter】键;在 AK4 单元格中输入公式"= AB4 – SUM(AC4:AJ4)",按【Enter】键;向下填充公式,如图 5-1-9 所示。

图 5-1-8 累计专项扣除

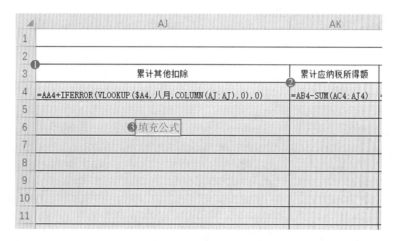

图 5-1-9 累计其他扣除和累计应纳税所得额

⑧ 在 AL4:AR4 单元格区域输入如下公式:

在 AL4 单元格中输入公式"= IFERROR(VLOOKUP($AK4,税率,2,1),0)",按【Enter】键;

在 AM4 单元格中输入公式"= IFERROR(VLOOKUP($AK4,税率,3,1),0)",按【Enter】键;

在 AN4 单元格中输入公式"=ROUND(AK4*AL4-AM4,2)",按【Enter】键;

在 AO4 单元格中输入公式"=IFERROR(VLOOKUP($A4,八月,COLUMN(AQ:AQ),0),0)",按【Enter】键;

在 AP4 单元格中输入公式"=MAX(AN4-AO4,0)",按【Enter】键;

在 AQ4 单元格中输入公式"=AO4+AP4",按【Enter】键;

在 AR4 单元格中输入公式"=J4-P4-AA4-AP4",按【Enter】键;

向下填充公式,如图 5-1-10 所示。

图 5-1-10　计算个人所得税相关数据

成果展示

个人所得税计算表操作结果如图 5-1-11、图 5-1-12 所示。

	A	B	C	D	E	F	G	H	I	J	K	L	M	N	O	P
1																
2	个人信息			应发情况								专项扣除				
3	工号	姓名	部门	基本工资	岗位工资	绩效工资	加班工资	全勤奖	罚款及扣款	应发小计	减除费用	基本养老	基本医疗	失业	住房公积金	代扣小计
4	CZGS001	宋江	行政部	15,000.00	1,500.00	1,746.00	500.00	300.00	-	19,046.00	5,000.00	1,200.00	300.00	30.00	1,500.00	3,030.00
5	CZGS002	卢俊义	行政部	12,000.00	1,300.00	904.00	-	300.00	-	14,504.00	5,000.00	1,184.00	296.00	29.60	1,480.00	2,989.60
6	CZGS003	吴用	行政部	8,000.00	1,300.00	1,125.00	-	300.00	-	10,725.00	5,000.00	1,184.00	296.00	29.60	1,480.00	2,989.60
7	CZGS004	公孙胜	总经办	8,000.00	1,200.00	1,363.00	-	300.00	-	10,863.00	5,000.00	800.00	200.00	20.00	1,000.00	2,020.00
8	CZGS005	关胜	总经办	7,000.00	1,200.00	1,306.00	300.00	300.00	-	10,106.00	5,000.00	800.00	200.00	20.00	1,000.00	2,020.00
9	CZGS006	林冲	总经办	7,000.00	800.00	1,576.00	-	300.00	100.00	9,576.00	5,000.00	400.00	100.00	10.00	500.00	1,010.00
10	CZGS007	秦明	总经办	6,000.00	800.00	742.00	-	300.00	-	7,842.00	5,000.00	560.00	140.00	14.00	700.00	1,414.00
11	CZGS008	呼延灼	财务部	6,000.00	700.00	793.00	-	300.00	-	7,793.00	5,000.00	640.00	160.00	16.00	800.00	1,616.00
12	CZGS009	花荣	财务部	3,000.00	700.00	1,323.00	-	-	-	5,023.00	5,000.00	720.00	180.00	18.00	900.00	1,818.00
13	CZGS010	柴进	财务部	3,000.00	600.00	1,782.00	-	300.00	-	5,682.00	5,000.00	640.00	160.00	16.00	800.00	1,616.00
14	CZGS012	朱仝	财务部	3,000.00	600.00	1,030.00	-	300.00	-	4,930.00	5,000.00	640.00	160.00	16.00	800.00	1,616.00
15	CZGS013	鲁智深	信息中心	8,000.00	300.00	799.00	50.00	300.00	-	9,449.00	5,000.00	1,200.00	300.00	30.00	1,500.00	3,030.00
16	CZGS014	武松	信息中心	5,000.00	300.00	1,441.00	-	300.00	-	7,041.00	5,000.00	720.00	180.00	18.00	900.00	1,818.00
17	CZGS015	董平	信息中心	5,000.00	300.00	1,873.00	150.00	300.00	-	7,623.00	5,000.00	640.00	160.00	16.00	800.00	1,616.00
18	CZGS016	张青	信息中心	5,000.00	300.00	1,691.00	-	300.00	200.00	7,091.00	5,000.00	400.00	100.00	10.00	500.00	1,010.00
19	CZGS017	杨志	生产1部	12,000.00	800.00	532.00	-	200.00	-	13,532.00	5,000.00	720.00	180.00	18.00	900.00	1,818.00
20	CZGS018	徐宁	生产1部	8,000.00	500.00	1,335.00	-	200.00	-	10,035.00	5,000.00	800.00	200.00	20.00	1,000.00	2,020.00
21	CZGS020	戴宗	生产1部	3,000.00	500.00	608.00	-	200.00	-	4,308.00	5,000.00	640.00	160.00	16.00	800.00	1,616.00
22	CZGS021	刘唐	生产1部	3,000.00	500.00	1,182.00	-	200.00	-	4,882.00	5,000.00	560.00	140.00	14.00	700.00	1,414.00
23	CZGS022	李逵	生产1部	3,000.00	1,200.00	1,011.00	-	200.00	-	5,411.00	5,000.00	720.00	180.00	18.00	900.00	1,818.00
24	CZGS023	史进	生产1部	3,000.00	800.00	1,906.00	-	-	150.00	5,556.00	5,000.00	391.60	97.90	9.79	489.50	988.79
25	CZGS024	穆弘	生产1部	3,000.00	500.00	1,183.00	-	200.00	-	4,683.00	5,000.00	640.00	160.00	16.00	800.00	1,616.00
26	CZGS025	雷横	生产1部	2,000.00	500.00	1,137.00	-	200.00	-	3,637.00	5,000.00	720.00	180.00	18.00	900.00	1,818.00
27	CZGS027	阮小二	生产1部	15,000.00	300.00	1,204.00	-	300.00	-	16,804.00	5,000.00	720.00	180.00	18.00	900.00	1,818.00
28	CZGS028	张横	生产1部	6,000.00	300.00	557.00	-	300.00	-	7,157.00	5,000.00	560.00	140.00	14.00	700.00	1,414.00
29	CZGS029	阮小五	生产1部	6,000.00	300.00	1,831.00	-	300.00	-	8,431.00	5,000.00	560.00	140.00	14.00	700.00	1,414.00

图 5-1-11　个人所得税计算表操作结果-1

	AB	AC	AD	AE	AF	AG	AH	AI	AJ	AK	AL	AM	AN	AO	AP	AQ	AR
								个税计算									
	累计应发	累计减除费用	累计专项扣除	累计子女数量	累计赡养老人	累计住房贷款	累计住房租金	累计继续教育	累计其他扣除	累计应纳税所得额	税率/预扣率	速算扣除数	累计应纳税额	上月累计已扣缴税额	本月应补个税	累计已扣缴税额	实发工资
239,286.00	45,000.00	27,270.00	4,500.00	1,000.00	9,000.00				152,516.00	20%	16,920.00	13,583.20	11,880.00	1,703.20	13,583.20	14,312.80
141,736.00	45,000.00	26,906.40	9,000.00	1,000.00	9,000.00		400.00		50,429.60	10%	2,520.00	2,522.96	2,211.52	311.44	2,522.96	11,202.96
134,125.00	45,000.00	26,906.40	8,500.00		9,000.00		400.00		45,318.60	10%	2,520.00	2,011.86	1,828.32	183.54	2,011.86	7,551.86
129,367.00	45,000.00	18,180.00			8,000.00			3,200.00	54,987.00	10%	2,520.00	2,978.70	2,594.40	384.30	2,978.70	9,458.70
129,466.00	45,000.00	18,180.00	8,000.00	9,000.00	8,000.00			3,200.00	38,086.00	10%	2,520.00	1,288.60	1,080.00	208.60	1,288.60	7,977.40
94,984.00	45,000.00	9,090.00	4,500.00			3,200.00			33,194.00	3%		995.82	903.84	91.98	995.82	8,474.02
86,578.00	45,000.00	12,726.00	500.00						28,352.00	3%		850.56	822.72	27.84	850.56	6,400.16
80,537.00	45,000.00	14,544.00	1,000.00	8,000.00	1,000.00				10,993.00	3%		329.79	354.48	—	354.48	6,177.00
76,807.00	45,000.00	16,362.00	4,500.00			1,500.00			11,445.00	3%		343.35	457.20	—	457.20	3,205.00
75,138.00	45,000.00	14,544.00	4,500.00			1,500.00			10,094.00	3%		302.82	375.84	—	375.84	4,066.00
40,122.00	45,000.00	14,544.00	4,500.00		12,000.00				-35,922.00	0%		0.00			0.00	3,314.00
145,777.00	45,000.00	27,270.00			12,000.00				61,507.00	10%	2,520.00	3,630.70	3,488.80	141.90	3,630.70	6,277.10
50,825.00	45,000.00	16,362.00	1,000.00		12,000.00				-23,537.00	0%		0.00			0.00	5,223.00
49,951.00	45,000.00	14,544.00	4,500.00						-14,093.00	0%		0.00			0.00	6,007.00
84,547.00	45,000.00	9,090.00	500.00						29,957.00	3%		898.71	881.28	17.43	898.71	6,063.57
70,612.00	45,000.00	16,362.00	8,000.00	1,000.00					250.00	3%		7.50	0.00	7.50	7.50	11,706.50
62,499.00	45,000.00	18,180.00	5,000.00						-5,681.00	0%		0.00			0.00	8,015.00
119,596.00	45,000.00	14,544.00	1,000.00		8,000.00	1,500.00			49,552.00	10%	2,520.00	2,435.28	2,916.00	—	2,916.00	2,692.00
100,194.00	45,000.00	12,726.00	8,000.00			1,500.00			32,968.00	3%		989.04	1,080.00	—	1,080.00	3,468.00
42,876.00	45,000.00	16,362.00	8,000.00		13,500.00				-39,987.00	0%		0.00			0.00	3,593.00
42,652.00	45,000.00	8,099.11	8,000.00		13,500.00				-32,747.11	0%		0.00			0.00	4,567.21
42,315.00	45,000.00	14,544.00			13,500.00				-30,729.00	0%		0.00			0.00	3,067.00
36,093.00	45,000.00	16,362.00	1,000.00		13,500.00				-39,769.00	0%		0.00			0.00	1,819.00
56,668.00	45,000.00	16,362.00	1,000.00		1,000.00		400.00		-19,094.00	0%		0.00			0.00	14,906.00
33,845.00	45,000.00	12,726.00	8,000.00		12,000.00		400.00		-44,281.00	0%		0.00			0.00	5,743.00
43,591.00	45,000.00	12,726.00	8,000.00		12,000.00		400.00		-34,535.00	0%		0.00			0.00	7,017.00

图 5-1-12 个人所得税计算表操作结果-2

三、编制工资条

 任务描述

① 将本工作表复制出一张新的工作表,并将工作表名称改为"工资条"。
② 在"工资条"工作表中删除前两行,同时删除原 K 列、W 到 AO 列、AQ 列。
③ 按照样张的样式(一行标题,一行工资信息,一行空行)制作所有员工的工资条。

 任务资料

教材配套资源/项目五/编制工资条(答题文件).xlsx 文件。

 操作流程

① 打开"编制工资条(答题文件).xlsx",单击"2024 年 9 月份预扣预缴个人所得税"工作表标签。
② 右击"2024 年 9 月份预扣预缴个人所得税"工作表名称,在弹出的菜单中单击"移动或复制工作表";在弹出的"移动或复制工作表"对话框中勾选"建立副本"复选框,单击"确定",如图 5-1-13 所示。

图 5-1-13 复制工作表

③ 双击复制出的工作表名称，名称变为录入模式，输入"工资条"，按【Enter】键，可以对工作表进行重命名，如图 5-1-14 所示。

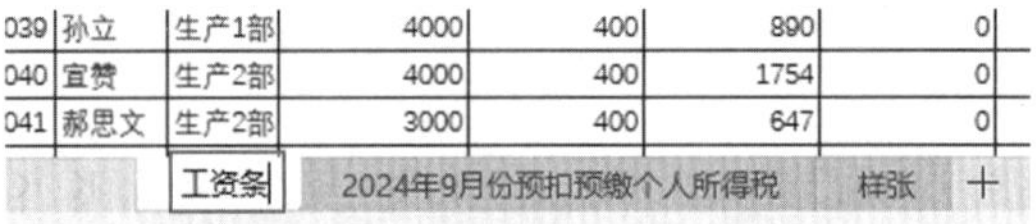

图 5-1-14 重命名工作表

④ 在"工资条"工作表中，删除前两行，让工资信息标题行为第 1 行，如图 5-1-15 所示。

图 5-1-15 删除行

⑤ 删除工资条中不需要显示的列（减除费用、年金、商业健康保险、税延养老保险、其他、其他扣除小计、累计应发、累计减除费用、累计专项扣除、累计子女教育、累计赡养老人、累计住房贷款、累计住房租金、累计继续教育、累计其他扣除、累计应纳税所得额、税率/预扣率、速算扣除数、累计应纳税额、上月累计已扣缴税额、累计已扣缴税额列），如图 5-1-16 所示，也可以同时选中需要删除的列再右击，在弹出的快捷菜单中选择"删除"。

项目五 电子表格在人力资源中的应用 175

图 5-1-16 删除列

⑥ 在 X3 单元格中输入"1",在 Y4 单元格中输入"2",选中 X3:Y4 区域,向下填充数字,如图 5-1-17 所示。

	O	P	Q	R	S	T	U	V	W	X	Y
1	代扣小计	子女教育	赡养老人	住房贷款	住房租金	继续教育	专项附加扣除	本月应补个税	实发工资		
2	3030	500.00	1,000.00	1,000.00	0.00	0.00	2,500.00	1703.2	14312.8		
3	2989.6	1,000.00	1,000.00	1,000.00	0.00	400.00	3,400.00	311.44	11202.96	1	
4	2989.6	500.00	0.00	0.00	0.00	400.00	900.00	183.54	7551.86		2
5	2020	0.00	0.00	0.00	0.00	0.00	0.00	384.3	8458.7		
6	2020	0.00	1,000.00	0.00	0.00	0.00	1,000.00	208.6	7877.4		
7	1010	500.00	0.00	0.00	0.00	0.00	500.00	91.98	8474.02		

图 5-1-17 设置辅助列

⑦ 按【Ctrl】+【G】组合键,在弹出的定位对话框中,选中"空值",单击"定位",如图 5-1-18 所示。

💡 说明:此步骤是在上一步的基础上直接操作,即在 X3:Y108 单元格区域选中的状态下操作。

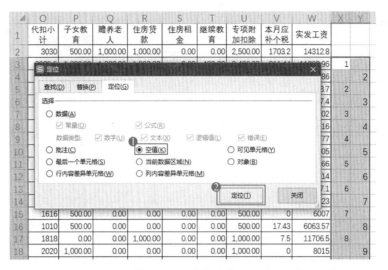

图 5-1-18　定位空值-1

⑧ 保持选中状态，右击任意选中区域，单击"插入"→"插入行"，如图 5-1-19 所示。

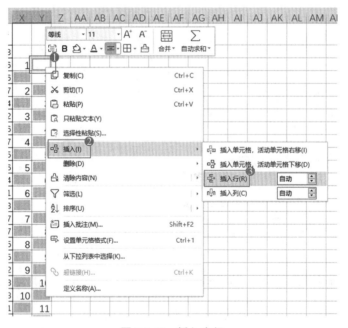

图 5-1-19　插入空行

⑨ 选中第 3 行到数据结尾行区域，按【Ctrl】+【G】组合键，在弹出的"定位"对话框中，选中"空值"，单击"定位"，如图 5-1-20 所示。

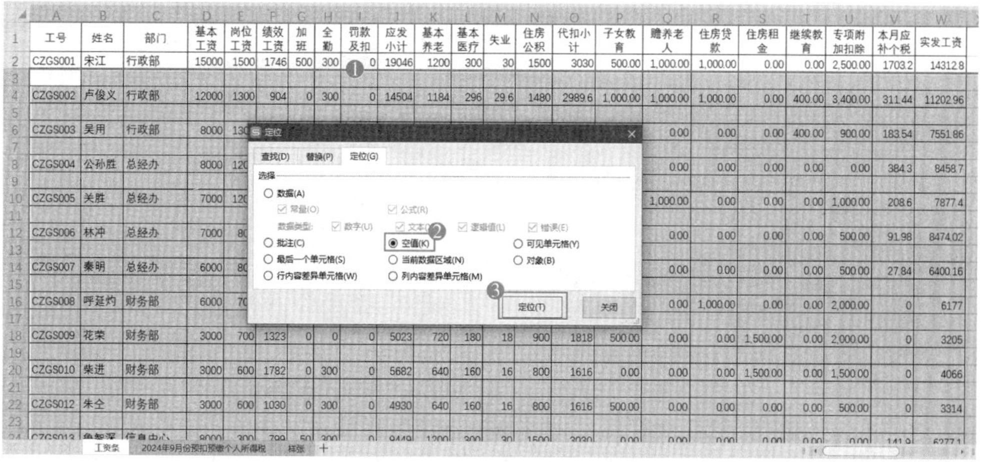

图 5-1-20 定位空行

⑩ 默认 A3 为反白单元格，直接输入公式"=A1"（编辑窗口直接定位在 A3 单元格，无须单击），按【F4】键切换单元格的引用方式为混合引用 A$1，按【Ctrl】+【Enter】组合键补充数据，如图 5-1-21 所示。

图 5-1-21 补充数据

⑪ 在 X2 单元格中输入"1"、在 X4 单元格中输入"2"，选中 X2:X5 单元格区域，向下填充数字，如图 5-1-22 所示。

⑫ 按【Ctrl】+【G】组合键，在弹出的"定位"对话框中，选中"空值"，单击"定位"，如图 5-1-23 所示。

图 5-1-22 输入辅助数字

图 5-1-23　定位空值-2

⑬ 保持选中状态，右击任意选中区域，单击"插入"→"插入行"，如图 5-1-24 所示，接下来删除 X 列。

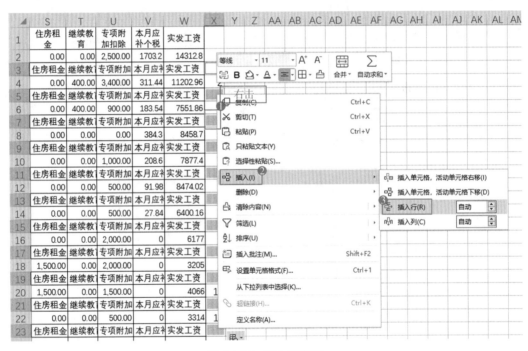

图 5-1-24　插入空白行

编制工资条操作结果如图 5-1-25 所示。

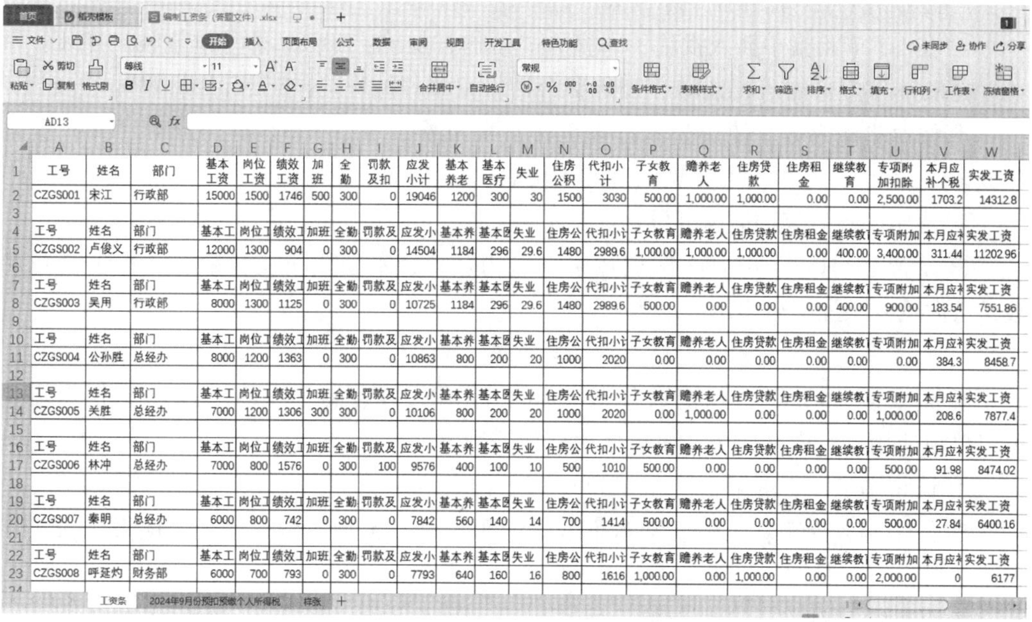

项目五 电子表格在人力资源中的应用 179

图 5-1-25 编制工资条操作结果

实战演练

1. 根据任务要求，完成"加班统计表"的处理（图 5-2-1）

任务描述：本题所考核的函数是 SUMIF，不可使用其他函数答题。

① 使用数据验证在 L3 单元格插入下拉列表，列表内容为 J2:J6 单元格区域内容，

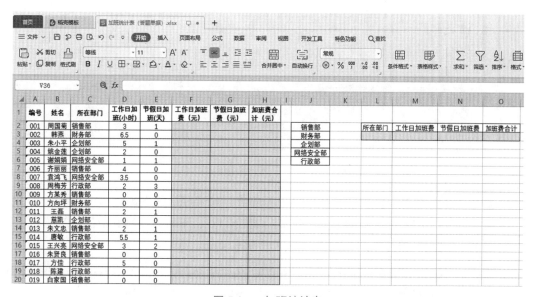

图 5-2-1 加班统计表

要求验证条件为序列，并在下拉列表中选择"行政部"。

② 在 H1 单元格中插入批注，内容为"工作日加班：50 元/小时，节假日加班：基本工资÷21×节假日加班天数×2，加班费合计：工作日加班费+节假日加班费"。

③ 按照批注内容，使用公式计算工作日加班费（元）、节假日加班费（元）及加班费合计（元），基本工资参见"基本工资表"。

④ 使用函数计算 M3:O3 区域内容。

⑤ 设置 F2:H65、M3:O3 区域数字格式为数值，不使用千位分隔符，保留 2 位小数，负数用红字加括号表示。

2. 根据任务要求，完成"项目薪资表"的处理（图 5-2-2）

任务描述：本题所考核函数包括 SUM、YEAR、IF、VLOOKUP、NOW，根据需要可以单独使用也可嵌套使用，不可使用其他函数答题。

① 请将本工作表的第 1 行和 A 到 G 列进行冻结。

② 使用函数计算：工龄、基本工资、学历工资、工龄工资、奖金、应发工资、专项附加扣除、实发工资、纳税所得额、税率、扣除数。

③ 使用公式计算：事假扣款、病假扣款、养老保险（个人）、医疗保险（个人）、失业保险（个人）、公积金（个人）、个税。

◯ 说明：

① 病假每天扣款 50 元，事假每天扣款 200 元。

② 应发工资=基本工资+学历工资+工龄工资+奖金-事假扣款-病假扣款。

③ 实发工资=应发工资-代扣社保-代扣公积金-个税。

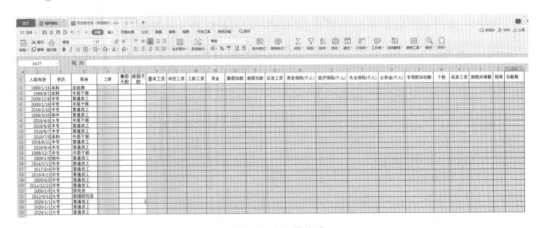

图 5-2-2　项目薪资表

3. 根据任务要求，完成"分析部门工资结构"的处理（图 5-2-3）

任务描述：本题所考核函数包括 SUM、COUNTIFS，不可以使用其他函数答题。

① 按"部门"升序，对左侧数据清单进行排序。

② 对"部门"进行去重筛选，将筛选结果复制在以 L14 单元格为起点的区域。

③ 在下面的数据统计区，按照上述筛选结果计算各"部门"相应数据。

④ 为数据统计区生成示例所示的图表，适当改变图表样式、标题、坐标轴等设置

均与图表示例相同。

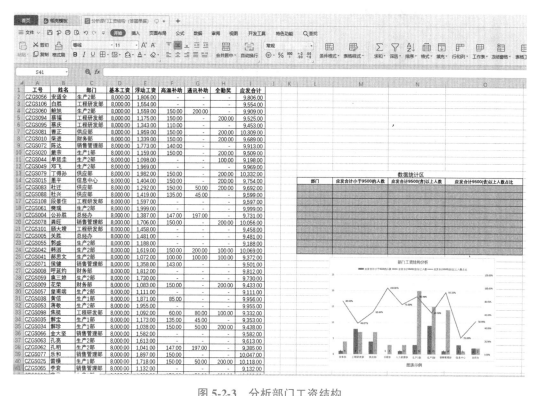

图 5-2-3　分析部门工资结构

项目六 电子表格在统计中的应用

素质目标	• 培养科学素质和科学精神,包括对数据的严谨处理、对统计结果的合理解释,以及对统计学在探索新事物发展规律中的重要性的认识
知识目标	• 了解电子表格在统计分析中所使用的静态分析法和动态分析法
技能目标	• 熟练掌握电子表格 COUNTA、MEDIAN、MODE、COUNTIFS、AVERAGEIFS、RANK、AVERAGE、STDEV.S、AVERAGEIF、TREND 等函数的用法 • 熟练掌握电子表格图表中添加趋势线分析的用法

任务一 数据静态分析

在数据统计分析中,数据静态分析主要是指对数据在某一特定时间点或时期的状态进行分析,而不涉及数据随时间变化的动态分析。静态分析通常包括对数据的描述性统计、总量指标、相对指标、平均指标和标志变异指标等的计算与分析。在电子表格中,我们可以应用多种函数来进行数据静态分析,以下是一些常用的函数及其应用:

1. 描述性统计
- AVERAGE:计算平均值。
- MAX 和 MIN:分别计算最大值和最小值。
- MEDIAN:计算中位数。
- MODE.SNGL:计算众数。

2. 总量指标
- SUM:计算数值的总和。
- COUNT:计算数值单元格的数量。
- COUNTA:计算非空单元格的数量。

3. 相对指标
- SUMIF 和 SUMIFS:根据特定条件计算总和。

- COUNTIF 和 COUNTIFS：根据特定条件计算数量。
- AVERAGEIF 和 AVERAGEIFS：根据特定条件计算平均值。

4. 平均指标
- AVERAGE：用于计算平均值。

5. 标志变异指标
- VAR.P 和 VAR.S：分别计算整个总体和样本的方差。
- STDEV.P 和 STDEV.S：分别计算整个总体和样本的标准差。

一、总量指标计算与分析

知识链接

1. COUNTA 函数

COUNTA 函数用于计算参数列表中非空单元格的数量。

语法：

COUNTA(值 1,…)

参数：

值 1：必需的参数，可以是单个单元格引用或区域，也可以是值或值的数组；

…：可选参数，可以包含 255 个额外的值、单元格引用或区域。

说明：COUNTA 函数计算包含任何类型信息（包括错误值和空文本）的单元格。如果区域中包含的公式返回空字符串，COUNTA 函数也会计算该值。但是，它不会对空单元格进行计数。

示例：

在 D2 单元格中输入"= COUNTA(B2,B3)"，如果 B2 和 B3 中有一个非空，则结果显示"1"。

2. MEDIAN 函数

MEDIAN 函数用于计算给定数值集合的中位数，即数据集中间的数值。

语法：

MEDIAN(数值 1,…)

参数：

数值 1，…：1 到 30 个数值，或者是包含这些数值的名称、数组或引用。

说明：若参数集合中包含偶数个数字，则 MEDIAN 函数将返回位于中间的两个数的平均值。若数组或引用参数包含文本、逻辑值或空白单元格，则这些值将被忽略；但包含零值的单元格将计算在内。

示例：

计算 1、2、2、4、6 和 9 的中位数，结果是 3。

3. MODE 函数

MODE 函数用于返回数据集中出现频率最多的数值，即众数。

语法：

MODE(数值1,…)

参数：

数值1,…：用于众数计算的1到30个参数，也可以使用单一数组（对数组区域的引用）来代替由逗号分隔的参数。

> 说明：若数组或引用参数包含文本、逻辑值或空白单元格，则这些值将被忽略；但包含零值的单元格将计算在内。若数据集合中不含有重复的数据，则 MODE 函数返回错误值 N/A。

示例：

在一组数据中，若数字2出现最频繁，则 MODE 函数会返回2。

4. RANK 函数

RANK 函数用于计算某个数值在数据集中的排名。

语法：

RANK(数值,引用,[排位方式])

参数：

数值：参与排名的数值。

引用：排名的数值区域。

排位方式：可选参数，用于指定排名的顺序。0 表示从大到小排名（降序），1 表示从小到大排名（升序）。默认值为0。

> 说明：RANK 函数在处理相同数值时，会给出相同的排名，并且排名之间会有间隔。例如，如果有两个数值并列第1，下一个数值的排名将是第3。

示例：

如果 C2 中的数值需要在 $C$2:$C$11 区域中进行排名，并且要求降序排列，可以使用公式"=RANK(C2,$C$2:$C$11,0)"。

5. 自定义数字格式

在12类数字格式中，"自定义"类型包括了用于各种情况的数字格式，并且允许用户创建新的数字格式。

在"单元格格式"对话框的"分类"列表里选中"自定义"类型，对话框的右侧会显示活动单元格的数字格式代码。若选中某项自定义数字格式代码后，对话框右下角的"删除"按钮呈现灰色不可用状态，则说明其为 WPS 电子表格内置的数字格式代码，不允许用户删除。

WPS 电子表格所有的数字格式都有对应的数字格式代码，可以通过如下操作方法查看其他11种类型数字格式所对应的格式代码：

① 在"单元格格式"对话框的"数字"选项卡下，单击"分类"列表中的某个格式分类，然后在右侧的选项设置中选择一种格式。

② 在"分类"列表中单击"自定义"选项，即可在右侧的"类型"文本框中查看所选择格式的对应代码。

通过这样的操作方式，可以了解现有数字格式的代码编写方式，并可据此改编出更符合自己需求的数字格式代码。

使用自定义格式可以帮助用户减少很多工作量。想要熟练地使用自定义格式，需要了解自定义格式代码的完整结构。自定义格式代码结构为"正数;负数;零值;文本"，以半角分号";"间隔的4个区段构成了一个完整结构的自定义格式代码，每个区段中的代码对应不同类型的内容。例如，在第1区段"正数"中的代码只会在单元格中的数据为正数数值时起作用，而第4区段"文本"中的代码只会在单元格中的数据为文本时才起作用。

除了以数值正负作为格式区段的分隔依据外，用户也可以为区段设置自己所需的特定条件，例如，"大于条件值;小于条件值;等于条件值;文本"，还可以使用"比较运算符+数值"的方式来表示条件值。在自定义格式代码中可以使用的比较运算符包括大于（>）、小于（<）、等于（=）、大于等于（>=）、小于等于（<=）和不等于（<>）6种。

在实际应用中，最多只能在前两个区段中使用"比较运算符+数值"表示条件值，第3区段自动以"除此之外"的情况作为其条件值，不能再使用"比较运算符+数值"的形式，而第4区段"文本"仍然只对文本型数据起作用。因此，使用包含条件值的格式代码结构也可以这样来表示：条件1;条件2;除此之外的数值;文本。

此外，在实际应用中，不必每次都严格按照4个区段的结构来编写格式代码，区段数少于4个甚至只有1个都是被允许的，表6-1-1中列出了少于4个区段的代码结构含义。

表6-1-1 少于4个区段的代码结构含义

区段数	代码结构含义
1	格式代码作用于所有类型的数值
2	第1区段作用于正数和零值，第2区段作用于负数
3	第1区段作用于正数，第2区段作用于负数，第3区段作用于零值

对于包含条件值的格式代码来说，区段可以少于4个，但最少不能少于两个区段。相关的代码结构含义如表6-1-2所示。

表6-1-2 少于4个区段的包含条件值格式的代码结构含义

区段数	代码结构含义
2	第1区段作用于满足条件1，第2区段作用于其他情况
3	第1区段作用于满足条件1，第2区段作用于满足条件2，第3区段作用于其他情况

除了特定的代码结构外，完成一个格式代码还需要了解自定义格式所使用的代码字符及其含义。表6-1-3显示了可以用于格式代码编写的代码符号及其对应的含义和作用。

表 6-1-3　代码符号及其含义和作用

代码符号	符号含义和作用
G/通用格式	不设置任何格式，按原始输入显示（同"常规"格式）
#	数字占位符，只显示有效数字，不显示无意义的零值
0	数字占位符，当数字比代码的数量少时，显示无意义的零值
?	数字占位符，与"0"作用类似，但以显示空格代替无意义的零值；可用于显示分数
.	小数点
%	百分数显示
,	千位分隔符
E	科学记数的符号
"文本"	可显示双引号之间的文本
!	强制显示下一个字符；可用于分号（;）、点号（.）、问号（?）等特殊符号的显示
\	作用与"!"相同；此符号可用作代码输入，但在输入后会以符号"!"代替其他代码显示
*	重复下一个字符来填充列宽
_	留出与下一个字符宽度相等的空格
@	文本占位符（同"文本"格式）
[颜色]	显示相应颜色，[黑色]／[black]、[白色]／[white]、[红色]／[red]、[青色]／[cyan]、[蓝色]／[blue]、[黄色]／[yellow]、[洋红]／[magenta]、[绿色]／[green]；中文版的 Excel 只能使用中文颜色名称，而英文版的 Excel 则只能使用英文颜色名称
[颜色n]	显示以数值 n 表示的兼容 Excel 2003 调色板上的颜色，n 的范围在 1—56
[条件]	设置条件；条件通常由">""<""="">=""<=""<>"及数值所构成
[DBNum1]	显示中文小写数字，如"123"显示为"一百二十三"
[DBNum2]	显示中文大写数字，如"123"显示为"壹佰贰拾叁"
[DBNum3]	显示全角的阿拉伯数字与中文单位的结合，如"123"显示为"1百2十3"

提示：当使用"%"作为单元格数字格式时，在单元格内新输入的数字会被自动缩小至原来的 1/100 后以百分数表示。

在编写与日期时间相关的自定义数字格式时，还有一些包含特殊意义的代码符号，如表 6-1-4 所示。

表 6-1-4　与日期时间格式相关的代码符号及其含义和作用

日期时间代码符号	符号含义和作用
aaa	使用中文简体显示星期几（"一"—"日"）
aaaa	使用中文全称显示星期几（"星期一"—"星期日"）
d	使用没有前导零的数字来显示日期（1—31）
dd	使用有前导零的数字来显示日期（01—31）
ddd	使用英文缩写显示星期几（Sun—Sat）
dddd	使用英文全拼显示星期几（Sunday—Saturday）
m	使用没有前导零的数字来显示月份或分钟（1—12）或（0—59）
mm	使用有前导零的数字来显示月份或分钟（01—12）或（00—59）
mmm	使用英文缩写显示月份（Jan—Dec）
mmmm	使用英文全拼显示月份（January—December）
mmmmm	使用英文首字母显示月份（J—D）
y	使用 2 位数字显示公历年份（00—99）
yy	
yyyy	使用 4 位数字显示公历年份（1900—9999）
b	使用 2 位数字显示泰历（佛历）年份（43—99）
bb	
bbbb	使用 4 位数字显示泰历（佛历）年份（2443—9999）
b2	在日期前加上"b2"前缀可显示回历日期
h	使用没有前导零的数字来显示小时（0—23）
hh	使用有前导零的数字来显示小时（00—23）
s	使用没有前导零的数字来显示秒（0—59）
ss	使用有前导零的数字来显示秒（00—59）
[h]、[m]、[s]	显示超出进制的小时数、分数、描述
AM/PM	使用英文上下午显示十二进制的时间
A/P	
上午/下午	使用中文上下午显示十二进制的时间

通过编写自定义格式代码，用户可以创建出丰富多样的数字格式，使单元格中的数据更有表现力，增强可读性。有些特殊的自定义格式还可以起到简化数据输入、限制部分数据输入或隐藏输入数据的作用。

任务描述

① 使用对应的函数统计 G2:G10 单元格区域相应数据。

② 使用 IF 和 RANK 函数在 D 列统计各学生成绩排名（排名根据成绩进行正排名，相同成绩并列排名且影响后续成绩的排名，缺考学生排名不显示）。

③ 根据上述排名，用最优方案设置单元格格式，要求排名显示为"第 1 名"的形式。

④ 对期末成绩表数据区域按照排名进行正排序（第 1 名在最上面）。

任务资料

教材配套资源/项目六/总量指标（答题文件）.xlsx 文件。

操作流程

① 打开"总量指标（答题文件）.xlsx"，单击"期末成绩统计表"工作表标签。

② 输入如下公式：

在 G2 单元格中输入公式"=COUNTA(C2:C21)"，按【Enter】键；

在 G3 单元格中输入公式"=COUNT(C2:C21)"，按【Enter】键；

在 G4 单元格中输入公式"=G2-G3"，按【Enter】键；

在 G5 单元格中输入公式"=SUM(G3:G4)"，按【Enter】键；

在 G6 单元格中输入公式"=MAX(C2:C21)"，按【Enter】键；

在 G7 单元格中输入公式"=MIN(C2:C21)"，按【Enter】键；

在 G8 单元格中输入公式"=AVERAGE(C2:C21)"，按【Enter】键；

在 G9 单元格中输入公式"=MEDIAN(C2:C21)"，按【Enter】键；

在 G10 单元格中输入公式"=MODE(C2:C21)"，按【Enter】键；

在 D2 单元格中输入公式"=IF(C2="缺考","",RANK(C2,$C$2:$C$21))"，按【Enter】键；

向下填充公式，如图 6-1-1 所示。

图 6-1-1 计算总量指标相关数据

③ 选中 D2:D21 单元格区域，按【Ctrl】+【1】组合键，在"数字"选项卡下的"分类"中选择"自定义"，在"类型"文本框中输入""第"0"名""，单击"确定"，如图 6-1-2 所示。

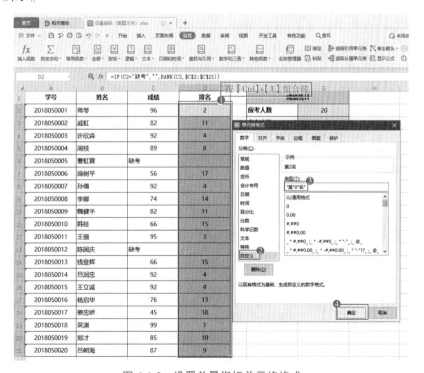

图 6-1-2 设置总量指标单元格格式

④ 选中“D”列，单击“数据”→“升序”，在弹出的“排序警告”对话框中单击“确定”，如图 6-1-3 所示。

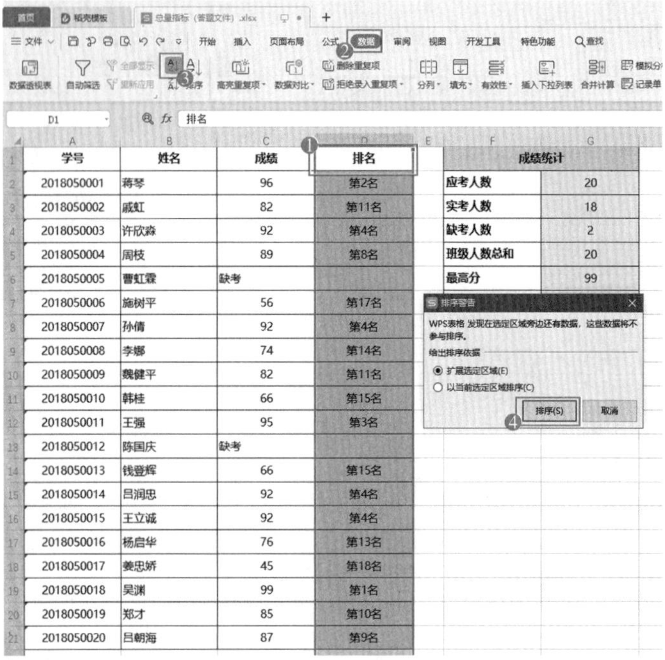

学号	姓名	成绩	排名
2018050001	蒋琴	96	第2名
2018050002	戚虹	82	第11名
2018050003	许欣淼	92	第4名
2018050004	周枝	89	第8名
2018050005	曹虹霖	缺考	
2018050006	施树平	56	第17名
2018050007	孙倩	92	第4名
2018050008	李娜	74	第14名
2018050009	魏健平	82	第11名
2018050010	韩桂	66	第15名
2018050011	王强	95	第3名
2018050012	陈国庆	缺考	
2018050013	钱登辉	66	第15名
2018050014	吕润思	92	第4名
2018050015	王立诚	92	第4名
2018050016	杨启华	76	第13名
2018050017	姜思娇	45	第18名
2018050018	吴渊	99	第1名
2018050019	郑才	85	第10名
2018050020	吕朝海	87	第9名

成绩统计	
应考人数	20
实考人数	18
缺考人数	2
班级人数总和	20
最高分	99

图 6-1-3　总量指标排序

成果展示

总量指标操作结果如图 6-1-4 所示。

学号	姓名	成绩	排名
2018050018	吴渊	99	第1名
2018050001	蒋琴	96	第2名
2018050011	王强	95	第3名
2018050003	许欣淼	92	第4名
2018050007	孙倩	92	第4名
2018050014	吕润思	92	第4名
2018050015	王立诚	92	第4名
2018050004	周枝	89	第8名
2018050020	吕朝海	87	第9名
2018050019	郑才	85	第10名
2018050002	戚虹	82	第11名
2018050009	魏健平	82	第11名
2018050016	杨启华	76	第13名
2018050008	李娜	74	第14名
2018050010	韩桂	66	第15名
2018050013	钱登辉	66	第15名
2018050006	施树平	56	第17名
2018050017	姜思娇	45	第18名
2018050005	曹虹霖	缺考	
2018050012	陈国庆	缺考	

成绩统计	
应考人数	20
实考人数	18
缺考人数	2
班级人数总和	20
最高分	99
最低分	45
平均分	81.44
班级成绩的中间值	86
班级成绩中出现次数最多的成绩	92

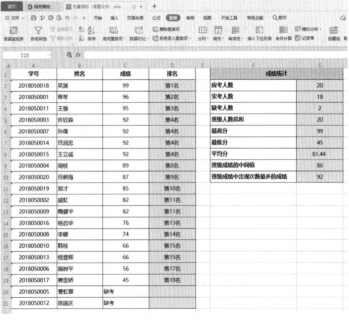

图 6-1-4　总量指标操作结果

二、相对指标计算与分析

 知识链接

COUNTIFS 和 AVERAGEIFS 是两个非常有用的函数，它们允许根据一个或多个条件进行数据的统计和计算。

1. COUNTIFS 函数

COUNTIFS 函数用于统计满足一个或多个条件的单元格数量。

语法：

COUNTIFS(区域1,条件1,…)

参数：

区域1：第一个条件的范围。

条件1，…：条件区域和对应的条件，可以是数字、表达式或文本。

参数说明：

可以添加更多的条件范围和条件对，最多支持127对。

示例：

如果想要统计销售部中评选结果为"优"的人数，可以使用如下公式：

=COUNTIFS(B2:B11,"销售部", C2:C11,"优")

其中，B2:B11是部门的范围，"销售部"是部门的条件；C2:C11是评选结果的范围，"优"是评选结果的条件。

2. AVERAGEIFS 函数

AVERAGEIFS 函数用于计算满足多个条件的所有单元格的平均值（算术平均值）。

语法：

AVERAGEIFS(求平均值区域,区域1,条件1,…)

参数：

求平均值区域：计算平均值的一个或多个单元格，其中包含数字或数字的名称、数组或引用。

区域1：第1个条件的范围。

条件1，…：条件区域和对应的条件，可以是数字、表达式、单元格引用或文本。

参数说明：

可以添加更多的条件范围和条件对，最多支持127对。

示例：

如果想要计算销售部中评选结果为"优"的员工的平均分数，可以使用如下公式：

=AVERAGEIFS(D2:D11,B2:B11,"销售部",C2:C11,"优")

其中，D2:D11是分数的范围，B2:B11是部门的范围，"销售部"是部门的条件，C2:C11是评选结果的范围，"优"是评选结果的条件。

这两个函数，可以帮助用户根据复杂的条件进行数据的统计和分析。在使用这些函数时，应确保每个求平均值区域的大小和形状与条件区域相同，并且所有条件都必须被满足，函数才会对相应的单元格进行计算。条件中的通配符包括问号（？）（匹配任意单个字符）、星号（＊）（匹配任意一串字符）。如果要查找实际的问号或星号，请在字符前输入波形符（~）。

任务描述

① 使用函数计算 D20:D24 单元格区域数据。
② 为 D20:D21 单元格区域设置"百分比"数字格式，并保留两位小数。

任务资料

教材配套资源/项目六/相对指标（答题文件）.xlsx 文件。

操作流程

① 打开"相对指标（答题文件）.xlsx"，单击"产品订单统计表"工作表标签。
② 在 D20:D23 单元格区域输入如下公式（图 6-1-5）：

在 D20 单元格中输入公式"=G18/SUM(D18:H18)"，按【Enter】键；

在 D21 单元格中输入公式"=(SUM(D18:H18)-28596935.48)/28596935.48"，按【Enter】键；

在 D22 单元格中输入公式"=AVERAGEIFS(F2:F17,B2:B17,B4,C2:C17,C4)"，按【Enter】键；

在 D23 单元格中输入公式"=SUMIFS(H2:H17,B2:B17,B3,H2:H17,″>100000″)"，按【Enter】键；

在 D24 单元格中输入公式"=COUNTIFS(B2:B17,B5,E2:E17,″>450000″)"，按【Enter】键。

	A	B	C	D	E	F	G	H
1	所属分公司	订购日期	渠道	产品1	产品2	产品3	产品4	产品5
2	A公司	第一季度	线上	546786.434290538	972310.9166107	45671.24256	469410.3340076	524498.855182
3		第二季度	线下	297018.2189571	644348.6227142	552749.491836	532451.14955495	156562.077658571
4		第三季度	线下	180157.077155	839927.7393917	374710.3639456	303848.7327585	539734.6252325
5		第四季度	线上	535026.2184202	242524.5655749	390315.1828888	427475.89313125	516675.5904019
6	B公司	第一季度	线上	455716.8285797	587757.32661775	41125.9854	391056.841305359	370677.198131715
7		第二季度	线下	559961.4840814	369290.176202	239977.12345	402955.393092	223889.51181
8		第三季度	线下	568675.4914361	377719.6430006	14595.2229	418383.229728	131093.283945
9		第四季度	线上	725116.4048058	494530.48987	458450.998	313182.812009	410756.265596
10	C公司	第一季度	线下	143624.080077	654466.3372825	82794.33379	273091.7564	168198.443075
11		第二季度	线下	385929.16368	551192.131512918	374958.57326	484946.94955	493508.4584
12		第三季度	线下	317102.87095	503745.59379355	1000000.0001	84873.3213	533956.5421
13		第四季度	线上	619229.452581	357582.982602	135613.55246	326241.7872845	792697.274088
14	D公司	第一季度	线上	472235.3336331	922243.2240644	404041.41418	50711.240227	146707.628717
15		第二季度	线下	936759.860127	785142.0858628	412443.39785	672421.601204	71870.505612
16		第三季度	线下	475739.1827355	1000000	609814.870182	269620.673816	213140.1230408
17		第四季度	线上	399903.4992295	565083.969319	334826.2479995	402532.0720417	406541.043580587
18		各产品总销售额		7618981.60073894	9867865.80441902	5472088.0008019	5823203.78740986	5700507.47683007
19								
20	产品4的销售占比			=G18/SUM(D18:H18)				
21	如上一年总销售额为28596935.48，请计算销售增长率			=(SUM(D18:H18)-28596935.48)/28596935.48				
22	第三季度线下产品3的平均订单额			=AVERAGEIFS(F2:F17,B2:B17,B4,C2:C17,C4)				
23	第二季度产品5订单金额大于100000的订单总额			=SUMIFS(H2:H17,B2:B17,B3,H2:H17,″>100000″)				
24	第四季度产品2订单金额大于450000的订单数			=COUNTIFS(B2:B17,B5,E2:E17,″>450000″)				

图 6-1-5 计算相对指标相关数据

③ 选中 D20:D21 单元格区域，按【Ctrl】+【1】组合键，打开"单元格格式"对话框，在"数字"选项卡下的"分类"中选择"百分比"，"小数位数"调整为"2"，单击"确定"，如图 6-1-6 所示。

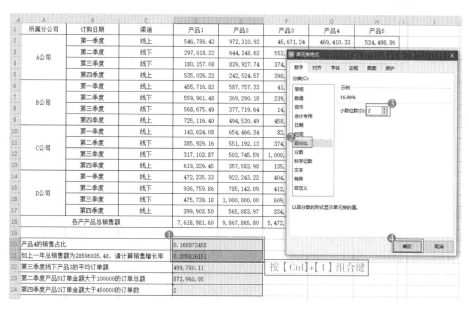

图 6-1-6　设置百分比格式

成果展示

相对指标操作结果如图 6-1-7 所示。

	所属分公司	订购日期	渠道	产品1	产品2	产品3	产品4	产品5
1								
2	A公司	第一季度	线上	546,786.43	972,310.92	45,671.24	469,410.33	524,498.86
3		第二季度	线下	297,018.22	644,348.62	552,749.49	532,451.15	156,562.08
4		第三季度	线下	180,157.08	839,927.74	374,710.36	303,848.73	539,734.63
5		第四季度	线上	535,026.22	242,524.57	390,315.18	427,475.89	516,675.59
6	B公司	第一季度	线上	455,716.83	587,757.33	41,125.99	391,056.84	370,677.20
7		第二季度	线下	559,961.48	369,290.18	239,977.12	402,955.39	223,889.51
8		第三季度	线下	568,675.49	377,719.64	14,595.22	418,383.23	131,093.28
9		第四季度	线上	725,116.40	494,530.49	458,451.00	313,182.81	410,756.27
10	C公司	第一季度	线上	143,624.08	654,466.34	82,794.33	273,091.76	168,198.44
11		第二季度	线下	385,929.16	551,192.13	374,958.57	484,946.95	493,508.46
12		第三季度	线下	317,102.87	503,745.59	1,000,000.00	84,873.32	533,956.54
13		第四季度	线上	619,229.45	357,582.98	135,613.55	326,241.79	792,697.27
14	D公司	第一季度	线上	472,235.33	922,243.22	404,041.41	50,711.24	146,707.63
15		第二季度	线下	936,759.86	785,142.09	412,443.40	672,421.60	71,870.56
16		第三季度	线下	475,739.18	1,000,000.00	609,814.87	269,620.67	213,140.12
17		第四季度	线上	399,903.50	565,083.97	334,826.25	402,532.07	406,541.04
18		各产产品总销售额		7,618,981.60	9,867,865.80	5,472,088.00	5,823,203.79	5,700,507.48
19								
20	产品4的销售占比			16.89%				
21	如上一年总销售额为28596935.48，请计算销售增长率			20.58%				
22	第三季度线下产品3的平均订单额			499,780.11				
23	第二季度产品5订单金额大于100000的订单总额			873,960.05				
24	第四季度产品2订单金额大于450000的订单数			2				

图 6-1-7　相对指标操作结果

三、平均指标计算与分析

知识链接

1. 冻结窗格

冻结窗格是一个实用的功能，它允许固定工作表中的行或列，以便在滚动查看数据时，某些行或列始终可见。这对于处理大型数据表时特别有用，因为它可以帮助保持对数据的上下文理解，尤其是当需要频繁查看某些关键信息（如标题行或列标签）时。

2. 冻结首行或首列

选择想要冻结的行或列旁边的第 1 个单元格（如果想冻结首行，选择第 2 行的第 1 个单元格），单击"视图"选项卡，单击"冻结窗格"，然后选择"冻结至第 1 行"，"冻结首行"或"冻结首列"。

3. 冻结多行或多列

选择想要冻结的区域旁边的第 1 个单元格（如果想冻结前两行和前两列，选择第 3 行第 3 列的单元格），单击"视图"选项卡，单击"冻结窗格"，然后选择"冻结至第×行×列"。

4. 取消冻结窗格

如果想要取消冻结的窗格，可以转到"视图"选项卡，单击"冻结窗格"，然后选择"取消冻结窗格"。

注意事项

- 冻结窗格后，当向下或向右滚动工作表时，冻结的行或列将保持可见。
- 冻结的行或列可以正常编辑，冻结只影响视图，不影响数据的编辑。

任务描述

① 在"地址"列前面插入一列，列标题为"城市"。
② 在"城市"列和"地址"列之间插入一列，列标题为"行政区"。
③ 用 LEFT 函数补充"城市"列数据，城市为地址中的前 3 位。
④ 用 MID 函数补充"行政区"数据，行政区为地址中城市后面的 3 位。
⑤ 用 AVERAGE 函数计算各店铺的平均评分。
⑥ 将数据清单第 1 行和第 1 列冻结，使得在滚动浏览数据时，该部分始终保持可见。

任务资料

教材配套资源/项目六/平均指标（答题文件）.xlsx 文件。

操作流程

① 打开"平均指标（答题文件）.xlsx"，单击"外卖统计表"工作表标签。

② 选中 B 列并右击，在弹出的菜单中单击“插入”，如图 6-1-8 所示。

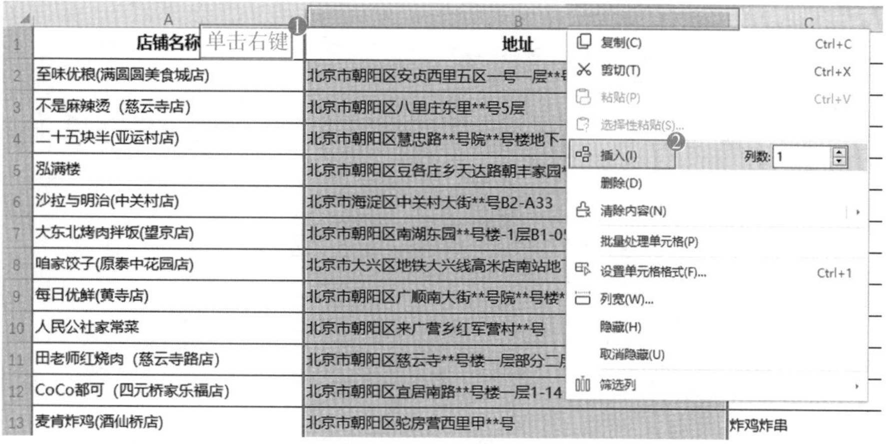

图 6-1-8　插入列

③ 用同样方法再插入一列，并为插入的两列设置列标题，如图 6-1-9 所示。

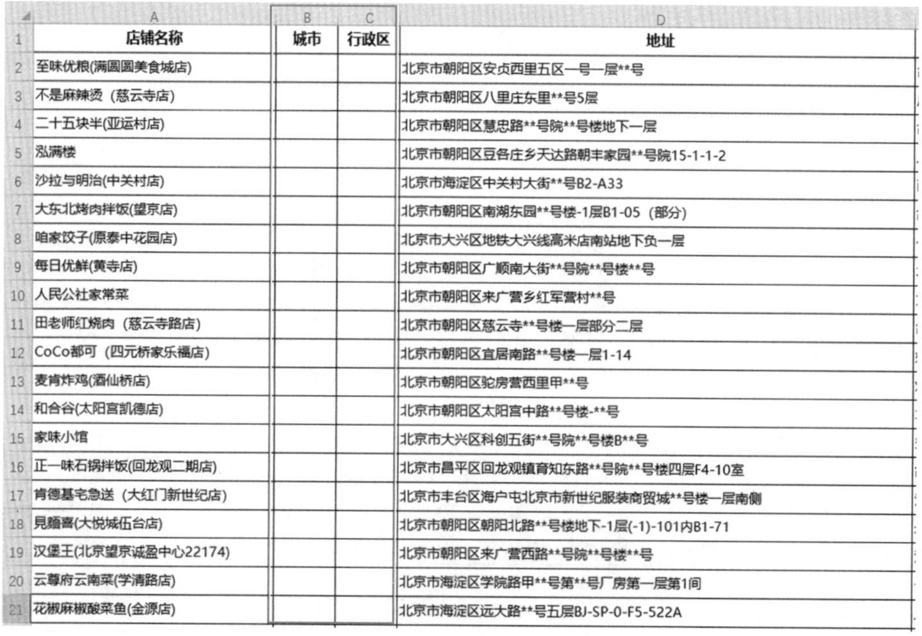

	A	B	C	D
1	店铺名称	城市	行政区	地址
2	至味优粮(满圆圆美食城店)			北京市朝阳区安贞西里五区一号一层**号
3	不是麻辣烫（慈云寺店）			北京市朝阳区八里庄东里**号5层
4	二十五块半(亚运村店)			北京市朝阳区慧忠路**号院**号楼地下一层
5	泓满楼			北京市朝阳区豆各庄乡天达路朝丰家园**号院15-1-1-2
6	沙拉与明治(中关村店)			北京市海淀区中关村大街**号B2-A33
7	大东北烤肉拌饭(望京店)			北京市朝阳区南湖东园**号楼-1层B1-05（部分）
8	咱家饺子(原泰中花园店)			北京市大兴区地铁大兴线高米店南站地下负一层
9	每日优鲜(黄寺店)			北京市朝阳区广顺南大街**号院**号楼**号
10	人民公社家常菜			北京市朝阳区来广营乡红军营村**号
11	田老师红烧肉（慈云寺路店）			北京市朝阳区慈云寺**号楼一层部分二层
12	CoCo都可（四元桥家乐福店）			北京市朝阳区宜居南路**号楼一层1-14
13	麦肯炸鸡(酒仙桥店)			北京市朝阳区驼房营西里甲**号
14	和合谷(太阳宫凯德店)			北京市朝阳区太阳宫中路**号楼-**号
15	家味小馆			北京市大兴区科创五街**号院**号楼B**号
16	正一味石锅拌饭(回龙观二期店)			北京市昌平区回龙观镇育知东路**号院**号楼四层F4-10室
17	肯德基宅急送（大红门新世纪店）			北京市丰台区海户屯北京市新世纪服装商贸城**号楼一层南侧
18	晃麓喜(大悦城伍台店)			北京市朝阳区朝阳北路**号楼地下-1层(-1)-101内B1-71
19	汉堡王(北京望京诚盈中心22174)			北京市朝阳区来广营西路**号院**号楼**号
20	云尊府云南菜(学清路店)			北京市海淀区学院路甲**号第**号厂房第一层第1间
21	花椒麻椒酸菜鱼(金源店)			北京市海淀区远大路**号五层BJ-SP-0-F5-522A

图 6-1-9　设置插入列的标题

说明： 需要插入多列时，在“插入”后的文本框中输入具体要插入的列数字即可。

④ 在 B2 单元格中输入公式“=LEFT(D2,3)”，按【Enter】键；在 C2 单元格中输入公式“=MID(D2,4,3)”，按【Enter】键；在 K2 单元格中输入公式“=AVERAGE(G2:J2)”，按【Enter】键；向下填充公式，如图 6-1-10 所示。

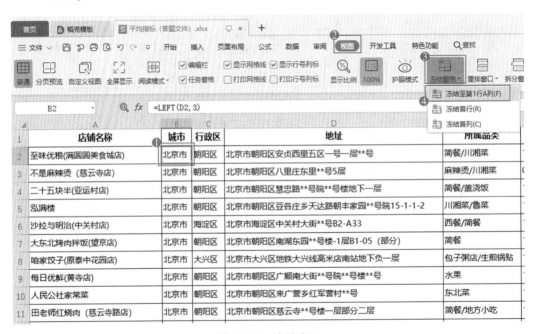

图 6-1-10 计算相关数据

⑤ 选中 B2 单元格,单击"视图"→"冻结窗格"→"冻结至第 1 行 A 列",如图 6-1-11 所示。

图 6-1-11 冻结窗口

成果展示

平均指标操作结果如图 6-1-12 所示。

项目六 电子表格在统计中的应用   197

	A	B	C	D	E	F	G	H	I	J	K
1	店铺名称	城市	行政区	地址	所属品类	电话	味道评分	包装评分	配送评分	商品评分	平均评分
2	至味优粮(满圆圆美食城店)	北京市	朝阳区	北京市朝阳区安贞西里五区一号一层**号	简餐/川湘菜	156****1919	5	5	5	5	5
3	不是麻辣烫 (慈云寺店)	北京市	朝阳区	北京市朝阳区八里庄东里**号5层	麻辣烫/川湘菜	010-58***275	4	5	4	4	4
4	二十五块半(亚运村店)	北京市	朝阳区	北京市朝阳区慧忠路**号院**号楼地下一层	简餐/盖浇饭	158****3526	5	5	5	5	5
5	泓满楼	北京市	朝阳区	北京市朝阳区豆各庄乡天达路朝丰家园**号院15-1-1-2	川湘菜/鲁菜	131****9806	4	5	5	4	5
6	沙拉与明治(中关村店)	北京市	海淀区	北京市海淀区中关村大街**号B2-A33	西餐/简餐	152****0754	4	5	5	5	5
7	大东北烤肉拌饭(望京店)	北京市	朝阳区	北京市朝阳区南湖东园**号院-1区B1-05 (部分)	简餐	170****8833	5	5	5	5	5
8	咱家饺子(原泰中花园店)	北京市	大兴区	北京市大兴区地铁大兴线高米店南站地下一层	包子粥店/生煎锅贴	131****8618	4	4	5	4	4
9	每日优鲜(黄寺店)	北京市	朝阳区	北京市朝阳区广顺南大街**号院**号楼**号	水果	158****4080	5	5	5	5	5
10	人民公社家常菜	北京市	朝阳区	北京市朝阳区来广营乡红军营村**号	东北菜	176****2696	5	5	5	5	5
11	田老师红烧肉 (慈云寺路店)	北京市	朝阳区	北京市朝阳区慈云寺**号楼一层部分二层	简餐/地方小吃	135****5066	4	4	4	4	4
12	CoCo都可 (四元桥家乐福店)	北京市	朝阳区	北京市朝阳区宜居南路**号楼一层1-14	奶茶果汁/咖啡	139****7099	5	5	5	5	5
13	麦肯炸鸡(酒仙桥店)	北京市	朝阳区	北京市朝阳区驮房营西里甲**号	炸鸡肉串	136****7556	5	5	5	5	5
14	和合谷(太阳宫凯德店)	北京市	朝阳区	北京市朝阳区太阳宫中路**号楼-**号	地方小吃/盖浇饭	173****9855	5	5	5	5	5
15	家味小馆	北京市	大兴区	北京市大兴区科创三街**号院B**号	盖浇饭/川湘菜	183****4048	4	5	5	4	4
16	正一味石锅拌饭(回龙观二期店)	北京市	昌平区	北京市昌平区回龙观镇育知东路**号院**号楼四层F4-10室	简餐/日韩料理	130****9467	5	5	5	5	5
17	肯德基宅急送 (大红门新世纪店)	北京市	丰台区	北京市丰台区海户中屯北京市新世纪服装商贸城**号楼南	汉堡/炸鸡肉串	010-63***018	5	5	5	5	5
18	見膳膳 (大悦城伍台店)	北京市	朝阳区	北京市朝阳区朝阳北路**号楼地下-1层(-1)-101内B1-71	米粉面馆/简餐	010-64***989	5	5	5	5	5
19	汉堡王(北京望京诚盈中心22174)	北京市	朝阳区	北京市朝阳区来广营西路**号楼**号	汉堡/炸鸡肉串	010-52***138	5	5	5	5	5
20	云尊府云南菜(学清路店)	北京市	海淀区	北京市海淀区学院路甲**号第**号厂房第一层第1间	云南菜	185****6768	4	5	5	4	5
21	花椒麻椒酸菜鱼(金源店)	北京市	海淀区	北京市海淀区远大路**号五层BJ-SP-0-F5-522A	川湘菜/简餐	151****2685	4	4	4	4	4

图 6-1-12 平均指标操作结果

四、标志变异指标计算与分析

 知识链接

STDEV.S 函数用于基于样本估算标准偏差,即测量值在平均值(中值)附近分布的范围大小。这个函数特别适用于计算一组数据的离散程度,如分析一组样本数据的变异性。

语法:

STDEV.S(数值 1,…)

参数:

数值 1:必需的第 1 个数值参数,对应于总体样本。

…:可选参数,可以有 2 到 254 个额外的数值参数,对应于总体样本。

参数说明:

- 参数可以是数字,或者是包含数字的名称、数组或引用。
- 如果参数是数组或引用,那么只计算其中的数字。数组或引用中的空白单元格、逻辑值、文本或错误值将被忽略。
- 逻辑值和直接输入参数列表代表数字的文本被计算在内。
- 如果参数为错误值或不能转换为数字的文本,将会导致错误。

计算方法:

- STDEV.S 函数假设其参数是总体样本。如果数据代表整个总体,请使用 STDEV.P 计算标准偏差。
- 此处标准偏差的计算使用 "$n-1$" 方法,即样本标准偏差。

使用场景:

当想知道一个班级的学生成绩差异时,可以使用 STDEV.S 函数。如果学生成绩差异小，那么这个值较小；如果学生成绩差异大，那么这个值较大；极限情况下，如果整个班的成绩一样，这个值就是0。

示例：

假设有一列数据在 B2:B11 单元格区域中，想计算这些数据的样本标准偏差，可以在另一个单元格中输入以下公式：

=STDEV.S(B2:B11)

结果返回 B2:B11 单元格区域中数值的样本标准偏差。

注意事项

- 如果想要计算整个总体的标准偏差，请使用 STDEV.P 函数。
- STDEV.S 函数与 STDEV 函数相似，但 STDEV.S 是专门针对样本的标准偏差计算，而 STDEV 函数在某些情况下可能被认为是过时的，因为它的行为取决于数据是代表样本还是总体。

任务描述

① 使用 AVERAGE 函数在 B7 单元格中计算平均成绩。

② 使用 STDEV.S 函数在 B8 单元格中计算标准差。

③ 在 B9 单元格中输入公式计算变异系数。

任务资料

教材配套资源/项目六/标志变异指标（答题文件）.xlsx 文件。

操作流程

① 打开“标志变异指标（答题文件）.xlsx”，单击“标志变异指标”工作表标签。

② 在 B7 单元格中输入公式“=AVERAGE(B2:B6)”，按【Enter】键；在 B8 单元格中输入公式“=STDEV.S(B2:B6)”，按【Enter】键；在 B7 单元格中输入公式“=(B8/B7)*100%”，按【Enter】键，如图 6-1-13 所示。

	A	B
1	姓名	成绩（分）
2	学生A	88
3	学生B	76
4	学生C	95
5	学生D	82
6	学生E	90
7	平均成绩	=AVERAGE(B2:B6)
8	标准差	=STDEV.S(B2:B6)
9	变异系数	=(B8/B7)*100%

图 6-1-13 计算标志变异指标相关数据

	A	B
1	姓名	成绩（分）
2	学生A	88
3	学生B	76
4	学生C	95
5	学生D	82
6	学生E	90
7	平均成绩	86.2
8	标准差	7.36
9	变异系数	8.54%

图 6-1-14 标志变异指标操作结果

项目六　电子表格在统计中的应用

成果展示

标志变异指标操作结果如图 6-1-14 所示。

操作技巧

在不确定函数名称及其用法的情况下，可以通过搜索函数分类，查看具体函数用法后以参数可视化的形式插入函数。以本题的标准差函数讲解函数书写技巧。

选中单元格，单击"公式"→"插入函数"，弹出"插入函数"对话框；在"或选择类别"处选择"统计"，找到选择函数下的"STDEV.S"（单击函数名称，下方会显示函数的作用说明），单击"确定"。在"函数参数"对话框中的"数值1"文本框内输入（或选中）B2:B6，单击"确定"，完成函数的录入，如图 6-1-15 所示。

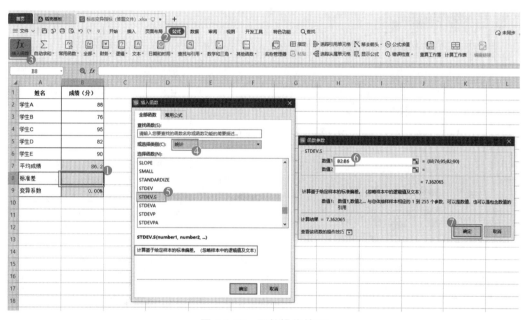

图 6-1-15　函数操作技巧

任务二　数据动态分析

动态分析在统计学中是指对经济变动的实际过程所进行的分析，它包括分析有关变量在一定时间过程中的变动，这些经济变量在变动过程中的相互影响和彼此制约的关系，以及它们在每一个时点上变动的速率等。动态分析法的一个重要特点是考虑时间因素的影响，并把经济现象的变化当作一个连续的过程来看待。

一、水平指标计算与分析

任务描述

以某企业过去 5 年的销售额数据为例：

① 使用公式计算每年的“增长率（%）”。

② 使用 AVERAGE 函数计算“年均增长率（%）”。

③ 设置 C3:C7 单元格区域的格式为数值格式，保留两位小数，负数用带负号的黑字表示。

任务资料

教材配套资源/项目六/水平指标（答题文件）. xlsx 文件。

操作流程

① 打开“水平指标（答题文件）. xlsx”，单击“水平指标”工作表标签。

② 在 C1 单元格中输入“增长率（%）”，在 C2 单元格中输入“--”，（本示例中没有 2019 年的数据）。在 C3 单元格中输入公式“=(B3-B2）/B2*100”，按【Enter】键。这个公式用于计算 2021 年相对于 2020 年的增长率。将 C3 单元格的公式向下填充至 C6 单元格，计算 2022 年、2023 年和 2024 年的增长率，如图 6-2-1 所示。

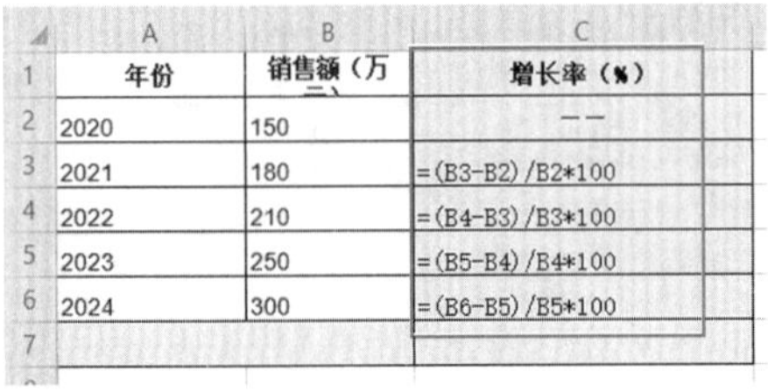

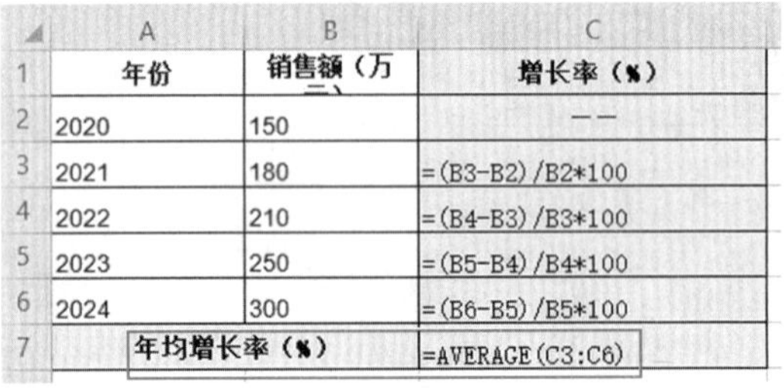

	A	B	C
1	年份	销售额（万元）	增长率（%）
2	2020	150	--
3	2021	180	=(B3-B2)/B2*100
4	2022	210	=(B4-B3)/B3*100
5	2023	250	=(B5-B4)/B4*100
6	2024	300	=(B6-B5)/B5*100
7			

图 6-2-1　计算增长率

	A	B	C
1	年份	销售额（万元）	增长率（%）
2	2020	150	--
3	2021	180	=(B3-B2)/B2*100
4	2022	210	=(B4-B3)/B3*100
5	2023	250	=(B5-B4)/B4*100
6	2024	300	=(B6-B5)/B5*100
7	年均增长率（%）		=AVERAGE(C3:C6)

图 6-2-2　计算年均增长率

③ 在 A7 单元格中输入“年均增长率（%）”。在 C7 单元格中输入公式“=AVERAGE(C3:C6)”，按【Enter】键，计算从 2021 年到 2024 年的年均增长率，如图 6-2-2 所示。

④ 选中 C3:C7 单元格区域，按【Ctrl】+【1】组合键，弹出“单元格格式”对话框中，在“数字”选项卡下的“分类”中选择“数值”，“小数位数”改为“2”，“负数”选择用带负号的黑字，单击“确定”，如图 6-2-3 所示。

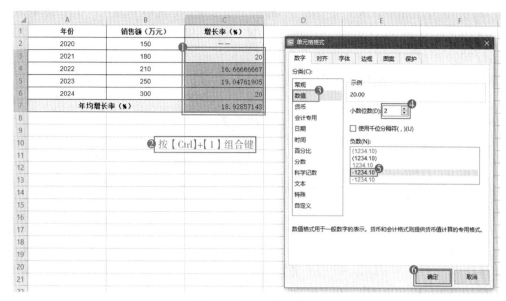

图 6-2-3 设置数字格式

成果展示

水平指标操作结果如图 6-2-4 所示。

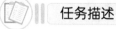

图 6-2-4 水平指标操作结果

二、速度指标计算与分析

任务描述

以某企业过去 5 年的销售额数据为例：
① 使用公式计算"增长量"。
② 使用 AVERAGE 函数计算"平均发展速度"。

任务资料

教材配套资源/项目六/速度指标（答题文件）.xlsx 文件。

操作流程

① 打开"速度指标（答题文件）.xlsx"，单击"速度指标"工作表标签。

② 在 C1 单元格中输入“增长量（万元）”。在 C2 单元格中输入“0”，这是因为没有 2019 年的数据。在 C3 单元格中输入公式“=B3−B2”，按【Enter】键。计算 2021 年相较 2020 年的增长量。将 C3 单元格公式填充至 C6 单元格，计算 2022 年、2023 年和 2024 年的增长量，如图 6-2-5 所示。

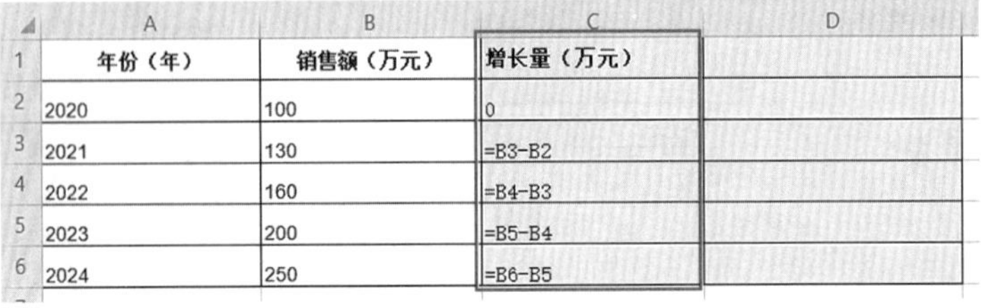

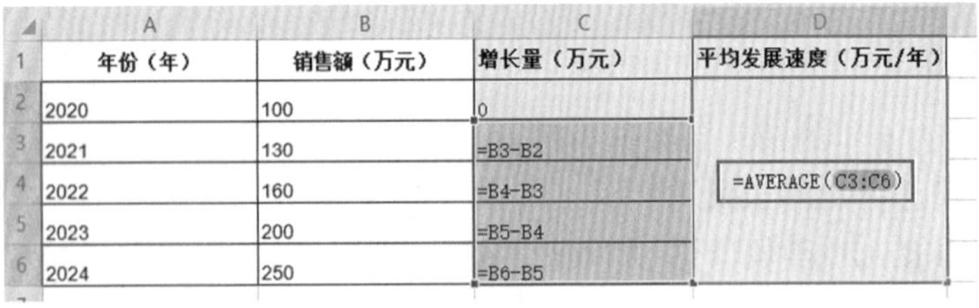

	A	B	C	D
1	年份（年）	销售额（万元）	增长量（万元）	
2	2020	100	0	
3	2021	130	=B3-B2	
4	2022	160	=B4-B3	
5	2023	200	=B5-B4	
6	2024	250	=B6-B5	

图 6-2-5　计算增长量

③ 在 D1 单元格中输入“平均发展速度（万元/年）”。选中 D2：D6 单元格区域，单击“开始”→“合并居中”，如图 6-2-6 所示。

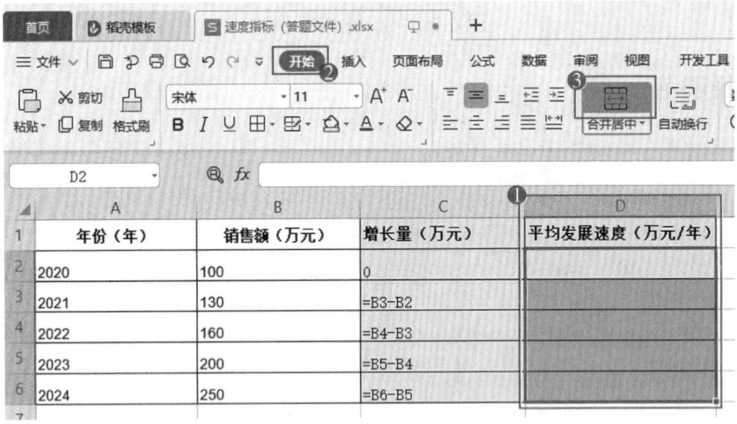

图 6-2-6　合并单元格

④ 在 D2 单元格中输入公式“=AVERAGE(C3：C6)”，按【Enter】键，计算 2021—2024 年的平均发展速度，如图 6-2-7 所示。

	A	B	C	D
1	年份（年）	销售额（万元）	增长量（万元）	平均发展速度（万元/年）
2	2020	100	0	=AVERAGE(C3:C6)
3	2021	130	=B3-B2	
4	2022	160	=B4-B3	
5	2023	200	=B5-B4	
6	2024	250	=B6-B5	

图 6-2-7　计算平均发展速度

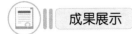

成果展示

速度指标操作结果如图 6-2-8 所示。

	A	B	C	D
1	年份（年）	销售额（万元）	增长量（万元）	平均发展速度（万元/年）
2	2020	100	0	
3	2021	130	30	
4	2022	160	30	37.50
5	2023	200	40	
6	2024	250	50	

图 6-2-8　速度指标操作结果

三、趋势指标计算与分析

知识链接

AVERAGEIF 函数和 TREND 函数分别是非常实用的统计函数和预测函数。

1. AVERAGEIF 函数

AVERAGEIF 函数用于计算满足特定条件的单元格的平均值（算术平均值）。

语法：

AVERAGEIF(区域,条件,[求平均值区域])

参数：

区域：计算平均值的一个或多个单元格，其中包含数字或包含带有数字的名称、数组或引用。

条件：形式为数字、表达式、单元格引用或文本的条件，用来定义将计算平均值的单元格。

求平均值区域：可选参数，计算平均值的实际单元格。若省略，则使用区域。

说明：

① 忽略区域中包含 TRUE 或 FALSE 的单元格。

② 如果求平均值区域中的单元格为空单元格，AVERAGEIF 函数将忽略它。

③ 如果区域为空值或文本值，AVERAGEIF 函数将返回错误值#DIV0!。

④ 如果条件中的单元格为空单元格，AVERAGEIF 函数就会将其视为 0 值。

⑤ 如果区域中没有满足条件的单元格，AVERAGEIF 函数将返回错误值#DIV/0!。

⑥ 可以在条件中使用通配符，即问号（?）和星号（*）。问号匹配任意单个字符；星号匹配任意一串字符。

⑦ 求平均值区域无须与条件区域具备同样的大小和形状。

示例：

假设有一列数据在 B2:B11 单元格区域中，想计算这些数据中大于 10 的数值的平均值，用户可以在另一个单元格中输入以下公式：

=AVERAGEIF(B2:B11,">10")

结果返回 B2:B11 单元格区域中大于 10 的数值的平均值。

2. TREND 函数

TREND 函数用于返回根据现有的数据预测线性增长值，即找到适合已知数组 Y 值集合和 X 值集合的直线（用最小二乘法），并返回指定数组新 X 值集合在直线上对应的 Y 值。

语法：

TREND(已知 Y 值集合,[已知 X 值集合],[新 X 值集合],[不强制系数为 0])

参数：

已知 Y 值集合：从满足线性拟合直线 y=mx+b 的点集中选出一组已知的 y 值。

已知 X 值集合：从满足线性拟合直线 y=mx+b 的点集中选出一组已知的 x 值，为可选项。

新 X 值集合：一组新 x 值，通过 TREND 函数返回各自对应的 y 值，为可选项。

不强制系数为 0：逻辑值，用于指定是否将常量 b 强制设为 0，为可选项。若为 TRUE 或忽略，则 b 取正常值。若为 FALSE，则 b 将被设为 0，此时直线方程形式变为 y=mx。

示例：

假设有一组数据，想预测基于这些数据的新值，可以使用 TREND 函数。例如，根据表 6-2-1 中的数据，想预测当 A=4 时的 B 值，可以使用以下公式：

表 6-2-1 示例数据表

A	B
1	10
2	20
3	30

=TREND(B1:B3,A1:A3,4)

结果返回基于已知数据点的线性趋势预测的 B 值。

上述两个函数在数据分析和预测中非常有用，可以帮助根据条件计算平均值和根据趋势预测未来值。

任务描述

在"趋势指标 1"工作表中，以公司的销售数据为例，通过线性回归法和移动平均法分析销售额的长期趋势。

① 为表 1 生成"带平滑线的散点图"，在图表下方添加图例，为图表添加线性趋势线并显示公式及 R 平方值，其他默认。

② 在表 2 中从第 3 月开始计算平均值。

③ 为表 2 生成标题为"销售额趋势对比"的二维折线图，对比各月销售额与 3 月移动平均销售额。其他图表属性默认。

在"趋势指标 2"工作表中，以公司的销售数据为例，通过简单平均法测定其季节变动趋势。

① 在 D2:D5 单元格区域使用 AVERAGEIF 函数计算 2022 年各"季度平均值"。

② 在 E2 单元格中使用公式计算 2022 年"各季度的平均数"。

③ 在 F2:F5 单元格区域使用公式计算 2022 年 4 个"季节比率"。

④ 在 F14 单元格中使用 SUM 函数计算 2022 年 4 个季节比率总和。

在"趋势指标 3"工作表中进行如下操作。

① 在 C2:C9 单元格区域输入 1—8（即 8 个季度）的"时间序列"。

② 在 D2:CD9 单元格区域使用 TREND 函数计算各季度"趋势值"。

③ 在 E2:CE9 单元格区域使用公式计算所有季度的"季节比率"。

④ 在 F2:CF5 单元格区域输入 Q1—Q4，代表 4 个季度。

⑤ G2:CG5 单元格区域使用 AVERAGEIF 函数计算 4 个季度"平均季节比率"。

⑥ 在 G6 单元格中使用 SUM 函数计算"平均季节比率"总和。

⑦ 在 H2 单元格中使用公式计算"季节比率调整系数"。

⑧ I2:CI5 单元格区域使用公式计算 4 个季度"调值后的季节比率"。

⑨ 在 I6 单元格中使用 SUM 函数计算"调值后的季节比率"总和。

⑩ 在 J2:CJ9 单元格区域用公式计算 2023 年和 2024 年各季度的"销售额季节性修正值"。

任务资料

教材配套资源/项目六/趋势指标（答题文件）.xlsx 文件。

操作流程

① 打开"趋势指标（答题文件）.xlsx"，单击"趋势指标 1"工作表标签。

② 选中表 1 数据区域 A2:B7，单击"插入"→"插入散点图"→"带平滑线的散点图"，以便更直观地观察数据点的分布和趋势，如图 6-2-9 所示。

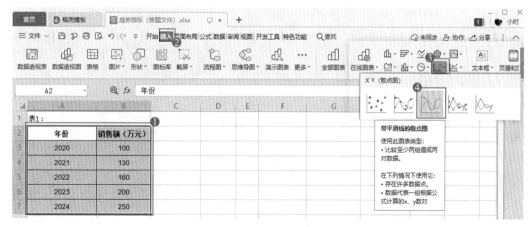

图 6-2-9　趋势指标 1-插入散点图

③ 单击散点图的任意位置，单击"图表元素"，在"图例"的下拉列表中选中

"下部",在"趋势线"的下拉列表中选择"更多选项",如图 6-2-10 所示。

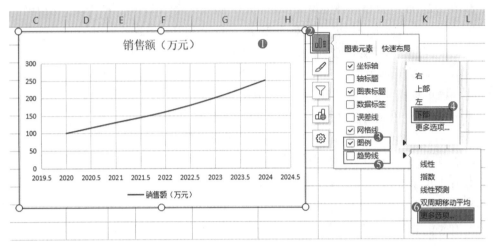

图 6-2-10　趋势指标 1-添加趋势线

④ 在打开的趋势线设置面板中,选中"线性",勾选"显示公式"和"显示 R 平方值"复选框,如图 6-2-11 所示。

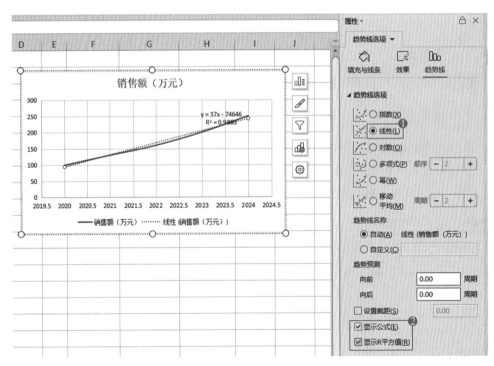

图 6-2-11　趋势指标 1-设置趋势线

图表中的趋势线公式（如 $y = 37x - 74646$）表示数据的线性回归方程。y 表示销售额,x 表示年份;系数 37 是销售额随年份变化的平均增量,即每年销售额平均增加 37 万元;负截距值（如-74646）是公式中的常数,受数据规模和范围影响较大。

基于趋势线公式,可以预测未来某年的销售额。例如,预测 2025 年的销售额 y =

37×2025−74646 = 279（万元）。由此可见，公司销售额呈现稳步增长趋势。

⑤ 在 C17 单元格中输入"3 月移动平均"。

⑥ 在 C20 单元格中输入公式"=AVERAGE(B18:B20)"，按【Enter】键。计算第 1 个 3 个月的平均值，即 1 月到 3 月的平均值；向下填充公式到 C27 单元格，如图 6-2-12 所示。

⑦ 选中表 2 数据区域 A17:C27。单击"插入"→"插入折线图"→"折线图"，创建一个包含原始销售额和移动平均值的折线图，并将标题改为"销售额趋势对比"，如图 6-2-13 所示。（可以单击图表任意位置，选择"图表元素"，对图表添加坐标轴、数据标签等，也可以对折线的颜色、样式进行调整，使图表更具可读性。）

图 6-2-12 趋势指标 1−计算表 2 相关数据

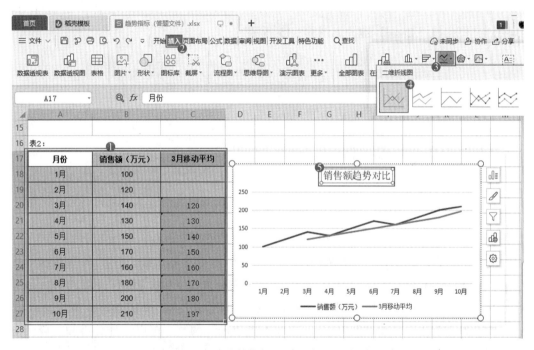

图 6-2-13 趋势指标 1−表 2 插入折线图

观察折线图中的移动平均线，可以看出销售额的长期趋势。通过消除短期波动，移动平均线提供了一个平滑的趋势，有助于判断未来的销售表现。

⑧ 单击"趋势指标 2"工作表标签。

⑨ 在 D1 单元格中输入"季度平均值"；在 D2 单元格中输入公式"=AVERAGEIF($B$2:$B$13,B2,$C$2:$C$13)"，按【Enter】键，计算 Q1 的平均值；将公式向下填充到 Q2、Q3、Q4，如图 6-2-14 所示。

	A	B	C	D
1	年份	季度	销售额（万元）	季度平均值
2	2022	Q1	150	=AVERAGEIF($B$2:$B$13,B2,$C$2:$C$13)
3	2022	Q2	200	=AVERAGEIF($B$2:$B$13,B3,$C$2:$C$13)
4	2022	Q3	180	=AVERAGEIF($B$2:$B$13,B4,$C$2:$C$13)
5	2022	Q4	220	=AVERAGEIF($B$2:$B$13,B5,$C$2:$C$13)
6	2023	Q1	160	
7	2023	Q2	210	
8	2023	Q3	190	
9	2023	Q4	230	
10	2024	Q1	170	
11	2024	Q2	220	
12	2024	Q3	200	
13	2024	Q4	240	
14				

图 6-2-14　趋势指标 2-计算季度平均值

⑩ 在 E1 单元格中输入"各季度的平均数"，在 E2 单元格中输入公式"=(D2+D3+D4+D5)/4"，按【Enter】键，如图 6-2-15 所示。

	A	B	C	D	E
1	年份	季度	销售额（万元）	季度平均值	各季度的平均数
2	2022	Q1	150	=AVERAGEIF($B$2:$B$13,B2,$C$2:$C$13)	=(D2+D3+D4+D5)/4
3	2022	Q2	200	=AVERAGEIF($B$2:$B$13,B3,$C$2:$C$13)	
4	2022	Q3	180	=AVERAGEIF($B$2:$B$13,B4,$C$2:$C$13)	
5	2022	Q4	220	=AVERAGEIF($B$2:$B$13,B5,$C$2:$C$13)	
6	2023	Q1	160		
7	2023	Q2	210		
8	2023	Q3	190		
9	2023	Q4	230		
10	2024	Q1	170		
11	2024	Q2	220		
12	2024	Q3	200		
13	2024	Q4	240		
14					

图 6-2-15　趋势指标 2-计算各季度的平均数

⑪ 在 F1 单元格中输入"季节比率（%）"；在 F2 单元格中输入公式"=D2/$E$2*100"，按【Enter】键，完成 Q1 的计算；向下填充公式至 F5 单元格，计算出 Q2、Q3、Q4 的季度比率；在 F14 单元格中，计算 F2 到 F5 单元格之和，如图 6-2-16 所示。

由于各季节比率之和等于 400%，因此不需要进行调整。由以上计算可知，该企业产品的销售存在明显的季节变动，第 4 季度为销售旺季，而第 1 季度为销售淡季。

⑫ 单击"趋势指标 3"工作表标签。

⑬ 在 C1 单元格中输入"时间序列"；在 C2 单元格中输入"1"，在 C3 单元格中输入"2"，以此类推，直到在 C9 单元格中输入"8"（表示 8 个季度），如图 6-2-17 所示。

	A	B	C	D	E	F
1	年份	季度	销售额（万元）	季度平均值	各季度的平均数	季节比率（%）
2	2022	Q1	150	=AVERAGEIF($B$2:$B$13,B2,$C$2:$C$13)	=(D2+D3+D4+D5)/4	=D2/$E$2*100
3	2022	Q2	200	=AVERAGEIF($B$2:$B$13,B3,$C$2:$C$13)		=D3/$E$2*100
4	2022	Q3	180	=AVERAGEIF($B$2:$B$13,B4,$C$2:$C$13)		=D4/$E$2*100
5	2022	Q4	220	=AVERAGEIF($B$2:$B$13,B5,$C$2:$C$13)		=D5/$E$2*100
6	2023	Q1	160			
7	2023	Q2	210			
8	2023	Q3	190			
9	2023	Q4	230			
10	2024	Q1	170			
11	2024	Q2	220			
12	2024	Q3	200			
13	2024	Q4	240			
14						=SUM(F2:F5)

图 6-2-16　趋势指标 2-计算季节比率

	A	B	C
1	年度-季度	销售额（万元）	时间序列
2	2023-Q1	150	1
3	2023-Q2	160	2
4	2023-Q3	170	3
5	2023-Q4	185	4
6	2024-Q1	200	5
7	2024-Q2	210	6
8	2024-Q3	220	7
9	2024-Q4	230	8

图 6-2-17　趋势指标 3-输入时间序列

⑭ 在 D1 单元格中输入"趋势值"；在 D2 单元格中输入公式"=TREND(B$2:B$9，C$2:C$9,C2)"，按【Enter】键，计算趋势值；将 D2 单元格的公式填充至 D9 单元格，计算所有季度的趋势值，如图 6-2-18 所示。

	A	B	C	D
1	年度-季度	销售额（万元）	时间序列	趋势值
2	2023-Q1	150	1	=TREND(B$2:B$9,C$2:C$9,C2)
3	2023-Q2	160	2	=TREND(B$2:B$9,C$2:C$9,C3)
4	2023-Q3	170	3	=TREND(B$2:B$9,C$2:C$9,C4)
5	2023-Q4	185	4	=TREND(B$2:B$9,C$2:C$9,C5)
6	2024-Q1	200	5	=TREND(B$2:B$9,C$2:C$9,C6)
7	2024-Q2	210	6	=TREND(B$2:B$9,C$2:C$9,C7)
8	2024-Q3	220	7	=TREND(B$2:B$9,C$2:C$9,C8)
9	2024-Q4	230	8	=TREND(B$2:B$9,C$2:C$9,C9)

图 6-2-18　趋势指标 3-计算趋势值

⑮ 在 E1 单元格中输入"季节比率(%)";在 E2 单元格中输入公式"=B2/D2*100",按【Enter】键,计算季节比率;将 E2 单元格的公式填充至 E9 单元格,计算所有季度的季节比率,如图 6-2-19 所示。

	A	B	C	D	E
1	年度-季度	销售额(万元)	时间序列	趋势值	季节比率($)
2	2023-Q1	150	1	=TREND(B$2:B$9,C$2:C$9,C2)	=B2/D2*100
3	2023-Q2	160	2	=TREND(B$2:B$9,C$2:C$9,C3)	=B3/D3*100
4	2023-Q3	170	3	=TREND(B$2:B$9,C$2:C$9,C4)	=B4/D4*100
5	2023-Q4	185	4	=TREND(B$2:B$9,C$2:C$9,C5)	=B5/D5*100
6	2024-Q1	200	5	=TREND(B$2:B$9,C$2:C$9,C6)	=B6/D6*100
7	2024-Q2	210	6	=TREND(B$2:B$9,C$2:C$9,C7)	=B7/D7*100
8	2024-Q3	220	7	=TREND(B$2:B$9,C$2:C$9,C8)	=B8/D8*100
9	2024-Q4	230	8	=TREND(B$2:B$9,C$2:C$9,C9)	=B9/D9*100

图 6-2-19 趋势指标 3-计算季节比率

⑯ 在 F1 单元格中输入"季度";在 F2 单元格中输入"Q1",依次在 F3 到 F5 单元格中输入"Q2"、"Q3"和"Q4",如图 6-2-20 所示。

	A	B	C	D	E	F
1	年度-季度	销售额(万元)	时间序列	趋势值	季节比率($)	季度
2	2023-Q1	150	1	=TREND(B$2:B$9,C$2:C$9,C2)	=B2/D2*100	Q1
3	2023-Q2	160	2	=TREND(B$2:B$9,C$2:C$9,C3)	=B3/D3*100	Q2
4	2023-Q3	170	3	=TREND(B$2:B$9,C$2:C$9,C4)	=B4/D4*100	Q3
5	2023-Q4	185	4	=TREND(B$2:B$9,C$2:C$9,C5)	=B5/D5*100	Q4
6	2024-Q1	200	5	=TREND(B$2:B$9,C$2:C$9,C6)	=B6/D6*100	
7	2024-Q2	210	6	=TREND(B$2:B$9,C$2:C$9,C7)	=B7/D7*100	
8	2024-Q3	220	7	=TREND(B$2:B$9,C$2:C$9,C8)	=B8/D8*100	
9	2024-Q4	230	8	=TREND(B$2:B$9,C$2:C$9,C9)	=B9/D9*100	

图 6-2-20 趋势指标 3-输入季度标识

⑰ 在 G1 单元格中输入"平均季节比率(%)";

在 G2 单元格中输入公式"=AVERAGEIF($A$2:$A$9,"*Q1",$E$2:$E$9)",按【Enter】键,完成 Q1 的计算;

在 G3 单元格中输入公式"=AVERAGEIF($A$2:$A$9,"*Q2",$E$2:$E$9)",按【Enter】键,完成 Q2 的计算;

在 G4 单元格中输入公式"=AVERAGEIF($A$2:$A$9,"*Q3",$E$2:$E$9)",按【Enter】键,完成 Q3 的计算;

在 G5 单元格中输入公式"=AVERAGEIF($A$2:$A$9,"*Q4",$E$2:$E$9)",按【Enter】键,完成 Q4 的计算;

在 G6 单元格中,计算 G2 到 G5 单元格之和,如图 6-2-21 所示。

	A	B	C	D	E	F	G
1	年度-季度	销售额（万元）	时间序列	趋势值	季节比率（%）	季度	平均季节比率（%）
2	2023-Q1	150	1	=TREND(B$2:B$9,C$2:C$9,C2)	=B2/D2*100	Q1	=AVERAGEIF($A$2:$A$9,"*Q1",$E$2:$E$9)
3	2023-Q2	160	2	=TREND(B$2:B$9,C$2:C$9,C3)	=B3/D3*100	Q2	=AVERAGEIF($A$2:$A$9,"*Q2",$E$2:$E$9)
4	2023-Q3	170	3	=TREND(B$2:B$9,C$2:C$9,C4)	=B4/D4*100	Q3	=AVERAGEIF($A$2:$A$9,"*Q3",$E$2:$E$9)
5	2023-Q4	185	4	=TREND(B$2:B$9,C$2:C$9,C5)	=B5/D5*100	Q4	=AVERAGEIF($A$2:$A$9,"*Q4",$E$2:$E$9)
6	2024-Q1	200	5	=TREND(B$2:B$9,C$2:C$9,C6)	=B6/D6*100		=SUM(G2:G5)
7	2024-Q2	210	6	=TREND(B$2:B$9,C$2:C$9,C7)	=B7/D7*100		
8	2024-Q3	220	7	=TREND(B$2:B$9,C$2:C$9,C8)	=B8/D8*100		
9	2024-Q4	230	8	=TREND(B$2:B$9,C$2:C$9,C9)	=B9/D9*100		

图 6-2-21　趋势指标 3-计算平均季节比率

⑱ 因为 4 个季度的和为 399.98%，而不是正好 400%，所以需要对其进行调整。在 H1 单元格中输入"季节比率调整系数"，在 H2 单元格中输入"=4/G6"，按【Enter】键完成计算，如图 6-2-22 所示。

	A	B	G	H
1	年度-季度	销售额（万元）	平均季节比率（%）	季节比率调整系数
2	2023-Q1	150	=AVERAGEIF($A$2:$A$9,"*Q1",$E$2:$E$9)	=4/G6
3	2023-Q2	160	=AVERAGEIF($A$2:$A$9,"*Q2",$E$2:$E$9)	
4	2023-Q3	170	=AVERAGEIF($A$2:$A$9,"*Q3",$E$2:$E$9)	
5	2023-Q4	185	=AVERAGEIF($A$2:$A$9,"*Q4",$E$2:$E$9)	
6	2024-Q1	200	=SUM(G2:G5)	
7	2024-Q2	210		
8	2024-Q3	220		
9	2024-Q4	230		

图 6-2-22　趋势指标 3-计算季节比率调整系数

⑲ 在 I1 单元格中输入"调值后的季节比率（%）"；在 I2 单元格中输入"=G2*H2*100"，按【Enter】键，完成 Q1 的计算；在 I3、I4、I5 单元格中分别输入相应公式"=G3*H2*100""=G4*H2*100""=G5*H2*100"，计算出 Q2、Q3、Q4 的季节比率；在 I6 单元格中，计算 I2 到 I5 单元格之和，如图 6-2-23 所示。从 I6 单元格可以看出季节比率之和为 400%。

	A	B	G	H	I
1	年度-季度	销售额（万元）	平均季节比率（%）	季节比率调整系数	调值后的季节比率（%）
2	2023-Q1	150	=AVERAGEIF($A$2:$A$9,"*Q1",$E$2:$E$9)	=4/G6	=G2*H2*100
3	2023-Q2	160	=AVERAGEIF($A$2:$A$9,"*Q2",$E$2:$E$9)		=G3*H2*100
4	2023-Q3	170	=AVERAGEIF($A$2:$A$9,"*Q3",$E$2:$E$9)		=G4*H2*100
5	2023-Q4	185	=AVERAGEIF($A$2:$A$9,"*Q4",$E$2:$E$9)		=G5*H2*100
6	2024-Q1	200	=SUM(G2:G5)		=SUM(I2:I5)
7	2024-Q2	210			
8	2024-Q3	220			
9	2024-Q4	230			

图 6-2-23　趋势指标 3-计算调值后的季节比率

⑳ 在 J1 单元格中输入"销售额季节性修正值（万元）"；在 J2 单元格中输入公式"=B2/I2*100"，按【Enter】键，完成 2023-Q1 的季节性修正值的计算；将公式向下填充至 2023-Q4；在 J6 单元格中输入公式"=B6/I2*100"，按【Enter】键，完成 2024-Q1 的季节性修正值的计算；将公式向下填充至 2024-Q4，如图 6-2-24 所示。

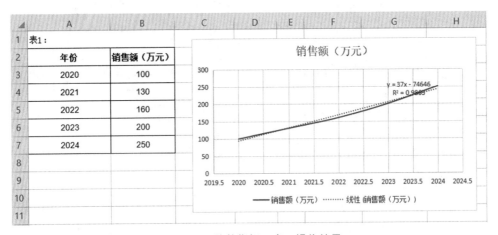

图 6-2-24　趋势指标 3-计算销售额季节性修正值

成果展示

趋势指标 1 表 1 操作结果如图 6-2-25 所示。

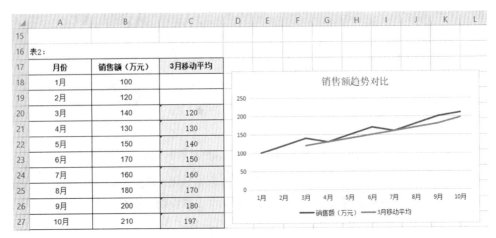

图 6-2-25　趋势指标 1 表 1 操作结果

趋势指标 1 表 2 操作结果如图 6-2-26 所示。

图 6-2-26　趋势指标 1 表 2 操作结果

趋势指标 2 操作结果如图 6-2-27 所示。

	A	B	C	D	E	F
1	年份	季度	销售额（万元）	季度平均值	各季度的平均数	季节比率（%）
2	2022	Q1	150	160	197.5	81.01
3	2022	Q2	200	210		106.33
4	2022	Q3	180	190		96.20
5	2022	Q4	220	230		116.46
6	2023	Q1	160			
7	2023	Q2	210			
8	2023	Q3	190			
9	2023	Q4	230			
10	2024	Q1	170			
11	2024	Q2	220			
12	2024	Q3	200			
13	2024	Q4	240			
14						400.00

图 6-2-27　趋势指标 2 操作结果

趋势指标 3 操作结果如图 6-2-28 所示。

	A	B	C	D	E	F	G	H	I	J
1	年度季度	销售额（万元）	时间序列	趋势值	季节比率（%）	季度	平均季节比率（%）	季节比率调整系数	调值后的季节比率（%）	销售额季节性修正值（万元）
2	2023-Q1	150	1	149.17	100.56	Q1	101.16	0.01	101.16	148.28
3	2023-Q2	160	2	161.01	99.37	Q2	100.07		100.08	159.88
4	2023-Q3	170	3	172.86	98.35	Q3	99.12		99.12	171.50
5	2023-Q4	185	4	184.70	100.16	Q4	99.63		99.64	185.67
6	2024-Q1	200	5	196.55	101.76		399.98		400.00	197.70
7	2024-Q2	210	6	208.39	100.77					209.84
8	2024-Q3	220	7	220.24	99.89					221.94
9	2024-Q4	230	8	232.08	99.10					230.84

图 6-2-28　趋势指标 3 操作结果

实 战 演 练

1. 根据任务要求，完成"学历统计表"的处理（图 6-3-1）

本题所考核函数包括 AVERAGE、DATE、MID、COUNTIF，根据需要可以单独使用也可嵌套使用，不可使用其他函数答题。

① 运用函数从身份证号中提取员工的出生年月，填写在 E3:E62 单元格区域。身份证号从左到右第 7—10 位为出生年份，第 11—12 位为出生月份，第 13—14 位为出生日，出生年月格式为 1982/8/4。

② 计算员工的平均基本工资，填写在 G63 单元格中。

③ 计算本单位大专、本科、硕士、博士人数，填写在 J5:J8 单元格区域。

④ 按照示例图片，制作标题为"学历情况统计图"的二维簇状柱形图，图表标题、图例等各项内容要与图片示例相同。

	A	B	C	D	E	F	G
1	某单位人员学历情况表						
2	职工号	姓名	性别	身份号	出生年月	学历	基本工资
3	HR001	蔡静	男	130102198208046918		博士	7500
4	HR002	柴勇	女	320102198110038384		本科	4550
5	HR003	陈风	男	220102197803204287		博士	7500
6	HR004	陈佳羚	男	310101198409153880		硕士	7300
7	HR005	陈山	男	130102198208040233		博士	7350
8	HR006	陈少川	男	110101199003076130		博士	7350
9	HR007	陈潇	女	220102197803200446		硕士	5550
10	HR008	陈媛	男	130102198208049975		硕士	6700
11	HR009	崔桉迪	男	110101199003077723X		硕士	7300
12	HR010	邓兰兰	男	220102197803202900		硕士	7300
13	HR011	丁锐	女	130102198208045616		本科	5500
14	HR012	杜烽	女	110101199003077731		硕士	5550
15	HR013	公孙胜	男	320102198110034287		硕士	7300
16	HR014	关胜	男	320102198110032847		博士	7800
17	HR015	侯娟娟	女	220102197803204922		博士	5500
18	HR016	呼延灼	男	320102198110036522		博士	7350
19	HR017	胡昀昊	男	310101198409156723		博士	7350
20	HR018	花荣	女	320102198110039520		硕士	5550

学历	人数
大专	
本科	
硕士	
博士	

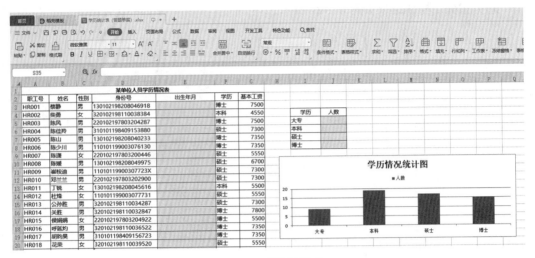

图 6-3-1　学历统计表

2. 根据任务要求，完成“部门纳税统计表”的处理（图 6-3-2）

任务描述：本题所考核函数包括 COUNTIFS、AVERAGEIF、LEN、MAX、AVERAGE、SUMIF，根据需要可以单独使用也可嵌套使用，不可使用其他函数答题。

① 在工作簿中为 D2:D33 单元格区域定义名称，名称为“学历”。

② 在工作簿中为 E2:E33 单元格区域定义名称，名称为“部门”。

③ 在工作簿中为 F2:F33 单元格区域定义名称，名称为“累计应纳税额”。

④ 在工作簿中为 G2:G33 单元格区域定义名称，名称为“上月累计已扣缴税额”。

⑤ 在工作簿中为 H2:H33 单元格区域定义名称，名称为“本月应补交个税”。

⑥ 在“姓名长度”列中使用函数计算“姓名”列文本字符串中的字符个数。

⑦ 使用函数（建议结合任务①—⑤中定义的名称），在 K2:K6 单元格区域分别计算 J2:J6 单元格区域对应的数据。

	A	B	C	D	E	F	G	H	I	J	K
1	工号	姓名	姓名长度	学历	部门	累计应纳税额	上月累计已扣缴税额	本月应补交个税		统计内容	统计结果
2	CZGS001	杨静Yang Jing		本科	行政部	510.96	255.48	155.48		所有部门平均累计应纳税额	
3	CZGS002	陈钰豪Chen Yu Hao		其他	行政部	270.86	177.43	93.43		行政部本月平均应补交个税	
4	CZGS003	何月婷He Yue Ting		硕士	行政部	218.12	163.06	55.06		硕士学历上月累计已扣缴税总额	
5	CZGS004	司徒雪莲Si Tu Xue Lian		本科	总经办	307.08	191.79	115.29		生产1部专科人员纳税人数	
6	CZGS005	袁娜Yuan Na		博士	总经办	194.16	131.58	62.58		本月应补交个税最大额	
7	CZGS006	上官陶一Shang Guan Tao Yi		博士后	总经办	204.96	112.98	91.98			
8	CZGS007	欧阳江宁Ou Yang Jiang Ning		其他	总经办	130.68	102.84	27.84			
9	CZGS008	蒋崔光菊Jiang Cui Guang Ju		专科	财务部	19.62	44.31	255.48			
10	CZGS009	周全林Zhou Quan Lin		专科	财务部	255.48	57.15	93.43			
11	CZGS010	李琴Li Qin		专科	财务部	93.43	46.98	55.06			
12	CZGS012	罗桂芝Luo Gui Zhi		其他	财务部	55.06	194.16	115.29			
13	CZGS013	刘琪Liu Qi		专科	信息中心	115.29	225.33	62.58			
14	CZGS014	汪付Wang Fu		其他	信息中心	62.58	218.12	255.48			
15	CZGS015	王宇善蓉Wang Yu Shan Rong		博士	信息中心	255.48	307.08	93.43			

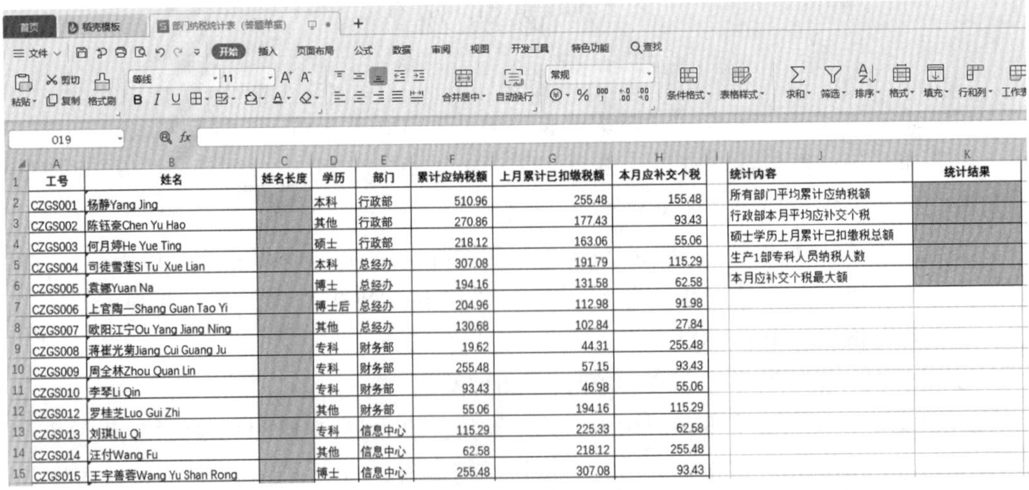

图 6-3-2　部门纳税统计表

3. 根据任务要求，完成"员工年龄统计表"的处理（图6-3-3）

任务描述：本题所考核函数包括COUNTIFS、YEAR，根据需要可以单独使用也可嵌套使用，不可使用其他函数答题。

① 根据已知员工信息资料，用函数计算截至"统计日期"员工的年龄（只考虑公历年即可，即出生年份的第2年为1岁，其他原因忽略不计）。

② 使用函数在I3:I8单元格区域分别统计各年龄段的人数。

③ 按照示例图片，为H2:I8单元格区域制作标题为"各年龄段分析数据"的二维簇状柱形图，图表标题、坐标轴标题等各项内容要与图片示例相同。

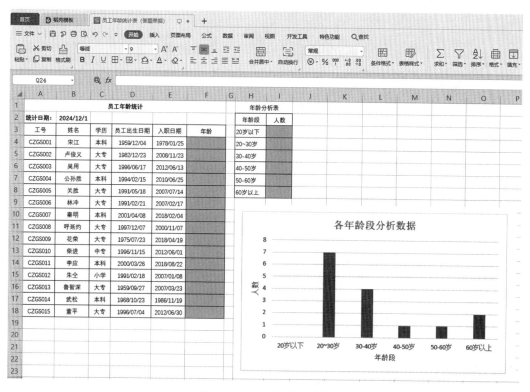

图6-3-3 员工年龄统计表

注：统计人数时按"下组限在内，上组限不在内"原则进行，例如："20~30"这一组包括20，却不包括30。